現代モンゴル語口語辞典

ОРЧИН ЦАГИЙН МОНГОЛ
ЯРИАНЫ ХЭЛНИЙ ҮГ
ХЭЛЛЭГИЙН ТҮҮВЭР ТОЛЬ

田中 セツ子 著

東京 **大学書林** 発行

監　修

東京外国語大学名誉教授
国際モンゴル語学会会長　　小沢　重男
Доктор

Доктор. Профессор　　Д. Төмөртогоо
Академич

Дэд доктор　　Ж. Баянсан

Дэд доктор　　Т. Мөнхцэцэг

　　　　　　　　　М. Баярсайхан

© 2005 大学書林
田中セツ子著　現代モンゴル語口語辞典
Зохиогчийн эрхгүй дахин хэвлэх, хуулбарлахыг хориглоно.
（著作権法に基づきコピーを禁じます）

"ОРЧИН ЦАГИЙН МОНГОЛ ЯРИАНЫ ХЭЛНИЙ ҮГ ХЭЛЛЭГИЙН ТҮҮВЭР ТОЛЬ"-ИЙН ТУХАЙ САНАЛ

Монгол, япон хоёр хэл нь авианы бүрэлдэхүүн, үгийн бүтэц, үгүүлбэрийн байгууламжийнхаа талаар харьцангуй төстэй нэгэн төрөл хэлэнд багтдаг боловч тухайн үндэстэнүүдийн сэтгэхүйн онцлог, соёл иргэншилийн уламжлал, амьдаралын хэв шинж, зан заншилын өвөрмөц байдалтай уялдан үлэмжхэн ялгаатай болжээ. Тийм учираас монгол, япон хоёр үндэстэн эдүгээ бие биесийнхээ хэлийг сурахад олон янзын бэрхшээл тохиолддог бөгөөд тэдгээрийн дотороос хамагийн бэрхшээлтэй нь өвөрмөц, үг, хэллэг юм.

Хатагтай С. Танака энэхүү хамагийн бэрхшээлтэй сэдэвийг сонгон авч, монгол хэлний өвөрмөц содон үг хэллэгийг бараг таван жилийн турш сонирхон цуглуулсаар, эдүгээ мянга гаруй үг хэллэгийг багтаасан томоохон толь бичиг эмхэтгэн, түүнийгээ япон хэлний зохих үг хэллэгтэй дүйлгэн буулгаж, уламаар үг хэллэг тус бүрийн утга санаа, өнгө аясыг тайлбарласан нь энэ талаар гарсан анхны томоохон судалгаа болжээ. Хатагтай Танака энэхүү сонирхолтой сэдэвийг судлахын тул юуны өмнө ярианы хэлэнд өргөн хэрэглэгдддэг өвөрмөц үг, этгээд хэллэгийг өргөнөөр ашигласан нь амид ярианы хэл төдийгүй, монгол хэлний сэтгэхүйн өвөрмөц онцлогийг судалахад ч үнэтэй чухал хэрэглэгдэхүүн болжээ. Тэрвээр энэхүү бүтээлийг туурвихын тул амид ярианы хэл төдийгүй, радио, телевизийн нэвтрүүлэг, жүжиг кино, уран зохиолын ном, толь бичиг зэрэг өргөн хүрээтэй материал ашигласан байна. Аливаа ярианы хэл нь бичигийн хэлтэй харьцуулвал тухайн үндэстэний сэтгэхүйн онцлог, ярилцаж буй орон зай, цаг хугацааны нөхцөл, ярилцагч этгээдийн мэргэжил боловсрол, сэтгэлийн хөдлөл зэрэгийг ямагт тусхаж байдагаараа илүү амид, илүү чөлөөтэй байдаг билээ. Тиймээс ярианы хэл, түүний онцлогийг судлах нь зөвхөн хэлний онцлог төдийгүй, тухайн улс үндэстэний сэтгэхүйн онцлогийг судлах чухал хэрэглэгдэхүүн болдог билээ. Сургалт-судалгааны чухал ач холбогдол бүхий энэхүү бүтээлийг нийтийн хүртээл болгон хэвлэн нийтлэх нь зүйтэй хэмээн үзэж байна. Хатагтай Танакагийн цуглуулсан баялаг материал нь монгол ярианы хэлийг угсаатаны болон сэтгэц хэл шинжлэлийн үүднээс нарийвчилан судлахад үнэтэй чухал материал болсоныг онцлон тэмдэглэмээр байна.

Хэл шинжлэлийн ухааны
доктор, профессор   Д. Төмөртогоо

推薦の辞

　モンゴル語，日本語の二つの言葉は，音声組織，ことばの構成，文の構造の面で非常に相似しているある種の言語ではあるが，それぞれの国の，人々の独自の考え方，文化の伝統，独特の生活習慣と結びついて著しく相違が生じた．そういう情況の中，モンゴル，日本両国民がお互いの言語を学習する時，色々な困難に遭遇するが，その中でも最も困難なものはその国の特有な慣用句（言い回し）である．
　田中さんは最も難しいテーマを選択し，モンゴル語の話し言葉の慣用句を5年以上に亘り集め，その中から1,000点以上の語句を選集した辞書を作成し，その中に日本語で適していると思われる言葉を適合させ，更にそれぞれの語の意味，概念，ニュアンスを解説したことにより，こういう面では初めての秀でた研究になった．
　田中さんはこの興味深い課題を研究するにあたり，とりわけ話し言葉に広く使われている口語慣用句，スラングを幅広く取り上げたことは，生きてる日常会話だけでなくモンゴル言語の思惟の特性を研究する際もまた重要な手引きとなった．彼女はこの辞書を作るにあたり，日常の会話だけでなく，ラジオ，テレビ，映画，文学作品，辞書等を幅広く資料として活用したのです．
　話し言葉は書き言葉と比較してみると，その民族の考え方の特徴，話している空間（場面），時間等の状況，職業や地位など，どのような人が話しているか，又話し手の心理状態等を常に反映していて，もっと生の，もっと自由な姿を表わすのです．それゆえ，話し言葉の特徴を研究するということは，単に言葉の特徴を研究するだけでなく，その民族の生活の根底に流れている考え方の特徴を研究する重要な資料になります．学説―研究の重要な意義を持つこの辞書を出版するのは学術的な貢献であると思います．
　田中さんの集めた豊富なマテリアルはモンゴル話し言葉を民族学や言語学の面から注意深く研究する際価値のある資料になるということを確信致します．

言語学博士
プロフェッサー   デ・トムルトゴー

推薦の辞

　本書の編者田中セツ子さんは，夫君のお仕事の関係で，モンゴル国の首都ウラーン・バートルに七年有余の年を過され，その地でモンゴルの人々と生活を共にされた，日本人として極めて珍しい経験のもち主である。
　そして，その七年有余の年月を，モンゴル語の学習・勉学に意を注ぎつつ，特に現代のモンゴル語の研究に鋭意打ち込んで来た女性である。
　一般に外国語の学習・研究を行う者にとって，その言語が使用されている地域に居住生活することは，大きな有利な条件である。
　田中さんは，その有利な条件をフルに活用して，モンゴル国立ウラーン・バートル大学の「国語科」（即ちモンゴル語科）に学生として学び，更に大学院修士課程をも終了された篤学な女性であり，その上，現地にある地の利を活かし，様々なモンゴル人と接し，私のような普通の外国語研究者とは一味（ひとあじ）も，二味（ふたあじ）もちがう本書を編まれた。その様な点で，本書には，一般の辞典類に余り見られない多くの語彙，語法が盛られており，モンゴル語の学習者に大きな助けになるものと思われる。読者は本書を活用されて，モンゴル語の中に分け入って行くことが出来るであろう。
　一昔前までは考えられなかった，日本とモンゴル国の友好親善が深まっている現在，本書の活用を願ってやまない。
　一言以って推薦の辞にかえたい。
　　2004年10月25日

　　　　　　　　　　　　　　入間川の寓居にて．　　小沢重男

Сайшаалын үг

　Энэхүү толийг зохиогч Танака Сэцүко нь, гэр бүлийн хүний томилолтоор Монгол улсын нийслэл Улаанбаатар хотод 7 жил гарам он жилийг монгол хүмүүсийн дунд өнгөрөөсөн япон хүний хувьд тохиолдох ховорхон туршлагатай нэгэн юм.
　Тэрээр, энэхүү 7 жилийг монгол хэл сурахад зориулсан бөгөөд ялангуяа орчин цагийн монгол хэлний судалгааг хийхийн төлөө нөр их хөдөлмөрлөсөн эмэгтэй юм.

Ер нь гадаад хэл сурах, судалгаа хийх хүний хувьд тухайн хэл хэрэглэгдэж байгаа орчинд амьдрах нь ихээхэн утга учиртай хэрэг билээ.

Хатагтай Танака нь энэхүү үр ашигтай нөхцөл боломжийг бүрэн дүүрэн ашиглаж Монгол Улсын Их Сургуулийн Монгол хэлний ангийг дүүргэсний дээр уг сургуульд магистрийн цол хамгаалсан хичээнгүй судлаачийн зэрэгцээ олон монгол хүмүүсийн дунд байсан нь над шиг жирийн гадаад хэл судлаачаас илүү сайн ном гаргахад нөлөөлсөн юм.

Эдгээр нөхцөл бүрдсэнээр энэхүү толь бичиг нь жирийн толь бичигт бараг гардаггүй олон үг хэллэгээр баялаг болсон нь монгол хэл суралцагсдад ихээхэн ач холбогдолтой хэрэг болно гэж бодож байна. Уншигч та бүхэн энэхүү толь бичгийг ашиглан монгол хэлэнд нэвтрэн орох боломжтой болно байхаа.

Хэдэн жилийн өмнө огтхон ч бодож байгаагүй Япон-Монгол хоёр орны найрамдалт харьцаа улам өргөжин гүнзгийрч байгаа өнөө үед энэхүү толь бичгийг улам өргөн хэрэглэхийг ерөөж байна.

Үүгээр сайшаалын үгээ өндөрлөе.

 2004 оны 10-рсарын 25-ны өдөр.

      Ируума голын хажууд оршин суугаа ОЗАВА ШИГЭО

Гарчиг（目次）

Өмнөх үг（推薦の辞）··· i

Толь ашиглах тухай тайлбар（辞書の使い方）················· vi

Монгол цагаан толгой（モンゴル語ツァガーン　トルゴイ）·········· ix

Япон хэлний хирагана үсгийн цагаан толгой
　（日本語ひらがな文字字母）·· ix

Толийн үндсэн хэсэг（辞書）·· 1

Хавсралт（付録）··333

Төгсгөлд өгүүлэх нь（編集後記）····································369

Толь ашиглах тухай тайлбар
辞書の使い方

1. Толгой үгийг цагаан толгойн дэсээр байрлуулан дугаарлаж, толийн эцэст түүний япон орчуулгын дотроос хамгийн оновчтой 1 ба 2 үгийг сонгож хэлхээ хийв.
   見出しをモンゴル語の цагаан толгой 順に並べ，日本語で適していると思われる言葉の中から1つ又は2つを選んで書きました．

2. Толгой үгийн доор эхлээд япон орчуулга, тайлбарыг хийж, дараа нь монгол хэлээр тайлбарлаад түүний хойно монгол ярианы хэлний жишээ, дараа нь жишээний япон орчуулга гэсэн бүтэц, дараалаар бичлээ. Хэрэв нэмэлт мэдээлэл, тодруулга хэрэгтэй байвал эцэст нь бичсэн.
   "Жишээ нь :" гэдэг үгийг "Ж :" гэж товчлон оруулаа.
   最初に日本語訳，説明，同じことをモンゴル語で，次に書きました．次にモンゴル語話し言葉の用例と日本語訳を書きました．更に説明を加えたいものはその後に書き入れました．
   用例（Жишээ нь）というのを Ж：と省略した．

3. Толгой үгийн бүх утга, үүргийг гаргах зорилго тавьсангүй, ярианы хэлний онцлог бүхий хамгийн түгээмэл утга, үүргийг, мөн шаардлагатай гэж үзсэн үгийн энгийн утга, үүргийг харьцуулан тайлбарлаж араб тоогоор дугаарлан жишээг нь тэр дугаараар ялгаж өгсөн.
   見出しの言葉の全ての意味，使い方を書く積りは無く，話し言葉の特徴を踏まえた，一番よく使われている意味，使い方，必要であろうと思われる通常の意味と使い方との比較をアラビア数字で番号をつけ説明した．
   Ж：318 **зовлонтой**
       1. зовлон бүхий, зовж зүдэрсэн.(энгийн утга)
       2. төвөгтэй, бэрх, хэцүү.
       Ж 1 : Манай охин 12 сард төрнө. Би тэр үед очиж чадахгүй, ямар зовлонтой юм бэ !
       Ж 2 : зовлонтой амьтан. (ядаргаатай амьтан.)

4. Тайлбар болон жишээнд бичсэн зүйлтэй холбогдох тодруулга, нэмэлт мэдээлэл зэргийг жижиг үсгээр бичсэн болно.
   説明及び用例に関する説明，付け加え等を小さい文字で書きました．
   例えば ❶ . . . aa^4 の中で баймж について述べている．
   Ж：❶ . . . aa^4 толгой үгийн дотор баймж утгын тухай.

5. Тайлбар ба жишээг бүтэн өгүүлбэр биш бол том үсгээр эхлэлгүй жижгээр эхэлж бичээд үг, өгүүлбэр ялгалгүй эцэст нь цэг тавив.
   説明や，用例を言う時，完全な文章でないときは小文字で書き，いずれも文の終わりには句読点を置きました．

6. Ойролцоо утгатай үг хэллэг нь тусдаа толгой үг болж орсон байвал –ыг (–ийг) үз гэсэн заалт оруулав.
   Ж：509 өө сэв хайх   ул шагайх–ыг үз.
   近い意味を持つ言葉には，–ыг (–ийг) үз としました．

7. Зарим толгой үгийн ойролцоо утгатай үг хэллэгийг хаалтанд (=) тэнцүү тэмдэг тавьж оруулсан.
   Ж：762 хорхой хүрэх (=хорхой хөдлөх).
   見出しの語と近い意味を持つ言葉を括弧の中に(=)と記しました．

8. Толгой үгийн хэрэглэгдэх хувилбар, ойр хэлбэрийг ард нь хаалтад бичив.
   見出しの言葉のバリエーションと，似ている形を括弧で記しました．又，その言葉に何か変形が有ったり，無かったり，どんな形になるのかを( )の中に示した．
   Ж：387 мөртөө (мөртлөө)
   Мөн уг бүтэц нь аль нэг элементтэй, элементгүй ямар ч хэлбэрээр тохиолдож болохыг хаалт хийж тэмдэглэв.
   Ж：798 –хчаа(н)⁴ аядах. Үүнийг –хчаа⁴, –хчаан⁴–ийн алинаар нь ч хэлж ярьдаг юм гэж ойлгоно.

9. Үйл үгийг ирээдүй цагийн "–х" нөхцөлтэй хэлбэрээр бичсэн.
   Ж：148 боох, 199 гол гаргах   г. м.
   Хэрэв тухайн үг үндсээрээ бус, харин аль нэг нөхцөл авсан хэлбэрээрээ ярианы хэлний онцлогтой байвал тэр нөхцөлтэй хэлбэрийг нь толгой үг болгов.
   Ж：39 аймаар, 41 албаар, 327 зөөгөөрөө г. м.
   動詞を未来形の –х 語尾の付いた形で表しました．もしもその言葉が語幹でなく語尾を伴って話し言葉の特徴を出していれば，語尾を伴ったままの形で見出し語にしました．

10. Зарим жишээ өгүүлбэрийн утгыг тодотгох үүднээс ойролцоо өгүүлбэр, хувиргаж хэлэх боломжийг ард нь хаалтад бичив.
    Ж：455 Би нэг гараад ирье. (Би түр зуур гараад ирье).
    例文の意味をはっきりさせる為に近い意味の文章，変化させて言う可能性を括弧の中に記したものも有る．

11. Утга, үүрэг, хэрэглэх нөхцөл байдал харилцан холбогдолтой толгой үгийг "c.f." томъёогоор харьцуулж үзэхийг заав.
   Ж：457 **нэг бол**   c.f. үгүй бол.
   意味、使い方、どんな時に何を使うか等使われる状態等を比較するべき、と考えられる見出しに c.f. を付けました。

12. Залгавар бүтээвэр, үгийн төгсгөл зэргийн өмнө нь жижиг зураас (–) тавьж тэмдэглэв.
   Ж：854 **–чих**⁴,   14 **–аатах**⁴,   739 **–хнаа**⁴   г. м.
   接尾辞、終止言葉等言葉の前に "–" が付く。

13. Өгүүлбэрийн бүтцээс нь салгаж авсан загвар мэт зүйлийн өмнө, хойно заавал үг орох ёстой гэсэн газар нь (. . .) цэг тавьж тэмдэглэв.
   語の後に必ず言葉が入り文を完成するという意味で . . . を付けた。
   Ж：681 яалаа гэж . . . –хав дээ.
   Үүнийг "яалаа гэж" –ийн дараа заавал (нэг болон түүнээс дээш) үг орно гэж ойлгоно.

14. Залгавар бүтээврийг хэдэн хувилбараар хэрэглэдгийг нь тухайн нөхцөлийн арын дээд өнцөгт тоо тавьж тэмдэглэв.
   右肩上の数字は接尾辞がいくつに変化するということを示す。
   Ж：2 **–аа**⁴,   798 **–хчаа(н)**⁴ **аядах** –ийн²,   217 **–лтай**³   г. м.
   例えば –аа⁴ と有れば –аа, –ээ, –оо, –өө のことで有る。

Монгол цагаан толгой (33 үсэг, 2 тэмдэг)

モンゴル語ツァガーン　トルゴイ

А(ア)	Б(ベ)	В(ベ)	Г(ゲ)	Д(デ)	Е(イエ)	Ё(イヨ)	
Ж(ジェ)	З(ゼ)	И(イ)	Й(ハガスーイ)	К(ケイ)	Л(エル)	М(エム)	
Н(エヌ)	О(オ)	Ө(ウ)	П(ペ)	Р(エル)	С(エス)	Т(テ)	
У(ウ)	Ү(ウ)	Ф(フエ)	Х(ヘ)	Ц(ツエ)	Ч(チェ)	Ш(シェ)	
(Щ(シ))	Ъ(硬音符)	Ы(イー)	Ь(軟音符)	Э(エ)	Ю(ユ)	Я(ヤ)	

- 特殊4子音：П はモンゴル語には殆ど無く、К, Ф, Щ は外来語にのみ用いられる。
- П：Монгол хэлэнд зарим дүрслэх үгийн эхэнд орохоос бус бие даасан үгийн сангийн утгатай үгэнд тохиолддоггүй.
- К, Ф, Щ：Зөвхөн гадаад үгэнд ордог.

Япон хэлний хирагана үсгийн цагаан толгой (46 үсэг)

日本語ひらがな文字字母

あ(a)	い(i)	う(u)	え(e)	お(o)
か(ka)	き(ki)	く(ku)	け(ke)	こ(ko)
さ(sa)	し(shi)	す(su)	せ(se)	そ(so)
た(ta)	ち(chi)	つ(tsu)	て(te)	と(to)
な(na)	に(ni)	ぬ(nu)	ね(ne)	の(no)
は(ha)	ひ(hi)	ふ(hu)	へ(he)	ほ(ho)
ま(ma)	み(mi)	む(mu)	め(me)	も(mo)
や(ya)		ゆ(yu)		よ(yo)
ら(ra)	り(ri)	る(ru)	れ(re)	ろ(ro)
わ(wa)				を(wo)
ん(nn)				

小沢重男先生，デ・トムルトゴー先生，著者

A

1 ...aa⁴

1. 話し言葉で様相を表す付属語.
2. 人を呼ぶ時の長母音.

1. Ярианы хэлэнд баймж утга илтгэх сул үг.
   - баймж；英語 modality. ロシア語 модальность.
     話し手が自分と対する他の人, 物とどのように関係しているか, 対処しているか, 又は相手(物)をどう取り扱っているか, どう見ているかという状態(様相)を表す.
     баймж утга；判断上の様式, 様相を有する.
     баймж (үг)；叙想(詞). 彼は多分これを知っているだろう. 彼はもちろんこれを知っているだろう.
     Өгүүлж байгаа хүн өөртөө болон бусад хүн ба юманд хэрхэн хандаж байгаа байдлаа илэрхийлэх утга.
2. дуудах урт эгшиг.

Ж1：Би ирнэ ээ.
　　私は来るね.
Ж1：За, чи гайгүй ээ.
　　1. 君は大丈夫だ. 2. いい気味だ.
Ж1：За, чи мартав аа.
　　さあ, 忘れないでね.
Ж2：Ах аа, эгч ээ！
　　お兄さん, お姉さん.

2 −aa⁴

1. 形動詞　現在進行形語尾.
   話し言葉で疑問文の時は過去形の意味を持つ.
2. 一般再帰語尾.

аа лаа лаа

3. 位格の語尾．
4. 使役相(態)．モンゴル文字の短母音，又はキリル文字の主に子音で終わる若干の動詞に繋(%)がる．
5. 動詞から名詞を作る後置詞．

1. үйлт нэрийн одоо үргэлжилж байгаа цагийн нөхцөл.
   Ярианы хэлэнд үйлт нэрийн одоо цагийн нөхцөл нь асуух өгүүлбэрт орохдоо өнгөрсөн цагийн утга илтгэж болно.
2. ерөнхийлэн хамаатуулах нөхцөл.
3. орших тийн ялгалын нөхцөл.
4. бусдаар үйлдүүлэх хэвийн нөхцөл.
   Монгол бичигт богино эгшгээр, кирил бичигт ихэвчлэн гийгүүлэгчээр төгсдөг зарим үйл үгэнд залгадаг.
5. үйл үгээс нэр үг бүтээх дагавар.

Ж 1： Өчигдөр телевизороор бөх хараа биз дээ ?
　　　昨日テレビで相撲を見たでしょう？
Ж 2： Юу хийхээ ойлгосон уу ?
　　　何をするのか分かりましたか？
Ж 2： Би бүр үхтлээ айлаа шүү.
　　　私は死ぬほど怖かったわ．
Ж 3： Дүү минь нутагаа явсан.
　　　妹は田舎へ行った．
Ж 3： Хүү нийслэл хотноо сурч байгаа.
　　　息子は首都で勉強している．
Ж 4： буц(ах) (buča–) 帰る，戻る．→ буцаа(х). 帰す，戻す．
　　　тар(ах) (tara–) 散る，まく．→ тараа(х). 散らす，散布する．
　　　өнгөр(өх) (önggere–) 過ぎる．→ өнгөрөө(х) 過ごす．
　　　тогт(ох) (toɣta–) 定まる，落ち着く．→ тогтоо(х) 決める．
Ж 5： мэд(эх) 知る，認識する，管理する．→ мэдээ 知識，意識，管理．
　　　сана(х) 考える，思う．→ санаа. 考え．
　　　гар(ах) 出る．→ гараа. 出番．競馬のスタート．
　　　захи(х) アドバイスする，注文する，頼む，命令する．→ захиа. 手紙，忠告，命令，依頼．

③ аа лаа лаа

憤慨したり，嫌がった意味で発する感動詞．

Бузар булай хэмээн жигшин эгдүүцсэн утга илтгэх аялга үг.

Ж：—Мах хулгайлчихжээ.
　　—Аа лаа лаа, ямар бузартай юм бэ？Мах хулгайлахдаа яадаг байна аа！
　　—肉を盗まれちゃった.
　　—イヤダー何て嫌なやつだろう，肉まで盗むなんて.
Ж：Аа лаа лаа, ямар бузартай юм бэ？Энэ чинь！
　　アラーラ，イヤだこれ！

④ аа яа яа

よくやってる！と驚いて発する感動詞.

Гайхаж бахадсан үед хэлэх аялга үг.

Ж：Аа яа яа！Их л бяртай эр юм даа.
　　あー，力持ちだね.

⑤ аав

パパ，お父さん.
元は話し言葉にのみ使われていた言葉. 書き言葉では эцэг と言う.

Угтаа зөвхөн ярианы хэлэнд хэрэглэж байсан.
Бичгийн хэлэнд эцэг гэдэг.

Ж：Миний аав.
　　私のお父さん.

⑥ аавын цээж

ロシア製の"УАЗ-452"という型の小型のトラック.

оросын "УАЗ-452" маркийн жижиг ачааны машин.

Ж："Аавын цээж"-инд арай багтахгүй. "Гуч" авбал дээр ээ.
　　アアブインツェージに納まらない．ゴチを使えばよかったね.
　　・若干のロシア製の車（ジープ，トラック等）について言えば，手短に省略させて車のマーク（商標）の下($\frac{1}{6}$)2桁を言う. 例は下記に有る.
　　Хэлэхэд түргэн дөхөмтэй болгож зарим орос машиныг маркийнх нь арын тоогоор хэлж заншсан байдаг. Үүнд,
　　аавын цээж＝УАЗ-452, гуч＝ЗИЛ-130, хорин нэг＝Волга ГАЗ-21,

аавын цээж гаргах

жаран зургаа＝ГАЗ-66, хорин дөрөв＝ГАЗ-24(хуучин), ГАЗ-3129(шинэ),
тавин гурав＝ГАЗ-53, жаран ес＝УАЗ-469, г. м.
ЗИЛ＝Завод Имени Лихачева. (Лихачевын нэрэмжит үйлдвэр)
ГАЗ＝Горьковский Авто Завод. (Горький хотын машины үйлдвэр)
УАЗ＝Ульяновский Авто Завод. (Ульяновын машины үйлдвэр)

7　аавын цээж гаргах

小さいくせにいっぱしの大人ぶる．半人前なのに一人前の振りをする．

том болоогүй байж том хүний байдлаар байх, хамраа сөхөх, биеэсээ их зан гаргах.
бяруу болоогүй байж бухын баадлаар баах.
бяруу болоогүй байж (мөртөө) бухын хүзүү гаргах.
　　　　　　　　　　　　　　　　　　　　баадал；баах—баадал(名詞形)
(2才の)仔牛のくせに大きい牛のまねをして威張る．(慣用句)

　　Ж：Дорж оо！Чи ах захынхаа дэргэд аавын цээж гаргаад байх эвгүй юм биш үү！
　　　　ドルジ！君は半人前なのに一人前の振りをするのはおかしいよ．
　　Ж：Аавын цээж гаргах болоогүй.
　　　　未だ半人前ですよ．
　　　　・俗に аавын цээж と言う頭の部分が大きい(荷台が小さい)ロシア製の小型のトラックが有る．

8　(үйл)–аад⁴ байхдаа яадаг юм бэ？

どうして？
会話している行動を認めずに，どうしてと確かめた意味で言う慣用語．

Тухайн өгүүлж буй үйл явдлыг зөвшөөрөхгүйн дээр "яагаад" гэж лавласан утгаар өгүүлэх хэвшсэн хэллэг.

　　Ж：За, уурлаад байхдаа яадаг юм бэ？
　　　　どうして怒っているの？
　　　　(цаад утга нь；Яагаад уурлаж байгаа юм бэ？Битгий уурлаад бай！)
　　　　(言葉の奥に；どうして怒っているの，怒らないで！という意味がある．)
　　Ж：Бүтэн сайн өдөр байтал ажиллаад байхдаа яадаг юм бэ？
　　　　日曜日なのにどうして働くの？

Ж：Яваад байхдаа яадаг юм бэ？
　　どうして行くの？
Ж：Намайг орхиод яваад байхдаа яадаг юм бэ？
　　私をおいてどうして行くの？

⑨ аанай

又，といつも起こる物事を嫌がって言う時こう言う．

Байн байн болох юмыг үл тааламжлах утга илтгэнэ．

Ж：Аанай бас л шуурга шуурах нь ээ．
　　又，嵐が起こるようだね．

⑩ аандаа

自然に，いつものように．

энгийн, зүгээр, байдаг янзараа．

Ж：Аандаа л явж байна．
　　いつものようにやってます．

⑪ ．．．–аар⁴ барах уу（．．．–аар⁴ дуусахгүй）

・・・どころか・・・である．

．．．–аар⁴ барахгүй（．．．–аар⁴ зогсохгүй）

・・・どころか・・・である．

Ж：Яарахаар барах уу, маш их тэвдэж байна．
　　急がないどころかとてもあわてている．
Ж：—Энэ номыг уншсан уу？
　　—Уншихаар барахгүй, бүр тайлан бичсэн．
　　—この本を読みましたか？
　　—読まないどころか，レポートまで書きました．

⑫ аар саар

少々． жаал зугаа-г үз.

13 ... –аас хойш

1. ・・・の後で.
2. ・・・ので.
3. 何かの行為をした後にどうすれば適当かを言う時に使う.

1. дараа, сүүлд.
2. ... учраас, ... тул.
3. Эргэлт буцалтгүй болсон зүйлийн дараа яавал зохистойг өгүүлэхэд хэрэглэнэ.

Ж 1 : Чамайг явснаас хойш гэрээсээ гараагүй.
君が行った後, 家を出ていない.
Ж 2 : Тохирсноос хойш боллоо.
(＝Тохирсон учраас гайгүй зүгээр.)
約束したからそれで大丈夫だよ.
Ж 3 : Энэ ажлыг эхэлснээс хойш дуусгах хэрэгтэй.
この仕事を始めたからには終わりまでやる必要がある.

14 –аатах^4

――してくれ.
[–аад^{4}орхи] から出た言葉. 命令形の意味を持つ.
話し言葉で若干の動詞の語尾に [–аад^4＋орхи] 或は分離先行副動詞 [–аад^4] の後に助動詞の役目で орхи が入った言葉の構造が話し言葉になって –тах^4 で終わった動詞が出来た. 書き言葉には無い.

[–аад^4 орхи] гэдгээс гаралтай захирах утгатай.
Ярианы хэлэнд тааралдах зарим үйл үгийн төгсгөл [–аад^4＋орхи] буюу нөхцөл үйл үгийн урьдчилсан хэлбэрийн "–аад^4" нөхцөлийн дараа туслах үйл үгийн үүрэгтэй "орхи" гэдэг үг орсон бүтэц сунжирч "–аатах^4" гэсэн төгсгөлтэй үйл үг ярианы хэлэнд бий болжээ.
Бичгийн хэлэнд ерөөс байхгүй.

Ж : Мөнгө одоо өгөөтөх. (Мөнгө одоо өгчих.)
お金を今すぐくれ.
Ж : Тэр номыг явуулаатах даа.
その本をとってくれ.
Ж : Аваад өгөөтөх.   取ってくれ.
Ж : үзээтэх—үзээд орхи.   見ろ.

Ж：босоотох—босоод орхи. 　　立て．
Ж：Чи босоотох. 　　立ってくれ．
Ж：Та босоорой. 　　立って下さい．
Ж：Та босохгүй юу？ 　　立ってくれませんか？
Ж：хараатах—хараад орхи. 　　見ろ，見てくれ．
Ж：яваатах—яваад орхи. 　　行ってくれ．
又，こういう動詞の後に接尾辞をもう一つ付けて，もう一つの形をつくることも出来る．
Ийм үйл үг цааш зарим нөхцөлөөр хэлбэржиж чадна.
Ж：Хурдан манайд иррээд(э)хээч．（иррээт(э)хээч．）
急いで私の所に来てくれ．
Ж：Тэр ном(ыг) өгөөтхөөрэй.
その本を(ちゃんと)渡して下さい．
Ж：Надаас авсан номоо өгөөтхөөрэй, одоо хэрэг болоод байна.
私から持って行った本を返して下さい，今，必要になりました．

15　аваад явсан（＝аваа явсан）

持って行った． 　　子音"д"を省いて言う．

Энэ холбоо үгийн "-д" гийгүүлэгчийг ярианд голдуу гээж хэлдэг.

Ж：Тэр миний дэвтрийг аваа явсан.
彼は私のノートを持って行った．

16　авалцах

1. 闘う，けんかをする，争う．
2. セックスをする．

1. зодолдох, маргалдах.
2. эр эмийн ажил хийх.
   хэл ам авалцах.　　連絡をとる，音沙汰がある．
   　　　　　　　　　　　　　　　　хэл ам авалцах-ыг үз.

Ж1：Эхнэр нөхөр хоёр авалцах нь цөөнгүй.
　　夫婦喧嘩は少なくないです．
Ж2：Хоёулаа авалцах уу？
　　セックスをしようか？

авах

17 авах

歌う.

Дуу гэдэг үгтэй холбогдвол дуулах гэсэн утгатай болно.

Ж：Дорж гуай, та нэг сайхан дуу авна уу.
　　ドルジさん，一曲歌ってください．

18 авах танаггүй

使いものにならない．
ぼろぼろになって元の形がどんなだったか分からない→何が何だかちっとも分からない→使えるもんじゃない→何の役にも立たなくなる．

тамтаггүй, авах хэрэглэх юм байхгүй.

Ж：Дорж монгол бичгээр авах танаггүй муухай бичдэг.
　　ドルジのモンゴル語はメチャクチャなんですよ，(字もきたなくて間違いも沢山あって，とても) 使いものにならない．
Ж：Модны нүх ухаж дуусаагүй байтал бээлий бүр авах танаггүй болчихлоо.
　　木を植えようと穴を掘って，終わらないのに手袋はぼろぼろになってしまって，とても使いものにならない．
　　(ぼろぼろになって元の形がどんなだったか分からない．)

19 авч гарах (авч өгөх)

1. ひどくしかる．
2. いいかげんな嘘をつく．
3. 上手に話す．

1. Загнах, зэмлэх, ширүүлж харьцах зэргийг авч гарах, авч өгөх гэж хэлэх явдал байдаг.
2. «оготны чинээ зүйлийг уулын чинээ болгож ярих» мэтээр худал дэгс ярих, залах.
3. гарамгай, чадварлаг ярих.

Ж 1：Хэлтсийн дарга ирэнгүүтээ биднийг авч гарсан.
　　課長は入って来るや否や我々を怒った．

Ж 2 : Дорж залуугийнхаа тухай ёстой авч өгч байна даа.
　　　ドルジは若い時の事を針小棒大に言う.
Ж 3 : Баатар гуай ярина гэж мөн авч өгдөг хүн.
　　　　　　　　　(сайн ярьдаг хүн)
　　　バートルさんの話って本当に上手ですね.
　　　（バートルさんは話す時上手に話す人です.）

⑳ авч хэлэлцэх

相手にする，勘定に入れる，関心を持つ.

Тоож үзэх гэсэн утгаар ярианы хэлэнд хэрэглэдэг.

Ж : Над шиг амьтныг авч хэлэлцэхээр хүүхэн даанч биш.
　　私のような者を相手にする女ではないなあ.
Ж : Дорж ямар ч амттай байсан ногоотой хоолыг даанч авч хэлэлцэхгүй юм.
　　ドルジはどんなにおいしい野菜料理でも食べないんですよ.

㉑ ад болох

うんざりさせる，重荷になる.

хүнд шоовдорлогдох. Хүнийг залхаасан үед хэрэглэнэ.

Ж : Дамба дэмий олон үгтэйгээсээ болоод энэ хавийнханд ад болж байх юм.
　　ダンバはおしゃべりなので周りの人々をうんざりさせた.

㉒ адаглаад　　　　　　　　　　　　　　　　　c.f. ядаж

せめて.

адгийн наад зах нь, дор хаяж, үгүй юмаа гэхэд.

Ж : Адаглаад ээж аавыгаа бодмоор юм.
　　せめて両親の事を考えたいものだ.
Ж : Чи адгийн наад зах нь нэг хожил авсангүй юу？
　　君，せめて（少なくとも）一回は勝つ事が出来なかったの？

㉓ аж

――だったよ．――でした．
ажээ という語を話し言葉では аж と言う．しかし，同じ意味を持つ байж の方が аж よりも多く使われる．

"ажээ" гэхийг ярианд "аж" гэсэн хувилбараар хэлдэг.
Гэхдээ "байж" –ийг "аж" –аас илүү өргөн хэрэглэнэ.

Ж：Тэд хамт явцгаасан аж.
　　彼等は一緒に行きました．

㉔ ажил удах   c.f. төвөг удах, яршиг удах.

迷惑をかける，面倒な事になる．

төлөвлөөгүй илүү ажил гарах, төвөг бэрхшээл болох.

Ж：Биднийг хөдөө явж байтал машины дугуй хагараад нэлээд ажил удлаа.
　　私達が田舎へ行った時，車のタイヤがパンクしてかなり時間がかかった．（面倒な事になった．）

㉕ аз таарах

幸いな事に．

аз болох, аз тохиолдох.

Ж：Тэр хүнтэй азаар таарч амь аврагдлаа.
　　幸いにもその人に会って命を助けられた．
Ж：Өнөөдөр азаар тантай тааралдлаа.
　　今日は幸いな事にあなたに会いました．

㉖ аз харих

ついてない，不運になる．

аз ирэхээ болих.

Ж：Сүүлийн үед миний юм бүхэн бүтэлгүйгээд байх юм.

Аз харьсан байх.
最近私の全てがうまくいっていない，運が逃げちゃったようだ．

27 аз шовойх

運がついている，運が強い，ラッキー．
шовойх：とんがって直立している．
"幸いな事に"——より強い意味を持つ．運が良い，運が有る等と近い意味を持つが，それより強い意味が有る．

аз таарах. «Азтай» –тай ойролцоо утгатай боловч илүү, онцгой азтай байгаа утгыг илэрхийлдэг.

Ж：Аз нь шовойгоод ажил үйлс нь бүтэмжтэй байна.
　　運が良いので仕事がうまく行っている．
Ж：Тэр энгийн багш байсан чинь гэнэт Боловсрол Соёл, Шинжлэх Ухааны яамны сайд болчихсон. Аз нь шовойсон хүн шүү.
　　彼は普通の先生だったけれど急に教育文化科学省の大臣になった．運が良い人だなあ．

28 азаа үзэх (＝азаа туршиx)

挑戦する．
結果がどうなるか分からない事を思い切って賭けてみる．

болох үр дүн нь тодорхой биш, магадлал багатай зүйлийг туршин оролдох.

Ж：Сугалаа аваад азаа үзье.
　　宝クジを買って（当たるかどうか）みてみよう．

29 азгүй

運がない，運がついてない．

аз байхгүй.

Ж：Би ер нь шалгалтад азгүй хүн.
　　私は大抵(たいてい)試験には運がない人です．

30 азнах

ちょっとの間待つ．しばらく待つ．少しの間待つ．

байзнах, хэсэг зуур хүлээх, түр хүлээх, хүлээзнэх.

Ж：Энд түүнийг хүлээж түр азная.
　　ここで彼をしばらく待とう．
Ж：Жаахан азнаж байгаад явья.
　　ちょっとしてから行こう．

31 азтай

運が良い．

аз таарсан, аз таардаг.

Ж：Би сүүлийн үед их азтай байгаа.
　　私は最近運が良い．（いくつか良い事が重なったりした時）

32 ай (даа)

1. 人を非難，叱責する間投詞．
2. （心労の為に）ため息をつく時の間投詞．
3. 満足した時の間投詞．

1. хүнийг буруушаах аялга.
2. сүүрс алдахад гаргах аялга.
3. сэтгэл ханамжтай үед хэлэх аялга.

Ж 1：Ай даа, чи ч бүтэлгүй хүн юм даа.
　　あーあ，君は（何をやっても）出来ない人だね．
　　あーあ，あなたはついてない人ですね．
Ж 2：Ай хөөрхий, тэр одоо юу хийж яваа бол？
　　えー，かわいそうに，彼は今何をしているんだろうね．
Ж 3：Ай даа, овоо сайн сурсан байна шүү.
　　イヤー，とても良く勉強したね．
Ж 3：Ай, ямар сайхан нутаг вэ？
　　やあ，何て素晴らしい田舎だろう．
Ж 3：Ай даа, болж болж, болж байна, болж байна. (юун сайн юм бэ？)
　　あー，やったやった，満足，良いなあ．

㉝ ай халаг

残念に思った時発する感動詞.

Харамсаж гутрах сэтгэлийг илтгэсэн аялга үг.

Ж：Ай халаг！ Ваараа хагалчихлаа.
　　　イヤーッ！　花瓶を割っちゃった.

㉞ ай хөөрхий　　　　　　　　　ээ хөөрхий-г үз.

㉟ ай яа яа

あーらーらー．　残念に思う時発する感動詞.

халаглах аялга үг.

Ж：Ай яа яа, мах нь бүр түлэгдчихсэн байна.
　　　あーらーらー，肉がすっかりこげちゃった.

㊱ айл

1. 隣人，隣.
2. 他人の家を言う.

1. хөрш, айл саахалт.
2. Өөр хүний гэр оронг хэлнэ.

Ж１：Манайх хашаандаа айлтай.
　　　うちの庭にはもう一軒あります.

Ж２：Тэр айлаас зам асууя.
　　　あの家で道を聞こう.

㊲ айл аймаг

近所の，近隣の.

хөрш зэргэлдээ(айл хөрш).

Ж：Манай хоёр олон жил айл аймаг явсан.
　　　私達二軒は長い間隣同士だった.

㊳ айл гэр болох

1. 結婚する．
2. おままごとをする．

1. гэр бүл болох, өрх тусгаарлах.
2. бага насны хүүхэд айл өрх болж тоглох.

Ж1：Тэр хоёр айл гэр болсон.
　　　あの二人は結婚しました．
Ж2：Би багадаа айл гэр болж тоглодог байсан.
　　　私は小さい時おままごとをして遊んでいました．

㊴ аймаар

こわい程すごい，すごく，とっても，ひどい．
始めは"怖い"という意味だったが話し言葉では習慣化して形容詞を強める働きが加わって маш, тун, нэн 等の言葉の代りに使われる様になった．

Угтаа "айж болмоор" гэсэн утгатай боловч ярианы хэлэнд буруу хэвшиж тэмдэг нэрийн хүч нэмэгдүүлсэн утгаар маш, тун, нэн зэрэг үгийн оронд хэрэглэдэг болжээ.

Ж：Гадаа аймаар хүйтэн байна.
　　外はすごく寒いです．
Ж：аймаар гоё.
　　すごく良い．

㊵ айхтар (айхавтар)

すごい，ひどい，厳めしい，大胆に，恐ろしく，非常に．

Сүрхий, бэрх, онцгой гэдэгтэй ойролцоо утга илтгэнэ.

Ж：Өчигдрийн бороо айхтар их оржээ.
　　昨日の雨はすごかったね．
Ж：Моринд айхтар сайн хүн юм аа.
　　馬に乗るのがすごく上手な人だね．
Ж：Хүний үг авдаггүй айхтар хүүхэд.
　　人の言う事を聞かない大変な(恐ろしい)子です．
Ж：Том хүний ярианд оролцдог яасан айхтар хүүхэд вэ！

大人の会話に加わっていっぱしの事を言う，何て子だろう．

㊶ албаар

無理に，わざと．

Зориуд хүчлэн тулгаж хийсэн, гүйцэтгэсэн утга.

Ж：Туяа албаар ингэж хувцасладаг.
　　トヤはわざとこういうかっこうをするんです．
Ж：―Би орой 9 цаг хүртэл ажил хийсэн.
　　―Хэн чамайг 9 цаг хүртэл албаар ажил хий гэсэн юм бэ？
　　―私は9時まで仕事をした．
　　―誰が貴方に無理に9時まで仕事をしなさいと言った？
　　（言ってないでしょう）

㊷ албагүй

・・・必要ない．

заавал хийх хэрэггүй.

Ж：Үүний учрыг нь заавал чамд хэлэх албагүй.
　　この訳を君に言う必要はない．

㊸ алдад

頃，ほとんど，ぐらい．

Хирд, үед хэмээх үгтэй адил утгатай.

Ж：Шөнө дундын алдад сэрэв.
　　夜半に目が覚めた．
Ж：Гурван цагийн алдад ирээрэй.
　　三時頃に来て下さい．
Ж：Туяа үдийн алдад ирнэ.
　　トヤは昼頃来ます．

㊹ алдаг оног

たまに，時々．

алзахгүй

хааяа, заримдаа.

Ж：Ажилдаа алдаг оног очиж байна.
　　たまに仕事に行っています．

45　алзахгүй

気にかけない，大丈夫，平気だ，へこたれない．

Юманд ажирч дийлдэхгүй, бардам хийж чадахыг илтгэсэн үг.
何かを気にかけない，自分の力でマネージ出来る事を表す言葉．

Ж：Энэ зэргийн хүйтэнд би алзахгүй. (ийм хүйтэнд би даарахгүй.)
　　このぐらいの寒さに私は平気だ．
Ж：―Ийм орой зүгээр үү？
　　―Зүгээр, зүгээр. Би алзахгүй.
　　―こんなに夜遅く大丈夫ですか？
　　―大丈夫大丈夫，私は平気です．

46　алив

1. 下さい，ちょうだい，よこせ，くれ．（文章の始めに主に入る）
2. （алив, алийв, алий）"さあ"，"どれ" という言葉から出た，第二人称に向かって言う間投詞．

1. өг, өгөөч (өгүүлбэрийн эхэнд ихэвчлэн орно).
2. Аль вэ? гэдгээс гаралтай 2-р биед хандсан аялга үг.

Ж1：Алив, тэр ном өгөөтөх.
　　ちょっとその本をとってください．
Ж2：Алив, босооч！
　　さあ，起きなさい．
Ж2：Алив, яваад ирье.
　　さあ，私は行って来ます．
Ж2：Алив, та нар орооч.
　　さあ，みんな入りなさい．
Ж2：Алив, цөмөөрөө дуулцгаая.
　　さあ，みんなで歌いましょう．

㊼ алийн болгон (＝алийн бүр)

いつも.
相手を非難する時に言う.

Дандаа, аливаа бүхэнд гэсэн утгатай. Цаад тусагдахуун болж байгаа этгээдийг буруушаан хэлэхэд хэрэглэнэ.

Ж：Алийн болгон түүнд мөнгө өгөх вэ？
　　いつも（いつまで）彼にお金あげるの？
Ж：Алийн болгон би дандаа хоол хийх вэ дээ. Чадахгүй！
　　いつも私が食事作るの？　もうイヤだよ！

㊽ аль

1. 疑問間投詞. どんな, どこ, 誰, 何.
2. 全ての, 沢山, 許容範囲.
3. 下さい, くれ (алив, өг) といった意味を持つ. 第一人称, 第二人称の間で何について話しているかはっきりしている時, 簡略化して第二人称に対して命令形で аль を使う. 話し言葉にのみ使われる. аль という語から алих, алиарай, альсан 等変化して使う事はない.
4. 助動詞としての役目で・・・くれという意味を表す.

1. асуух сул үг.　　ямар？, хаана？, хэн？, юу？
2. хамаг бүх, бишгүй олон, хир чинээгээрээ.
3. "Алив, өг" гэсэн утгатай. 1, 2-р биед тусагдахуун тодорхой бөгөөд ойр бэлэн байгаа тохиолдолд хураангуй өгүүлбэрээр хэлэхэд "аль" гэдэг үгийг хэлж болно. Зөвхөн ярианы хэлэнд хэрэглэдэг үг. 2-р биед захирахаас бусад хэлбэрээр хэрэглэдэггүй. Аль, алих, алиарай, альсан гэх мэтээр хэрэглэхгүй.
4. Туслах үйл үгийн үүрэгтэйгээр өг гэсэн санаа илтгэнэ.

Ж 1：Аль хүртэл уншиx вэ？ (Хаана хүртэл уншиx вэ？)
　　どこまで読みますか.
Ж 1：Би аль алинд нь хайртай.
　　（Би хэн хэнд нь хайртай.）
　　私はどちらも好きです.
Ж 2：Аль чадахаараа зүтгэсэн.
　　（Хир чинээгээрээ, бүх боломжоороо зүтгэсэн.）
　　一生懸命，出来る限り努力した.
Ж 3：Дэвтрээ аль！　ノートをよこしなさい.

Ж 3：Надад аль！　　私にくれ.
Ж 3：Номоо аль！　　本をくれ.
Ж 3：Наадхаа аль！　　これをよこせ.
Ж 3：Цаадхаа аль！　　それをよこせ.
Ж 4：Чи хурдан яваад аль.　　君は早く行って下さい.
Ж 4：Намайг ажлаас халаад аль.
私を仕事からはずしてくれ.

49 аль болох(оор)

出来るだけ，出来る限り.

Тухайн юм, үйл хэргийг бололцооны хирээр, чадах чинээгээр хийх, болгох гэсэн санааг илтгэхэд энэ үгийг хэрэглэнэ.

Ж：Аль болохоор тогтсон цагтаа бүгд ирэх хэрэгтэй.
全員なるべく時間通りに来ること.
Ж：Аль болох хурдан хийхийг бодоорой.
出来るだけ早くする事を考えなさい.
Ж：Аль болохоор хурдан ирээрэй.
出来るだけ早く来て下さい.

50 аль нэг(эн)

456 (асуух төлөөний үг)＋нэг(эн)–ийг үз.

(51) аль хэдийний (＝аль хэзээний)

もうすでに.

Бүр өмнө, эрт гэсэн утгатай.

Ж：Биднийг очиход тэд аль хэдийний унтчихсан байлаа.
私達が着いた時には彼等はすでに寝ていた.

(52) аль хэзээний

аль хэдийний–г үз.

(53) ам гарах

誓約する.

зөвшөөрөх, амлах.

Ж：Ам гарахад амархан ч ажил болгоход хэцүү.
　　約束するのは簡単だけど実行するのは大変.
　　(мэргэн үг：хэлэхэд амар хийхэд хэцүү)(言うは易く行うは難し)

54　ам хаах
хүүхдийн ам хаах-ыг үз.

55　амаа барих

言ってしまって後悔する，悔やむ.

хэлсэн үгэндээ харамсаж гэмших.

Ж：Өнгөрсөн хойно нь амаа барив аа.
　　後で後悔するよ.

56　амаа тат

余計なことを言うな！．口をつつしめ，黙れ．

Дуугүй бай гэсэн утгыг ярианы хэлэнд
—Амаа мэд！
—Цөг！
—Хош！
—Амаа хамхи！
—Чиш！　　(シー)
—Дуу！　　(дуугүй бай の дуу のところだけ)
—Дут！　　(дутах という言葉から出ている)
—Чимээгүй (бай)！
　　　　　　　　　　　　гэх мэт үгээр илэрхийлдэг.
黙れ，お静かにという意味を話し言葉では上記の言葉で表す．

Ж：Чамд хамаагүй, амаа тат！
　　君に関係ない，黙れ．
Ж：Амаа мэдэж ярьж бай！
　　(横から何か口をはさんだ時)少し控えて下さい．
Ж：Амаа хамхиж явах нь дээр.
　　黙っていた方がましですよ．
Ж：Чи дут！
　　君は黙れ！

57　амаа хамхи
амаа тат-ыг үз.

амтай

58 амтай

すぐれた効力，能力が有る.

Эмийн зүйлийн чадалтай сайныг "амтай" гэж хэлдэг.

Ж：Энэ эм шарханд амтай.
　　この薬は傷に良く効く.
Ж：Чоно, нохойн махыг уушигны өвчинд амтай гэж ярих юм.
　　狼や犬の肉は肺の病気に良く効くと言う.

59 амы нь харах

ひとの言葉を待つ．相手が何を言うのか待って様子を見る.
амыг нь харах の амыг の г が話し言葉では消えてしまう.

юу хэлэхийг нь хүлээх. Ярианы хэлэнд "амыг" гэдгийн "г" нь хэлэгддэггүй.

Ж：Аавын амы нь (амыг нь) харсаар суутал ажил ч үгүй, сургууль ч үгүй болов.
　　お父さんのすすめを待っていたら学校も行けず，就職も出来なかった.
Ж：Түүний амы нь (амыг нь) харсаар байтал хугацаа нь өнгөрчихсөн.
　　彼が何と言うかを待っている内に期限が過ぎてしまった.

60 амь болсон　　　　　　　　　c.f. миний амин сүнс.

とても大切に愛している，私の命という意味で主に子供の事を指す.

Эрхэм чухал, нэн хайртай гэсэн утгаар голдуу хүүхдэд хэрэглэдэг.

Ж：Амь болсон үр. (Өөрийн амь нас шиг хамгийн чухал нандин зүйл болсон хүүхэд.)
　　私の命. (自分の命みたいに一番大切な子供.)

61 амьтан хүн

1. はっきり誰，と指さずに人，人々といった意味で使われる.
2. はっきりした一人の人を指せば軽蔑する，嫌う気持ちを表す.

1. Тодорхой хэн нэгнийг заалгүйгээр улс, хүмүүс, хүн гэсэн утгаар хэрэглэнэ.
2. Тодорхой хэн нэг хүнийг зааж хэлбэл доромжилсон зэвүүцэж дургүйцсэн санааг илтгэнэ.

Ж 1 : Амьтны хүүхдүүд бүгд дээд сургуульд сурах юм. Манай хэд байхгүй шүү.
他の家の子供は皆大学で勉強している（のに）。うちは一人もいない。

Ж 1 : Ийм юм ярьж яваад амьтны доог болно шүү.
こんな事を言っていれば皆に笑われるよ。

Ж 2 : За даа, энэ ч ёстой урагшгүй амьтан.
さあ、こいつときたら何をしてもうまくいかないやつだ。

Ж 2 : Чамайг ийм найдваргүй амьтан гэж бодсонгүй.
君の事をこんなに信用出来ないやつだと思わなかった。

62 анги

特別な，違う，似ていない。

Онцгой, өөр, ондоо, адилгүй гэсэн утгатай.

Ж : Доржийн хэлсэн үг арай л анги байна шүү.
ドルジのスピーチはやっぱり他の人の言う事と違うね。

Ж : Бенц ч харагдаж байгаа нь хүртэл нэг л анги байна шүү.
ベンツはやっぱり見るからに違うね。

63 андахгүй

誰でも知っている。

Самуурахгүй, будилахгүй мэднэ, ойлгоно, хэн ч мэднэ гэсэн утга илтгэнэ.

Ж : Их дэлгүүр хаана байдгийг бүгд андахгүй.
デパートがどこに有るか誰でも知っている。

64 араар (нь) тавих

浮気，不倫。

арай

гэр бүлийн хүнээс нууцаар өөр хүнтэй явах.

Ж：Манай нөхөр өөр хүүхэнтэй яваад араар тавиад байх юм.
　　うちの主人は他の女と浮気をしている．

65 арай

1. まだ，もう少し．
2. 否定の言葉と一緒に使われる時，決してという意味になる．

1. жаахан дутуу, ялимгүй бага.
2. Үгүйсгэх үгтэй хамт хэрэглэх үед даанч, эгээ ч гэдэг үгийн утгатай.

Ж 1：Явах цаг арай болоогүй байна.
　　　出かける時間に未だなってないです．
Ж 2：Дорж арай уурлахгүй биз.
　　　ドルジはそう怒らないだろう．

66 арай гэж

どうにかこうにか，やっと，やっとこすっとこ．辛うじて．

арай чамай, чүү чамай, арай ядан, чадан ядан, дөнгөн данган, зүдэн ядан, чуу чай, арай чуу гэж, үлгэн салган.

能力と可能性が不足で困難な時ある仕事をやっとする意味を表す．このような言葉が比較的話し言葉の中に良く使われる．
Чадал, бололцоо дутмаг бэрхшээлтэй байгаад аливаа ажлыг ядаж байж бүтээх, хийх утгыг илтгэнэ. Эдгээр үг нь ярианы хэлэнд харьцангуй олонтоо тохиолддог.

Ж：Ажил дээрээ арай гэж л тогтсон юм байх.
　　（首になりそうだったが）辛うじて職場に残った．
Ж：Түүнийг би олны дотроос арай гэж олж харав.
　　沢山の人の中からやっと彼を見つけた．
Ж：Гурван цагийн автобусанд арай гэж амжсан.
　　三時のバスにやっと間に合った．

67 арай л

何とか・・・出来る．もう少しで，・・・するところだった．
ぎりぎりで．

золтой.

Ж：Арай л хожигдсонгүй.
　　何とか遅れなかった．
Ж：Арай л гэж шалгалтандаа тэнцэв.
　　何とか試験に受かった．
Ж：Арай л гэж амжлаа.
　　ギリギリで間に合った．

68 арай ч дээ

全く，本当に，困った事に，まったくーと不満に思って言う言葉．

даанч дээ, даанч яв даа. Гоморхож чамласан утга илтгэнэ.

Ж：Арай ч дээ！Хүн ичмээр дэндүү худлаа юм бичсэн байна.
　　まったくー，人が恥かしくなるようなすごい嘘を書いた．
Ж：Арай ч дээ！Иймхэн юмны учрыг олохгүй.
　　まったくー，こんな事が分からないなんて．

69 арай (ч) . . . -хгүй

あまり・・・ない．
хаанаас даа, яалаа гэж, юу гэж 等と近い意味を持つが，いぶかって，
否定して，反対する意味あいのある合成語．

Хаанаас даа, яалаа гэж, юу гэж зэрэгтэй ойролцоо болович ялимгүй эргэлзэн үгүйсгэж эсэргүүцэх утгаар хэлэх нийлэмж үгийн бүтэц.

Ж：Дорж ийм сайхан боломжоос арай ч буцахгүй байлгүй.
　　ドルジはこんな良いチャンスをのがさないでしょうね．
Ж：Дулмаа энэ шүлгийг орчуулж арай ч чадахгүй болов уу.
　　ドルマー(に)はこの詩をちょっと訳せないでしょう．

70 арай чамай　　　　　　　　　　　арай гэж-ийг үз.

арай чарай

71 **арай чарай**　　　　　　　　　　　арай гэж–ийг үз.

72 **арай чуу гэж**　　　　　　　　　　арай гэж–ийг үз.

73 **арай ядан**　　　　　　　　　　　　арай гэж–ийг үз.

74 **арга тасрах**

万策尽きる.　　　　　　　　　　　　　　　　c.f. арга ядах.

75 **арга ядах**

仕方がない，どうしようもなくなって困る事を言う.

аргаа барах, арга тасрах, арга зам байхгүй болж мухардах.

Ж：Арга ядаад танаас мөнгө гуйж явна.
　　どうしようもないのであなたにお金を借りに来た.

76 **аргагүй**

1. 仕方がない，他に方法がない．　この意味で書き言葉にも話し言葉にも使う.
2. もちろん（арга байж уу даа, тэгэлгүй яахав）
　そうですね，その通り，そうだろう．　話し言葉で賛同し，支持した意味を表す時に勿論という言葉を使う.
3. 大切，本当にという意味がある.

1. арга байхгүй, болох нөхцөлгүй, арга алга, өөр зам байхгүй. Энэ утгаар бичгийн ба ярианы хэлэнд жигд хэрэглэдэг.
2. Ярианы хэлэнд тийм тийм, мөн мөн, тэгэлгүй яахав гэх мэт зөвшөөрч дэмжсэн санааг илэрхийлэхэд аргагүй гэдэг үгийг хэлдэг.
3. чухал, үнэхээр гэсэн утга.

Ж 1：Ажилтай учраас явахаас аргагүй ээ.
　　　仕事があるので行くしかないですね.
Ж 2：Аргагүй аргагүй, чиний хэлдэг зөв байна.
　　　もちろん，君の言うことは正しい.
Ж 3：Энэ ном надад аргагүй хэрэгтэй.
　　　この本は私に本当に必要です.

77 аргагүйн эрхэнд

止むを得ず.

өөр арга зам байхгүй болсон учир.

Ж：Аргагүйн эрхэнд би хичээл тасалчихлаа.
止むを得ず私は授業を欠席した.

78 архи нь гарах

酔いが覚める.

согтуу, халамцуу нь гарах, согтуу хүн эрүүл болох.

Ж：Айснаас болоод архи нь гарав.
恐くて酔いが覚めた.

79 арын хаалга

裏口；昔, 珍しい品物等を店の裏口で売っていた.
裏口から特別に手に入れたり, 特別に何かしてもらったりする事. 正当な方法でなく職権を利用して便宜をはかってもらう事.

Ховор бараag дэлгүүрийн худалдагч арын хаалгаар зардаг байснаас дэлгэрсэн үг. Шударга бусаар албан тушаал ашиглахыг хэлнэ.

Ж：Билет дуусчихсан байсан тул бага зэрэг шовгор өгч байж арын хаалгаар авлаа.
切符が売り切れたので少々の贈り物をして裏口で買った.

Ж：—Чамд энэ сургуульд хүүхэд оруулчих (арын)хаалга байна уу？
—この学校に入学させるのに(裏口の)扉を知っていますか？
(裏口入学させてくれる知人がいますか？/方法がありますか？)

80 асаастай

・・・が点いている, 点灯している. асаагаастай という言葉の "гаа" が話し言葉では省略されて асаастай になった.

"Асаагаастай" гэдэг үгийг ярианы хэлэнд "гаа" гэдэг үеийг нь хураеж "асаастай" гэж хэлдэг тал бий.

ахдах

Ж：Зөвхөн зурагт л асаастай байна.
　　ただテレビだけがついている．

81　**ахдах**

能力の限界を超える．

чадал чинээнээс илүү.

Ж：Энэ даалгавар оюутан хүнд арай ахдах биш үү.
　　この課題は学生には少し難し過ぎるんじゃないですか．

82　**ач тач**

五分五分，互格で闘う．

хүч тэнцүүхэн ширүүн өрсөлдөх.

Ж：Хоёр тал ач тач үзэлцсээр аль нь ч хожиж чадаагүй, тэнцсэн.
　　二者は五分五分で闘って引き分けになった．

83　**ашгүй**　　　　　　　　　　　　　　　c.f. аштай.

良かった！　という意味の感動詞．

аштай юу, аштай байхав.
Аливаа зүйлийг сайн боллоо гэж олзуурхсан санааг илтгэнэ.

Ж：Ашгүй ашгүй, шалгалтанд онц авлаа.
　　良かった良かった，試験で満点とった．
Ж：Ашгүй чи хүрээд ирээ юу.
　　（Чи хүрээд ирдэг нь аштай юу.）
　　良かった，君がやって来た．
　　　　　　　　　　　хамелеон үгийн тухай хавсралтаас үзнэ үү.
　　・аштай, ашгүй は同一の意味を持つ語．カメレオンのようなこういった語
　　はモンゴル語にかなり見受けられる．付録参照．

84　**аштай**　　　　　　　　　　　　　　c.f. ашгүй.

良い．

гайгүй, зүгээр.

Ж：Хүү минь хүрээд ирдэг нь аштай юу даа.
息子が来てくれて良かった.
Ж：Чи түүнд туслаад өгдөг нь аштай юу даа.
(君は)彼を助けてあげて, 良かったね.

⑧⑤ **аштай байхав**   ашгүй-г үз.

⑧⑥ **аштай юу**   ашгүй-г үз.

⑧⑦ **аюулгүй**

良い, かなり良い, 一応の.

овоо, сайн, бузгай.

Ж：Тэдний охин аюулгүй зантай. (Нэлээд сайн зантай.)
あそこの家の娘は良い性格をしている.
Ж：Тэр монголоор аюулгүй ярьж байсан.
彼はモンゴル語をかなり上手に話していました.

⑧⑧ **аюултай**

1. 危ない.
2. とても, すごい.

1. аюул бүхий.
2. маш, нэн, тун.

Ж1：Тэр аюултай хүн.
彼は危ない人です. 危険な人です.
Ж1：Энэ аюултай зам.
これは危険な道です.
Ж2：Аюултай худалч хүн юм.
すごい嘘つきです.

⑧⑨ **аюулын**

1. かなり良い.
2. (тийн ялгал の場合)とても悪い, 悲惨な.

1．овоо, дориун.
2．аюултай, маш муу, гамшигтай.

Ж 1：Аюулын бузгай хүүхэд байна.
とても良い子だ.
Ж 2：аюулын дохио.
危険信号.

(90) аяар

1．後で，後に.
2．少し，静かに，音が強くない，和らかい.
3．ゆっくりと.

1．дараа, хожим.
2．чанга биш, намдуу.
3．алгуур, удаан.

Ж 1：Аяар би танайд очно.
後で伺います.
Ж 1，2：Аяар яваарай.
1．後で行きなさい．　2．音をたてないで行きなさい.
Ж 1：Аяар би чамд учрыг нь хэлье.
後で私は貴方にこの訳を言います.
Ж 2：Аяар ярь.
静かに話せ.
Ж 2：Аяар гэм！　　音をたてないで！
Ж 2：Аяар байгаач！　　静かにしなさい！
Ж 2：Хүүхэд сэрчихнэ，аяар байгаарай.
子供が目を覚ますので静かにしなさい.
Ж 3：Аяар яв. Битгий давхи！
ゆっくり行け，走るな！

(91) аягүй

1．嫌な.
2．若い人達の間では“とても，非常に”といった意味で使われる.

1．эвгүй, тааламжгүй.
2．Бага, залуу насныхны дотор маш, их гэсэн утгаар хэрэглэгддэг.

Ж1： Аягүй юм болно.
　　　不愉快な事になる，嫌な事になる.
Ж1： Энэ мах аягүй үнэртэй юм аа.
　　　この肉はいやなにおいがする.
Ж2： аягүй гоё.　　　　とてもきれい.
Ж2： аягүй хөөрхөн.　　とても可愛い.
Ж2： аягүй муухай.　　とても醜い.

92　аягүй бол

もしかすると，もしかしたら，ひょっとしたら.
аягүй бол という言葉は文の始めに使われ，主に"байх"という言葉で終わる.

магадгүй гэдэгтэй ойролцоо утга.
"Аягүй бол" гэдэг үг өгүүлбэрийн эхэнд тохиолддог бөгөөд иймөгүүлбэр ихэнхдээ "байх" гэдэг үгээр төгсдөг.

Ж： Аягүй бол тэд маргааш ирэх байх.
　　もしかしたら彼等は明日来るかもしれない.
Ж： Аягүй бол өнөөдөр ч ирж магадгүй.
　　ひょっとしたら今日来るかもしれない.
Ж： Бороо ороод зам муу байгаа. Аягүй бол замдаа саатаж магадгүй.
　　雨で道が悪くなっている. もしかしたら途中で何か起こるかもしれない.
Ж： Хагалгаа хийсэн газар өвдөж байна. Аягүй бол маргааш цас орж магадгүй.
　　手術の傷が痛む. もしかすると明日雪が降るかもしれない.

Б

93 бараагүй (＝бараггүй)

間違いなく，きっと，絶対．

сааталгүй, лавтай, гарцаагүй, осолдолгүй.

Ж：Тэр бараагүй ирнэ.
　　彼は間違いなく来る．

94 баарцаглах

困って．

саад бэрхшээлд учрах, бойтоглох, болхитох.

Ж：Хөдөө явах эхний өдөр замдаа их баарцагласан.
　　田舎へ行く最初の日は途中で随分困った．

95 баахан

沢山．　　　　　　　　　　　　　　　　　　c.f. зөндөө

нэлээд, овоо.

Ж：Гэрт баахан хүүхэд орж ирэв.
　　ゲルに沢山の子供が入って来た．

96 бага сага

少々．　　　　　　　　　　　　　　　　жаал зугаа-г үз.

97 бажгадах

あわてる，困惑する．

сандрах, тэвдэх.

Ж：Даалгавар аваад амжуулах гэж их л бажгадав.
　　宿題を間に合わせようとしてあわてた．

Ж：Багш гэнэт шалгалт авсан учир олон оюутан бажгадаж байсан.
　　先生が突然試験をしたので沢山の学生があわてた．

98 базаах

前もって準備する．

урьдаас бэлтгэх.

Ж：Замдаа идэх хоол ундаа базаасан уу？
　　途中で食べる弁当を用意しましたか？

99 базаахгүй

あまり良くない，良くない，大した事ない．

тааруухан, муухан, өөдгүй.

Ж：Базаахгүй мэдээ сонслоо.
　　良くない知らせを聞いた．

100 Базарваань！（＝Очирваань！）

神の御名．
神様！ Бурхан минь！ と同じ様に，突然のことに思わず口をついで出る言葉．
Очирваань 仏をハルハ民族の人々は信仰している．"...базарваань хум пад..."と経巻を読むうちに次第に話し言葉でも突然困った時などに口をついで出る言葉になった．Бурхан минь！等もそうである．また，Гончигсүм 仏, Очирдарь 仏の御名も上記のような場合言われる．

бурханы нэр.
Уулга алдахад эдгээр бурханы нэрийг хэлэх нь түгээмэл.

байвал

Очирваань бурхан бол халхчуудын их шүтдэг бурхан.
". . . базарваань хум пад . . ." гэсэн уншлага ярианд хэмнэгдэж улмаар уулгамч хүний амны үг болсон байдаг.
Ихэвчлэн гэнэтийн бүтэмжгүй, зохисгүй болсон зүйл дээр хэлдэг. "Бурхан минь !" –тай адил.
Мөн Гончигсүм, Очирдарь зэрэг бурхдын нэрийг ч ийм утгаар хэлдэг.

Ж :—Нэг мэдэхнээ цаг өнгөрчиж. Базарваань, хурдан харья !
—知らない内に時間が過ぎちゃった，ああ神様。早く帰ろう！

101 байвал

——たら.　　　　　　　　　　　　　　　бол(6)-ыг үз.

102 (–ийг) байг гэхэд . . . (–ийг) . . . –маар байна.
(–ийг) биш гэхэд . . . (–ийг) . . . –маар байна.
(–ийг) үгүй гэхэд . . . (–ийг) . . . –маар байна.

せめて。
成功しないでがっかりした時とか満足していない時，少なく見積もってもこれだけは出来るという意味を表す。

Аливаа бүтэмжгүй сэтгэл гонсойлгосон юм уу сэтгэл дундуур байгаа хэрэг явдлыг бага ч болов бүтээх (болгох) санааг илэрхийлдэг.

Ж : Бүгдийг байг гэхэд талыг нь авмаар байна.
　　(Бүгдийг биш гэхэд талыг нь авмаар байна.)
　　全部でなくても半分はもらいたい。
Ж : Бүгдийг үгүй гэхэд хагасыг нь уншчих.
　　全部でなくても半分は読みなさい。

103 байгаа

いる，ある。　　動詞 байх の現在進行形。

байх гэдэг үйл үгийн одоо үргэлжилж байгаа цаг.

Ж : Туяа байгаа юу？　　　　トヤは(ここに)いますか？
Ж : Туяа хөдөө байгаа.　　　トヤは田舎にいます。
Ж : Тэр ирж байгаа байх аа.　彼は来ているでしょう。

104 байдаг (байгаа)

全て，全部という意味を表す．

Бүх, хамаг гэсэн утга илэрхийлдэг.

Ж：Байдаг мөнгөө дуусчихлаа．
　　(Бүх мөнгөө, байгаа мөнгөө, хамаг мөнгөө дууссан гэсэн үг.)
　　持ってるお金全部を使っちゃった．
Ж：Байдаг нууцаа алдсан．
　　全ての秘密がばれた．
Ж：Байдаг мөнгөөрөө архи уусан．
　　あり金全部でお酒を飲んだ．

105 байж

1. (──すれば)良かったのに．
2. ・・・なのに，・・・くせに．

1. байжээ という語を話し言葉で時々 байж と言う．
2. 書き言葉に харин, гэвч, боловч, атал, байтал 等の接続語がよく使われるが話し言葉では мөртлөө, байж 等の言葉がよく使われる．

1. "байжээ" гэдэг үгийг ярианы хэлэнд байж гэж зарим тохиолдолд хэлдэг．
2. Бичгийн хэлэнд харин, гэвч, боловч, атал, байтал зэрэг холбоос үгийг ихэвчлэн хэрэглэдэг. Тэгвэл ярианы хэлэнд мөртлөө, байж зэрэг үгийн хэрэглээ илүү их байна．

Ж１：Уулздаг байж．　　会えば良かった．
Ж１：Явах байж．　　　行けば良かった．
Ж１：Өчигдөр би чамтай уулздаг байж．
　　　昨日あなたに会えば良かったのに．
Ж１：Өнөөдөр биш, харин маргааш явах (ёстой) байж．
　　　今日でなく，明日行けば良かった．
Ж２：Цуг явъя гэсэн байж (мөртлөө) яагаад намайг орхиод явсан юм бэ？
　　　一緒に行こうと言ったのにどうして私を置いて行っちゃったのかしら？
Ж２：Дорж үзээгүй байж (мөртлөө) үзсэн юм шиг ярьдаг．
　　　ドルジは見ていないのに見たように話す．

байж сууж чадахгүй

Ж2：Тэр хүн уншаагүй байж (мөртлөө) уншсан юм шиг ярьдаг.
あの人は読んでいないのに読んだように話す．
Ж2：Монгол хүн байж морь унаж чадахгүй.
モンゴル人なのに馬に乗れません．

106 байж сууж чадахгүй

・・・していられない，我慢できない，こらえきれない．

тэсч ядах.

Ж：Тэдний гэр маш халуун байсан тул Болд байж сууж чадахгүй дахин дахин орж гарч байв.
彼等のゲルはとても暑かったのでボルドは我慢できずに何度も出たり入ったりした．

107 байз   c.f. за, байз.

待つ，ちょっと待つといった意味．
他の動詞の文法の様に時，副動詞，形動詞，命令形等の動詞の接尾辞が完全に変化しない．байз (待て)，байзаарай (待って下さい)，байзнах (待つ)，と変化するが байзсан, байзмаар, байзжээ とは言わない．

Хүлээ, азна гэсэн утгатай.
Бусад үйл үгийн адил цаг, нөхцөл үйл, үйлт нэр, захирах хүсэх төлөв гэх мэт үйлийн хэлбэрүүдээр бүрэн хувилдаггүй. Байз, байзаарай, байзнах гэж хувирч болно.
Харин байзсан, байзмаар, байзжээ гэсэн хувирал байхгүй.

Ж：—Ээж ээ, надад чихэр аваад өг！
　　—Байз, эхлээд талхаа авъя.
　　—お母さん，私にアメを買って！
　　—待って，先にパンを買いましょう．

108 байлаа гэхэд

・・・しないとすれば，・・・しないとすると．

—гүй бол, болилоо гэхэд.

Ж：Өрөө бүгдийг нь өгөхөө байлаа гэхэд ядаж хагасыг нь ч болсон

өгвөл зүгээр.
借金を全部返さないとすればせめて半分だけでも返した方が良いでしょう．
Ж：Гурван цагт ирж чадахаа байлаа гэхэд дөрвөн цагт ч болсон ирэхийг бодоорой.
三時に来られないとすれば四時には来るようにして下さい．

109 байлгаж авах

手でたたく，平手でたたく．

алгадах, цохих.

Ж：Наадахаа нэг байлгаад ав！Түрүүнээс хойш зүгээр суухгүй юм.
(そいつをたたいておけ)そいつを何とかしろ！
さっきからずっとうるさくしているから．

110 байлгүй

でしょう．

байх, биз гэсэн утга.

Ж：Тэр одоо сургуулиа төгсчихөө байлгүй.
彼は今もう学校を卒業しちゃったでしょう．
Ж：Өдийд тэр ирчихээ байлгүй.
(Одоо тэр ирчихсэн байлгүй.)
今，彼は帰って来てるでしょう．

111 байх

だろう，かな．
байлгүй, болов уу, байх 等の言葉が文章の終わりにつけばその前に有る動詞の意味を推量しているのを表す．

". . . байлгүй, болов уу, байх" гэсэн үгс хэрэв өгүүлбэрийн эцэст орсон байвал холбогдож буй өмнөх үйл үгийн утгыг таамаглан мэдэж байгааг илтгэнэ.

Ж：Маргааш дулаан өдөр болох байх.
明日は暖かくなるだろう．

байхгүй юу

Ж：Бат одоо гэртээ оччихсон байх.
　　バトは今はもう家に着いているでしょう.
Ж：Маргааш ирэх байх.　　　明日来るでしょう.
Ж：Маргааш ирэх байлгүй.　　明日来るだろう.
Ж：Маргааш ирэх болов уу.　　明日来るかな.
　　（もしかしたら来ないかもしれない.）
Ж：Маргааш ирж ч магадгүй.　　明日来るかもしれない.

112　байхгүй юу

・・・のよね，それでねー，・・・ですが.
自分自身にあったことを話す時に文末に付く言葉.

Өөрт тохиолдсон зүйлийг дурдах үед өгүүлбэрийн эцэст орох баймж үг.

Ж：Тэднийд очсон байхгүй юу. Тэгсэн чинь байхгүй байсан.
　　あの人の家に行ったのよね，だけど居なかったのよ.

113　–бал⁴ (вал⁴) тэр л биз, үгүй бол тэр л биз

・・・であっても，無くてもかまわない. どうでも良いや.

不注意から，或は行き詰まって，心が落ち着いてあきらめた状態を表す時言う句. その問題がもうどうなってもかまわないという気持ち.
Аливаа зүйлд тоомжиргүй хандсанаас эсвэл нэгэнт арга мухардсанаас сэтгэл шулуудан шийдсэн байдал гаргах үед хэлэх хэллэг. Тухайн асуудал юу ч болсон хамаагүй гэсэн санаа.

Ж：Юу л (ч)болбол бологЎ. Сургуульд тэнцвэл тэр л биз, үгүй бол тэр л биз.
　　どうにでもなれ，学校の試験に合格してもしなくてもかまわないわ.

114　(ээ) балар

ああ残念.

Бүтэлгүй болсон тул харамсаж буй санааг гаргасан аялга үг.

Ж：Ээ балар аа, ингэж нэрээ хугалах гэж.
　　ああ残念，こんなに評判を落とすなんて.

115 балиар
c.f. заваан.

1. 汚い，よごれた；書き言葉の文体では数少なく使われる．主に話し言葉で使われる．
2. 醜悪な，忌わしいといった元の意味から悪い考え等の意味に移った言葉．

1. бохир, заваан. Бичгийн хэлний найруулгад бага, ихэвчлэн ярианы хэлэнд тохиолддог үг.
2. Өөдгүй, муухай гэсэн шилжсэн утгатай.

Ж 1 : Ийм балиар газар суухаас дургүй хүрч байна.
こんな汚いところに住むと思うと嫌になる．
Ж 2 : Чи яасан балиар санаатай юм бэ?
(Чи яасан муухай санаатай юм бэ?)
君は何て悪いことを考える人なんだ．

116 балрах

しまった．悪い事になった．

Дүүрсэн, өнгөрсөн, дуусcан гэдэгтэй ижил утгатай.

Ж : Баларлаа! Паспортоо алга болгочихлоо.
しまった，パスポートを無くしちゃった．

117 банди

1. ラマ教の僧の弟子（通常の意味）．
2. 男の子．

1. ламын шавь. (энгийн утга)
2. эрэгтэй хүүхэд.

Ж : —Та хэдэн хүүхэдтэй вэ?
  —Би нэг охин, нэг бандитай.
  —あなたは子供が何人いますか？
  —私は娘が一人，息子が一人います．

118 бантан алгадах

バンタン汁を作る為に；粉に少し水を加え，さっくり混ぜてから両の手の
ひらを合わせて軽くこすりながらモロモロにすることを言う。

Бантангийн гурил бэлтгэхийг алгадах гэж хэлдэг.

Ж：Жаахан гурил алгадаарай. Сайхан хурган бантан хийнэ шүү.
　　少し粉を(モロモロに)こねて下さい。おいしいきめの細かいバンタ
　　ン汁を作りましょう。
　　・粉を両手の握りこぶしの間で軽くこすり，もっときめの細かいモロモロ
　　　を作ることを хурган (1歳未満の子羊の様にきめの細かい) бантан を作
　　　ると言う。
　　・バンタン汁 (бантан шөл)；
　　　1．肉付きの骨を茹でてスープをとり，骨から肉を外して小さく切って
　　　　鍋に戻す。
　　　2．モロモロにこねた粉をスープに加え，塩で味を整える。玉ねぎを細
　　　　かく刻んだりして加える。近頃ではコショウ(перц)を入れたりする。干
　　　　し肉(борц)を水で戻して作る家庭も多い。

119 бантан хутгах

混乱させる。　　　　　　　　холион бантан хийх(болгох)-ийг үз.

120 барагтай

1．良い。どうやら。
2．余り良くない。

1．гайгүй, сайн.
2．муу, тааруухан.

Ж 1：Чи барагтайхан шиг байгаарай.
　　　君は，いいかげんにしなさい。
Ж 2：Миний бие ойрдоо ханиад хүрээд барагтай байна.
　　　私は近頃風邪をひいてあまり調子が良くないです。

121 барах

1．終わる，尽きる。（元の意味）
2．話し言葉では出来るという意味でも使われる。主に出来ないといった

否定形で使われる.

1. үндсэн утга нь дуусах.
2. Ярианы хэлэнд чадах дийлэх гэсэн утгаар бас хэрэглэдэг. Ихэнхдээ үгүйсгэсэн хэлбэрээр тохиолдоно.

Ж 1：Энэ ажлыг өнөөдөр барахгүй байх.
　　　この仕事は今日終わらないでしょう.
Ж 1：Би энэ хоолыг барахгүй байхаа.
　　　私はこの食事を食べ切れないでしょう.
Ж 2：Дорж тэр бөхийг арай л барахгүй болов уу.
　　　ドルジはその相撲にちょっと勝てないだろう.
Ж 2：Би энэ ажлыг барахгүй байх аа.
　　　私はこの仕事が出来ないでしょう.
Ж 2：Энэ ч миний бардаг ажил биш юм аа.
　　　これは私に出来る仕事ではない.

122 барахгүй

だけでなく.
それだけで終わらない, 又という意味.

Аливаа зүйл тухайн байдлаараа зогсохгүй, "бас" гэсэн утга.

Ж：Өөрийнхөө ажлыг хийгээд барахгүй бас бусдад тусалдаг.
　　自分の仕事をするだけでなく他の人の仕事も手伝う.

123 барин тавин хийх

合間をぬって・・・する. 暇をみて. 余暇にする.

зав чөлөөндөө хийх.

Ж：Үүнийг барин тавин хийгээд дуусгачихна.
　　これを暇を見て終わらせてしまおう.

124 барин тавин худал хэлэх

はっきり分かった嘘を言う. 臆面もなく嘘をつく.

ичгүүргүй худал хэлэх.

барин тавин хэлэх

Ж：Дорж бидэнд барин тавин худал ярив.
　　ドルジは私達にはっきり分かる嘘をつきました.
　　(嘘だというのが分かっているのに平気で嘘を言う.)

125　барин тавин хэлэх

はっきりと本当の事を言う.

шууд тодорхой хэлэх.

Ж：Түүнд би энэ тухай барин тавин хэлж орхисон.
　　私はこれについて彼にはっきり言っておきました.

126　барьж идэх

叱責する，すごく怒る.

их загнаж уурлах.

Ж：Хичээл тасалснаас болж аав намайг барьж идэхээ дөхөв.
　　私が授業をさぼったせいで父からものすごくしかられた.

127　бие давхар　　　　　　　　c.f. бие шалтгаантай.

妊娠した.

хөл хүнд, жирэмсэн, бие шалтгаантай.

128　бие шалтгаантай　　　　　c.f. хөл хүнд, бие давхар.

妊娠する．月経になる．生理になる.

жирэмсэн, сарын юм ирэх.

Ж："Чи бие шалтгаантай болжээ." гэж эмч хэлсэн.
　　"妊娠しました." と医者が言った.
Ж：Би шалтгаантай.　　生理中です.

129　биеэ барих

我慢する，自制する，静観する，緊張する.

тэвчих, хүлээцтэй байх.

Ж：Хэлмээр байсан боловч биеэ бариад хэлсэнгүй.
　　言いたかったけど我慢して言わなかった.
Ж：Биеэ барьснаас болж хоол ч сайн идэж чадсангүй.
　　緊張したので食事もあまり出来なかった.

130　биеэ оторлох

なまける，ぶらぶらする，仕事を避ける.

биеэ хайрлаж ажлаас зайлсхийх, хойш суух.

Ж：Тэр биеэ оторлоод ер ажил хийсэнгүй.
　　彼はなまけて全然仕事をしない.

131　биз (биз дээ)

1．…の？　疑問詞．　　　動詞，名詞のどれにも繋がって良い．
2．…でしょう．推量して述べる言葉；байх，байлгүй，магадгүй．
3．念をおす，確かめて聞く；-ж байгаа биз дээ　でしょうね．

1．асуух сул үг．Үйл үг нэр үг алинтай нь ч холбож болно．
2．таамаглан хүүрнэх сул үг．(＝байх，＝байлгүй，＝магадгүй)
3．баталж асуусан утга．(-ж байгаа биз дээ．)

Ж 1：Энэ ном биз？
　　　この本でしょう？
Ж 1：Та миний номыг хараагүй биз？
　　　私の本を見なかった？
Ж 2：Маргааш хүйтрэх биз, дулаан хувцсаа бэлдээрэй．
　　　明日寒くなるでしょう，暖かい服を用意して下さい．
Ж 3：Чи маргааш явна гэдгээ мэдэж байгаа биз дээ．
　　　君は明日行くのを知っているでしょうね．
Ж 3：Чи хичээлдээ явж байгаа биз дээ．
　　　君は学校に行っているんでしょうね．

132　бил үү？

だったかな，だったっけ？　思い惑う，忘れた，はっきりしない事を確かめて聞く時使う言葉．

бишгүй (← биш + –үгүй)

Эргэлзсэн, мартсан, тодорхой бус зүйлийг лавлаж асуухад хэрэглэх үг.

Ж：Нөгөө Шаарав бил үү？ Шийрав ч бил үү？ Ах чинь ирж байна.
　　あのシャーラブだったっけシーラブだったっけ，お兄さんが来たよ．
Ж：Энэ үгийг бичсэн бил үү？
　　(бичсэн эсэхээ мартсан учир лавлаж байна.)
　　この言葉を書いたっけ？
　　(書いたかどうか忘れたので確かめている．)
Ж：Оргодол босуул ч юм бил үү？ Болгоомжтой байгаарай.
　　脱走者かもしれないよ．気をつけてね！

133　бишгүй (← биш + –үгүй)

1. 一度ならず何度も，よく．
2. 少なくない，小さくない．

1. нэг бус удаа, хэд хэдэн удаа.
2. цөөнгүй, багагүй.

Ж1：Гадаадад бишгүй явж байлаа.
　　外国へ何度も行きました．
Ж1：Түүнийг бишгүй харсан.
　　それを何度も見た．
Ж1：Түүний гайгаар ээжид бишгүй загнуулав.
　　彼のせいで母によくしかられた．
Ж2：Дээлгүй монгол залуу хүн бишгүй бий.
　　デールを持っていないモンゴルの若者は少なくない．

134　бодвол (＝бодоход)

私が思うには．考えてみたら．

Аливаа зүйл, үйл хэргийн шинж байдал, онцлогийг барагцаалан төсөөлөх утга илтгэнэ.

Ж：Бодвол, энэ үүргийг Бат хийж дөнгөх байх.
　　私が思うに，これをバトはなんとか出来るでしょう．

135　бодоход　　　　　　　　　　　　　　бодвол–ыг үз.

136 бойтоглох   c.f. нусаа хацартаа наах.

困って，何か困難な事に疲れて無能力な状態を見せる．
нусаа хацартаа наах(鼻水がほほにくっつく程困る)．

аливаа ажилд түүртэх, арчаагүй болхи байдал үзүүлэх.

Ж：Бойтоглосоор байгаад хичээлээсээ хоцорчихлоо.
　　あれこれやっている内に授業に遅れちゃった．
Ж：Шаварт суугаад гарч чадахгүй бойтоглож байна.
　　ぬかるみにはまって出られなく困っている．

137 бол

1. "なる"という言葉の第二人称命令形．　なれ！
2. もし…なら．
3. бол？；疑問詞бэ？вэ？уу？үү？等と同じ様な意味あいで使われる，文の終わりにつく．　…か？
4. ямар ч＋[болов, бай, гэсэн]　…ても．
5. аваас, болбоос, болбол　…は．
6. байвал　…なら, たら．
7. …が．

1. "болох" гэдэг үгийн 2-р биед захиран тушаах хэлбэр.
2. "Хэрэв" -тэй ойролцоо утгатай.
3. "бол？". Энэ нь "бэ？вэ？уу？үү？" зэрэг асуух сул үгтэй ойролцоо утгатай. Өгүүлбэрийн эцэст орно.
4. "Ямар ч" гэдэг үгийн дараа "болов, бай, гэсэн" зэрэг үгтэй ойролцоо утгаар хэрэглэнэ.
5. аваас, болбоос, болбол.
6. байвал.
7. атал, байхад, байтал.

Ж1：Би түүнд найзтай бол гэж хэлсэн.
　　私は彼に友達をつくれと言った．
Ж1：Чи том болоод аав шигээ эмч бол！
　　君は大人になったらお父さんみたいに医者になれ！
Ж2：Бороо орох юм бол би явахгүй.
　　雨が降るようだったら私は行かない．
Ж2：Би явсан бол ч амжуулах байсан.
　　私が行ったならばうまくやった．

бол уу?

Ж 3: Энэ хөшөө аль үеийнх бол?
この記念碑は何年代のものだろう？

Ж 3: Өгсөн юм нь юу юм бол?
(Өгсөн юм нь юу юм бэ?)
下さったのは何だろう？

Ж 3: Энэ хүн хэн бол?
この人は誰だろう？

Ж 3: Хэзээ ирэх юм бол?
いつ来るのだろう？　いつ来ますか？

Ж 3: Түүнийг ингэж хэлэхээр багш яах бол?
彼がこう言ったら先生はどうするかな？
(яах бол? яах вэ? яах буй? どうするだろう)

Ж 4: Ямар ч бол (болов) чи үүнийг хийхийг хичээгээрэй.
何があっても君がこれをするように頑張って下さい。

Ж 4: Ямар ч бол (болов) би ирнэ. Ямар ч гэсэн би ирнэ.
とにかく私は(絶対に)来ます。

Ж 4: ямар ч бай.　　どんな場合でも。
Ж 4: ямар ч болов.　何があっても。
Ж 4: ямар ч гэсэн.　どうしても、何が有っても、とにかく。

Ж 5: Энэ бол (болбол) Доржийн гэр.
これはドルジの家です。

Ж 6: Хэрэв тэр тэгсэн бол (байвал) би ч мөн тэгнэ.
もし彼がそうしたら私もそうします。

Ж 7: Дорж зун амрах дуртай бол эхнэр нь харин өвөл амрах дуртай.
ドルジは夏に休むのが好きだが奥さんはしかし冬に休むのが好きだ。

- бол という言葉は色々な意味で話し言葉に積極的に使われている。古典の書き言葉に2, 3, 4, 5, 6, 7番の意味は殆どありませんでした。例えば болбоос という接続語を使っていましたが、後に話し言葉に使われていた бол という接続語が書き言葉に浸透しました。

- Үүнд "бол" гэдэг аль ч утгаараа ярианы хэлэнд илүү идэвхтэй хэрэглэгдэж байна. Сонгодог монгол бичгийн хэлэнд 2, 3, 4, 5, 6, 7, -р утгаар "бол" гэдэг үг бараг байхгүй байжээ. Тухайлбал монгол бичгийн материалд "болбоос" гэдэг холбоос үгийг хэрэглэдэг байсан бөгөөд хожим ярианы хэлэнд хэрэглэж байсан "бол" гэдэг холбоос үг бичигт нэвтрэн оржээ.

138 бол уу?

1. ——かな。
2. だろう。

болов уу? という言葉が話し言葉になると бол уу? になる. 文学の文体に бол уу? という型で使われている.

"болов уу?" гэдэг үгийн ярианы хэлэн дэх дуудлага сунжирсан хэлбэр. Үүнийг уран зохиолын найруулгад "бол уу" гэдэг хэлбэрээр нь бичих явдал түгээмэл байна.
1. асууж сурах үг.
2. бололтой, байх.

Ж 1 : Түүнд энэ ном байгаа бол уу?
　　　(Түүнд энэ ном байгаа болов уу?)
　　　彼はこの本を持っているかな?
Ж 2 : Энэ хөшөө түрэгийнх л бол уу.
　　　この記念碑はトルコのものだろう.

139 **болбол**

・・・は.　　　　　　　　　　　　　　　бол(5)-ыг үз.

140 **болгон**

——毎.

бүр, бүхэн, тутам.

бүр, бүхэн, тутам 等の言葉は話し言葉, 書き言葉いずれにも使われるが болгон は殆ど話し言葉に使われる.
Бүр, бүхэн, тутам зэрэг үгийг яриа ба бичгийн хэлэнд жигд хэрэглэдэг байхад болгон гэдэг үгийг голцуу ярианы хэлэнд хэрэглэж байна.

Ж : өдөр болгон (өдөр тутам).　　　毎日. 日毎.
Ж : хүн болгон (хүн бүр).　　　　　全ての人. 人毎(に).
Ж : юм болгон (юм бүхэн).　　　　　全ての物. 物毎(に).

141 **болж (болж)**

1. ——になった.
　　болжээ を話し言葉では болж という事が有る.
2. болж болж とは "よかった, やった, 正しい" という意味である.

1. "болжээ" гэхийг ярианд "болж" гэж хэлэх явдал бий.

болж болж (＝хохь чинь)

2. "Болж болж" гэдэг нь зөв, зүйтэй, сайн, болсон байна, ашгүй гэх мэт утгатай.

Ж1：Эрдэнэ гуайн хүү олон малтай болж.
　　エルデネさんの息子は沢山の家畜を飼っている．
Ж2：Болж дээ(зөв дөө, ашгүй дээ), миний хүү юм ойлгох болжээ.
　　やったー！　うちの息子はものごとが分るようになった．
Ж2：—Утас ажилд орсон. Шугам тасарсан байсан гэнэ.
　　—За, болж болж.
　　—電話が繋がった．線が切れていたって．
　　—ああ，よかった，よかった．

142 болж болж (＝хохь чинь)

よしよしざまをみろ！　いい気味だ，
だから言ったでしょう・・・いやみを言う．
その人の不成功の情況を見てひやかす，いやみを言う時に使う．

Бусдын бүтэлгүй байдлыг харж тохуурхах үед хэлдэг.

Ж：Хичээл хийгээгүй болохоор шалгалтанд тэнцээгүй, болж болж хохь чинь.
　　勉強しなかったから試験に合格しなかった．だから言ったでしょう．
Ж：Тэр сүүлийн үед хэтэрхий их зантай болсон. Шалгалтад унасан гэсэн, болж болж хохь чинь.
　　彼は最近高慢だった．試験に落ちたという．いい気味だ．

143 болж өгвөл

出来れば，よろしかったら．

чадвал, боломж байвал.

Ж：Болж өгвөл энэ зун нутагтаа очихыг бодно.
　　出来れば今年の夏里帰りしようと思っている．
Ж：Болж өгвөл наадмаас өмнө хонь явуулаач ээ.
　　出来ればナーダムの前に羊を送って下さい．
　　・Энэ үед монголчууд зав чөлөөтэй болж ихэнх нь амралтаа авдаг. (Хавар мал төллөж ажил ихтэй байдаг. Наадмын үед мал ч таргалж мах нь ч амттай байна.) Наадмаар зусландаа очиж гэдэс идэхийн тулд хонь гаргадаг.
　　・наадам；7月11日．この時期は全てのモンゴル人はのんびり出来るし，休

みも取れる.（春は家畜が子を生んだり, 牧民も忙しい. ナーダムの頃羊も太ってきて肉はおいしくなる.）羊を一頭田舎から運んで家族, 親せきでзуслан（夏に住む為のバンガロー）へ行って羊を食べたりしてのんびりする. 一番のごちそうはгэдэс（内臓）を食べる事と若干のモンゴル人は言う.

144 болов уу

1. бол уу　　疑問の意味の言葉.
2. байх, байлгүй　　だろう, ——かなと近い意味.
何かを予想, 推量している時, 文の終わりにいう言葉.

1. бол уу　　асуух утгатай үг.
2. байх, байлгүй-тэй ойролцоо. Ямарваа зүйлийг таамгаар мэдэж ярих өгүүлбэрийн төгсгөлд хэлэх үг.

Ж 1：Тэр наашаа ирсэн болов уу?
　　（Тэр наашаа ирсэн үү?）
　　彼はこちらに来たかなあ？
Ж 2：Миний бодож байгаагаар тэд замдаа саатсан болов уу.
　　私の考えでは途中で何か有ったのでしょう.
　　・бол＋в уу? 動詞の形は過去形だがこの場合は時を表す意味ではない.
　　　時を表す意味は前に有る動詞によって表される.
　　・бол＋в уу? Угтаа өнгөрсөн цагийн -в нөхцөл авсан үг боловч энэ тохиолдолд цаг заасан утгагүй, цагийн утга нь өмнөх үйл үгээр илэрнэ.

145 болох нь тэр

それでよい, それで結構.
事が実現した, 満足した事を болох нь тэр といった言葉で表す.

Хэрэг бүтсэн, санаанд хүрсэн тухайд болох нь тэр гэдэг үгийг хэрэглэнэ.

Ж：Цаад хүү чинь одоо айл өрх болбол, тэгээд болох нь тэр.
　　あの子は結婚すればそれだけでよい.

146 болчихлоо

出来上がった, 熟した.

боож үхэх

болчлоо, болчихсон.

Ж：За, хоол болчихлоо, хүрээд ир！
　　さあ，御飯が出来ました，いらっしゃい．
Ж：Гүзээлзгэнэ болчихсон байна лээ.
　　いちごが熟したよ．

147　боож үхэх

1．首をくくって死ぬ．（通常の意味）
2．しゃくにさわる．

1．(хоолой) боож үхэх (бичгийн ба ярианы хэл).
2．уурлаж бачимдах.

Ж2：Боож үхэх гээд байх хэрэггүй.
　　そこまで（しゃくにさわって）怒らなくてもよい．

148　боох

意地悪をする，もったいぶる．

Хавчих, үнэрхэхийг илэрхийлдэг үг.

Ж：Тэр хүнээс зөндөө их гуйсан боловч тусалж өгөхгүй боогоод байна.
　　あの人にずいぶんお願いしたけれど，助けてくれないでもったいぶっている．
Ж：Тэр багштай нэг удаа хэрэлдсэнээс болж шалгалтан дээр намайг боолоо.
　　あの先生と一度口論したので試験で私をいじめた．
Ж：чаддаг юмаараа боох.
　　出来るのにもったいぶる．

149　бөгсний ажил

1．後に控えている仕事．（通常の意味）
2．セックスをする．

1．арын ажил, дараагийн ажил. (энгийн утга)
2．секс, эр эмийн ажил.

150 бөөн

大きい，多い，沢山．

Нэг дор байгаа олон, их юмыг бөөн гэнэ.

Ж：Намайг шалгалтад онц авахад ээж аав хоёр бөөн баяр болов.
試験で満点をもらって両親は大喜びした．

Ж：Бөөний дэлгүүрээс хоёр хайрцаг пиво худалдаж авсан.
問屋から二箱のビールを買いました．

151 бөөстөх

1. 虱（しらみ）が集（たか）る．（通常の意味）
2. 話し言葉では；ニット製品，布の表面に付く毛玉を言う．
бөөстөх；蓄積された丸いものという意味で，"бөөн, бөөгнөх, бөөрөнхий"等の"бөө-"という語幹から起きた言葉．

1. бөөстэй болох．
2. Ярианы хэлэнд аливаа нэхмэл эдлэл, даавууны зүйлийн өнгөн талд нарийн ширхэг ороолдон жижиг жижиг бөөм үүсэхийг хэлнэ. Энэ утгаар хэлж байгаа "бөөстөх" гэдэг үг нь "бөөгнөрч бөөрөнхий болсон юм" гэсэн утгатай бөгөөд "бөөн, бөөгнөх, бөөрөнхий" гэдгийн "бөө-" язгуураас үүссэн үг юм.

Ж1：Хуучин болхи цагт хүн их бөөстөж байсан.
昔は人々にずいぶん虱（しらみ）が集（たか）っていた．
Ж2：Энэ бөөстдөггүй материалаар хийсэн цамц байна.
これは毛玉にならない材料でつくったシャツです．

152 будаа болох

1. 粉々になる．
2. 実現されない，実行されない．

1. үйрч бутрах．
2. бүтэхгүй．（шилжсэн утга）

Ж1：Аяга хагараад будаа болсон.
茶碗が割れて粉々になった．

будаа будаа

Ж 2： Хөдөө явах гэсэн чинь дугуй хагараад будаа болсон.
田舎へ行こうとしたが車のタイヤがパンクして行けなくなった.

153 будаа будаа

砕けた，割れた，散り散りになった，分散させたという意味を表す．最近
では人について言う時，敗北する，負ける，だめになる等の事を будаа
болсон と言い，又勝った，損害を与えた人を будаа болгосон と言う事が
若者，子供達の間で話される．

Хэмхэлсэн, эвдэлсэн, буталсан, сарниулсан хэмээх утгыг илтгэнэ.
Сүүлийн үед ялагдах, дийлдэх, хохирох зэргийг "будаа болсон" гэх
буюу ялсан, дийлсэн, хохироосон хүнийг "будаа болгосон" гэж хэлэх
явдал залуучууд, хүүхдүүдийн ярианд нэвтэрсэн.

Ж： Би Доржтой зодолдоод Доржийг будаа болгосон.
私はドルジとけんかして彼をめちゃくちゃにした．

154 будаа идэх (хүний амаар будаа идэх)

カンニングする，学生が筆記試験等で他の生徒の書いたものを写して書く
事．又他人の考えで書いたものを自分のものとして利用する事を言う．

Сурагч, оюутан бичгийн ажлыг бусдаас хуулж бичихийг хэлнэ. Мөн
бусдын санаа, бичсэн зүйлийг өөрийн юм шиг ашиглахыг хэлдэг.

Ж： Тэр шалгалтад будаа идсээр байгаад төгссөн.
彼は試験でカンニングしたりして卒業した．

155 будааны хүүхэд

自立してちゃんと出来ない人，自分の考えで行動出来ない人．
　　　　　　　　　　　　　　　　　　　　　反対語として их гар.

Хүч чадалгүй, шалихгүй, хялбар хүн гэсэн утгаар хэрэглэх өвөрмөц
хэлц үг.　　　　　　　　　　　　　　　　　эсрэг үг нь их гар.

Ж： Би тэрний хажууд будааны хүүхэд. Юу ч хэлж чадахгүй.
私はその人に比べて権限が無いので何も言う事が出来ない．
Ж： Тэр будааны хүүхэд яаж ч болно.
あのチンピラをどうしようと勝手です．

156 будмал хүүхэн

いつもお化粧を濃いめにしている人の事を言う．

будаг шунх болсон хүүхэн, хэтэрхий нүүрээ будах дуртай эмэгтэй.

Ж：Тэр өөрийгөө будмал гэж хэлүүлэх их дургүй.
　　彼女は自分の事を化粧好きと言われるのが嫌いだ．

157 бузар

1. 汚い，悪い，嫌な．（通常の意味）
2. とってもすごい．

1. бохир, муухай, жигшүүртэй. (энгийн утга)
2. маш, нэн.

Ж1：Битгий гэр орон бузарлаад байгаарай.
　　家を汚くしないで下さい．（だらしなくしないで）
Ж2：Тэр орос хэлээр бузар сайн ярьдаг.
　　彼女はロシア語がすごく上手です．
Ж2：Үүнийг бузар гайхалтай (сайн) хийжээ.
　　これをとっても素敵に作ったね．

158 бузгай   c.f. овоо.

すごい．

Ж：Ямар бузгай баян амьтан бэ？
　　何てすごい金持だろう．

159 булай

1. 胸がむかつく程嫌な，汚れた，恥ずかしい．
2. 非常に．

1. муухай, жигшмээр, ичмээр.
2. Ярианы хэлэнд маш, мөн, их гэсэн утга илтгэж болно.

Ж1：булай муу.　　本当によくない．
Ж1：Булай муухай явдал боллоо.　　嫌な事になった．

булуу халах

Ж1: Тэр, хүн хуурч мөнгө авсан гэнэ. Ямар булай муухай юм хийдэг юм бэ!
彼は人をだましてお金を取ったそうです。何て汚い事をしたのでしょう。
Ж1: Тэр амиа хорлосон гэнэ. Ямар булай юм хийдэг байна.
彼は自殺したそうです。何て事をするんだろう。
Ж2: булай сайн。　　非常に上手。
Ж2: Ямар булай баян амьтан бэ?
何てすごい金持だろう。

160 булуу халах

最初はそうでもなかったが途中でもっとやる気になって夢中になる。

Ажил үйл хийхэд ид урам орж улам идэвх сэргэхийг булуу халах гэдэг.

Ж: Залхуу хүрсэн байсан ч биеэ дайчлаад ирэхээр аяндаа булуу халаад бүр ч их юм хиймээр санагддаг.
最初はちょっとなまけていても少し努力してやってみると自然にやる気になって、もっともっとやる気になる。
Ж: Яриандаа булуу халаад илүү үг хэлчихлээ.
話に夢中になって余計な事を言っちゃった。

161 бурах

1. つまらない事をおしゃべりする。
2. 嘘をつく。

1. чалчих (энгийн утга).
2. худал ярих.

Ж1: Бурсаар байгаад ам хатчихлаа.
おしゃべりしていてのどが乾いちゃった。
Ж2: Битгий бур! (битгий худлаа хэл!)
嘘をつかないで!
Ж2: Битгий бураад бай! (битгий худлаа ярь!)
嘘をつかないで!

162 бурууг тохох

他人に罪をかぶせる.

буруутгах, бусад хүний буруу хүлээлгэх.

Ж：Хамаг буруу над дээр тохов.
　　(Бүх буруу надад хүлээлгэв.)
　　全ての罪を私に負わせた.

163 бурхан өршөө！

お達者で！　人がくしゃみをした時こう言う.
God bless you！と同じ様に使う.

Хүн найтаахад дэргэдэх хүн нь ийнхүү хэлдэг заншилтай.

Ж：―Э―ч！
　　―Бурхан өршөө！
　　―ハークション！
　　―お達者で！

164 буу халах（＝ам халах）

とりとめのない事をしゃべり続ける，長い間しゃべり続ける.

үг нь олон болох, дэмий баахан ярих.

Ж：Дулмаатай буу халж байтал нэг мэдэхэд шөнө болсон байсан.
　　ドルマーと四方山話(よもやま)をしている内にふと気がつくと夜になっていた.

165 буудах

当てずっぽう，いいかげんな事を言う.

таамгаар худлаа ярих.

Ж：Шалгалтад мэдэхгүй зүйлээ буудсан чинь оносонгүй.
　　試験で分からない事を当てずっぽうで言ったけれど当たらなかった.

буулгах

Ж：Тэр ч сайхан бууддаг нөхөр дөө.
彼は上手に嘘をつく人だ.

166 буулгах

1. たたく，буух（降りる）の使役形（降ろす）.
2. 話し言葉で цохих, зодох（たたく）という意味に使われる.

1. буух-ын үйлдүүлэх хэв.
2. Ярианы хэлэнд цохих, зодох гэсэн утгаар хэрэглэнэ.

Ж：Дуугарч амжаагүй байтал миний толгой дээр аав нударга буулгав.
何か言う間もなく私の頭を父がなぐった.

167 буух

激しく言う.
シャーマンが神がかりになり，はげしく言うのをなぞらえた言葉.

Агсам тавих, ширүүн ярих, их загнах гэсэн утгатай, "бөө буух" –тай адилтгаж хэлсэн үг.

Ж：Дарга өнөө өглөө бүгдийг загнаж ширүүн бууж байлаа.
ボスは今朝皆をはげしくしかった.

168 бушуу

迅速な（に），速く．（形副）

хурдан, түргэн.

Ж：Бушуу яв.　　速く行け.
Ж：Бушуухан холдоод өгөөч．（Надаас хол яваарай.）
　　速くどいてくれ.
Ж：Цаг байхгүй, бушуухан яриарай.
　　時間がないから早く話して下さい.
Ж：Багш хүлээж байгаа．Бушуухан хүрээд ир！
　　先生が待っています．早くいらっしゃい.

169 бүжиг эргэх

ワルツを踊る.

вальс бүжиг хийх.

Ж：Зарим орой бүжиг эргэдэг.
　　時々夜ワルツを踊る.
Ж：Хааяа нэг бүжиг эргэдэг.
　　たまにワルツを踊る.

170 бүтэн сайн (өдөр)

日曜日.
話し言葉では Ням гариг と言うより бүтэн сайн өдөр と言う方が多い.

Ярианы хэлэнд "Ням гариг" гэхээсээ илүү "бүтэн сайн өдөр" гэж ярьдаг.

Ж：Ирэх бүтэн сайнд салхинд гарцгаая.
　　来週の日曜日にピクニックに(皆で)出かけよう.

171 бүү

禁.
бүү という言葉は битгий と同じ禁止の意味を持つ.

Бүү гэдэг үг битгий гэдэгтэй адил хориглосон утгатай.

Ж：Бүү яв.　　行かないで，行くな.
Ж：Тамхи бүү тат.　　禁煙. たばこをすわないで.
　　しかし бүү мэд！(知らない)という言葉を話し言葉で禁止の意味で
　　使わない.　　　　　　　　　　　　　　　бүү мэд を参照.
　　Гэтэл бүү мэд！ гэдэг үгийг ярианы хэлэнд хориглосон утгаар
　　хэрэглэдэггүй.　　　　　　　　　　　　бүү мэд-ийг үз.

172 бүү мэд

知らない.

мэдэхгүй.

бүүнкэр

Ж：Ганбаатар хаашаа явсныг бүү мэд.
　　ガンバートルがどこへ行ったか私は知りません。
Ж：Бүү мэд! Энэ талаар би хэнтэй ч юу ч яриагүй.
　　知らない、これについて私は誰とも何も話さなかった。

173　бүүнкэр

アパートのごみのシューター。
ロシア語の бункер（英語の bunker，石炭，穀粒等の入れ場所）から出た語。

орон сууцны байрын хог хаях хоолой.

Ж：Бүүнкэрийн гадуур битгий хог болгоорой.
　　ブンケルの外にごみを捨てないで。

174　бэлгэвч

コンドーム。

эрэгтэй хүний ариун цэврийн хэрэглэл. Бас "кондом" гэж ярьдаг.

175　бэлэн зэлэн

準備の出来た。主に会話などについて言い，言葉がよどみなく口から出る。ポンポン言うことを指す。

бэлэн, зэхээстэй. Ихэвчлэн үг ярианы тухай тодотгож хэлдэг.

Ж：Дорж хэтэрхий бэлэн зэлэн үгтэй.
　　ドルジは全くポンポン言うんです。

В

176 –в аа⁴

1. –в аа⁴ で終わる疑問文の аа⁴ は，はっきりした意味は無いが聞き正しているニュアンスが有る．
2. 禁止し，注意している意味を表す．
3. 誰かを不満に思い，攻撃的なニュアンスを持つ．この時"мөн, үнэхээр, ёстой"等の語を一緒に使う．

1. "–в аа⁴" төгсгөлтэй асуух өгүүлбэрийн "–аа⁴" нь тодорхой утга байхгүй ч арай лав харьцан асууж буй өнгө аяс оруулна.
2. "–в аа⁴" нь хориглон анхааруулсан утга илтгэнэ.
3. Хэн нэгнийг дэмий, тааруу, санаанд хүрээгүй хэмээн голж, дайруулсан өнгө аясыг илтгэнэ. Ийм өгүүлбэрт ихэвчлэн "мөн, үнэхээр, ёстой" зэрэг үгийг оруулж ярьдаг.

Ж 1：Хувцас чинь яагаад норчихов оо？
　　 君の服はどうして濡れたの？
　　　　　　　　　　　　　　норчихов；нор(ох)–чих –в(өнгөрсөн цаг)
Ж 2：Ярив аа！(битгий ярь.)　　話さないで下さい．
Ж 2：Үзэв ээ！(битгий үз.)　　見ないで下さい．
Ж 2：Алдав аа！(алдаж болохгүй.)　　失くさないで下さい．
Ж 2：Мартав аа！(битгий мартаарай.)　　忘れないで．
Ж 2：Явав аа！(битгий яв.)　　行かないで．
Ж 2：Чи маргааш миний дэвтрийг авч ирэхээ мартав аа！
　　 君は明日私のノートを持って来るのを忘れないでね．
Ж 2：Чи намайг заав аа！(Чи намайг зааж өгч болохгүй шүү.)
　　 私だという事を教えてはだめよ．(言ってはだめよ．)
Ж 2：Энэ тухай хүнд ярив аа！
　　 これについて人に話さないで(下さい)．
Ж 3：Чи мөн ярив аа.
　　 君はちゃんと話せなかったね．

- 直訳すれば"君はちゃんと話したね。"となるが"мөн...-в аа⁴"慣用表現は反対の意味となり，攻撃的なニュアンスを表す。
- Шууд үгчилбэл, "Чи үнэхээр ярилаа даа(ярьсан даа)" гэдэгтэй ойр утга. Гэвч "мөн...-в аа⁴" хэллэг бол эсрэгээр нь дайруулсан өнгө илтгэнэ. (ярьж чадаагүй, эсвэл муу, дэмий ярьсан гэсэн санаа)

Ж 3 : Чи мөн хэлсэндээ хүрэв ээ. (хэлсэндээ хүрч чадсангүй гэсэн санаа.)
言ったことを出来なかったね。（約束を守らなかったね。）

177 —В ГЭЖ

——出来ないよ。
信用しない，否定した意味を表す形。未来，現在，過去形のどの意味にも通じる。

Үл итгэсэн, үгүйсгэсэн санааг илэрхийлэх хэлбэр. Аль ч цагийн утгыг илтгэсэн байж болно.

Ж : Чи л үүнийг хийж чадав гэж.
(Чи үүнийг хийж чадахгүй биз.)
(Чи үүнийг хийж чадсангүй биз.)
君はこれを出来ないだろう。

178 ВИДМУСТ   c.f. книжка.

先生が学部に出す成績表。

дээд сургуулийн шалгалтын тооцооны хуудас. орос хэлний "ведомость" гэдэг үг.

Ж : Ведомость авчирч шалгалт өгөөрэй.
成績表を持って来て試験を受けなさい。

Г

179 гавьтай

биш, үгүй, алга 等を伴って疑問文，否定文の中に主に用いられる．
大して，あんまり（役に立たない）．
もともとは特別な，大した，なかなか役に立つという意味だがモンゴル語を見ていると гавьтай という言葉は是認した意味で使われていない．例えば гавьтай эд биш（大した物ではない），гавьтай юмгүй（大した物ではない）等 биш, үгүй, алга という言葉を伴って"けなす，とがめる"意味で使われる．

Уг нь олигтой, өөдтэй гэсэн утга боловч монгол хэлэнд гавьтай гэдэг үгийг сайшаасан зүйлд хэрэглэдэггүй. харин гавьтай эд биш, гавьтай юмгүй гэх мэтээр биш, үгүй, алга гэдэг үгийн хамт муушаасан зүйлд хэрэглэдэг.

Ж：Гавьтай эд биш мөртлөө их үнэтэй юм аа.
　　大した物じゃないのにえらく高いなあ．
Ж：Үнэтэй мөртлөө гавьтай зүйл биш юм аа.
　　高いのに大した物じゃない．

180 гай тарих

1. 不幸，災難を引き起こす．
2. 邪魔をする．

1. гай болох, зовлон бэрхшээл бий болгох.
2. Саад тотгор, хор хөнөөл бий болгох гэсэн утгатай.

Ж1：Тэр хүн дандаа гай тарьж явдаг.
　　あの人はいつも問題を起こしている．
Ж2：Тэр ирвэл гай тарина.

гайгүй

彼が来ると邪魔になる．

181 гайгүй

1. かなり良く，良い，悪くない．
2. むだ，嘘と軽視した意味を持つ．

1. зүгээр, сайн, муу биш, овоо.
2. Дэмий, худлаа хэмээн басамжилсан муу утгатай.

Ж 1： Тэр ангидаа л гайгүй сурдаг хүүхэд.
　　　彼はクラスの中では良く出来る子だ．
Ж 2： Чиний онц авах ч гайгүй хэвтэнэ ээ.
　　　(Чиний онц авах ч худлаа даа.)
　　　君が満点を取るのは無理でしょう．
　　　гайгүй хэвтэнэ；хэвтэнэ に特に意味は無く，連語で"無理だよ"となる．
　　　(хэвтэнэ ээ； . . . аа^4–1–ийг үз)
Ж 2： Чиний одоо явдаг ч гайгүй байлгүй.
　　　君が今行くなんて無理でしょう．
　　　・この様に"良い"，"悪い"の逆の意味を表す言葉は話し言葉では少なくない．例えば ашгүй, яамай, жаал, барагтай, гайгүй, муу, дүүрэх 等々．
　　　(付録参照)
　　　・Ийм сайн муу хоёр талын эсрэг утга илтгэдэг үг ярианы хэлэнд цөөнгүй байна.
　　　Жишээлбэл；ашгүй, яамай, жаал, барагтай, гайгүй, муу, дүүрэх гэх мэт.
　　　(хавсралтаас үзнэ үү)

182 галзуу

1. 狂犬病．(通常の意味)
2. 精神病者，狂犬病患者，狂犬病にかかった動物．(通常の意味)
3. すごく出来る．
4. 恥知らずな．つらの皮の厚い．

1. солиорох өвчин. (энгийн утга)
2. солио өвчтэй хүн, амьтан. (энгийн утга)
3. эрчтэй чадалтай, гайхалтай, сүрхий.
4. хэт нүүрэмгий.

Ж 3： Шинэ ирсэн залуу хөл бөмбөг галзуу тоглодог.
　　　新入りの若い男はサッカーがとても上手だ．

Ж 4 : Энэ галзуу хүүхэн яасан чанга инээдэг юм бэ ?
この恥知らずな娘はなんで大声で笑うの？

183 ганган

1. 服装，装飾品についてエレガントな，流行の服を着た．
   おしゃれな，アクセサリーを身につけた．
2. 品物の見かけ，出来が良い．

1. Хувцас чимэг, аливаа юмны өнгө үзэмжийн тухай хэлнэ.
2. Мөн ур хийцийн тухайд хэрэглэнэ.

服装，装飾品について ганган を使う．
人の顔つきについて хөөрхөн,
人の身体つきについて сайхан, гуалиг (гоолиг) と言う．

Ж 1 : Батын эхнэр их ганган хүн.
バトの奥さんはおしゃれな人です．
Ж 2 : Энэ аяга ганган хийцтэй юм аа.
この茶碗は出来が良い．

184 гангар гунгар

1. 擬声語．
2. おしゃべりをする．
   がちょう，あひる，かも，等の鳴き声ガーガーという擬声語から転じて親しそうに話すことを言う．

1. авиа дуурайсан үг.
2. Галуу зэрэг шувууны дууг дуурайх үгийг шилжүүлж зөөлөн дуугаар ярилцахыг дүрслэн хэлнэ.

Ж : Бид гурав Дулмаагийнд жаал гангар гунгар хийж суусан.
私達三人はドルマーの家でかなりおしゃべりをしていた．

185 ганзагын наймаа

小商い．小さい商売．小売商．
馬に乗って日用品を行商していた．──そこから出た意味．

ганзага ; 馬の鞍．

ганзагачин

Хувь хүний жижиг наймааг хэлнэ.

Ж：Одоо ашигтай ганзагын наймаа алга.
今は利益の有る小さい商売は無い．

186 ганзагачин

小売商人．

ганзагын наймаачин.

Ж：Амьдрахын эрхээр хоёр жил ганзагачин болж үзлээ.
生活のために２年間小商いをやってみた．

187 ганц

沢山，多いという言葉の反対の意味．　一つだけ．
話し言葉では後に続く言葉を強調する．又，次に続く形容詞の意味も強める．

Олон гэдгийн эсрэг утгатай.
Ярианы хэлэнд холбогдох үгээ онцлох үүрэгтэй. Мөн дараах тэмдэг нэрийн утгыг эрчимжүүлсэн байж болно.

Ж：Надад байгаа ганц үзэг.
　　私は一本だけペンを持っている．
Ж：Би айлын ганц хүү.
　　私は一人っ子です．
Ж：Гэрийн ажил хийдэг ганц хүн.
　　家の仕事をするたった一人の人です．
Ж：Энэ манай ганц сайн ажилчин.
　　この人は仕事の出来るたった一人の人です．
　　(Үүнд ганц сайн гэдэг нь нэг гэсэн утгаас илүү хамгийн сайн гэдэг утгыг илэрхийлнэ．　ここでは ганц сайн というのは一人だけという意味よりも他に比べて，もっと仕事が出来るという意味を表す．)
Ж：Би түүнийг ганц сайн чадлаа.
　　私は彼をしっかりやっつけた．（がっちりやっつけた．）

188 гар татах

けちけちする.

нарийлах, харамлах.

Ж：Хоол ундад гар татаж хэрэггүй.
　　食べ物をけちけちしてはいけない.
Ж：Дорж хэрэгтэй номд гар татдаггүй.
　　ドルジは必要な本であればお金を惜しまない.

189 гар хангалга

マスターベーションをする.

гараар оролдож дур тавих.

190 гар хүрэх

たたく.

Зодох, цохих гэсэн утгатай.

Ж：Би заримдаа хүүдээ гар хүрдэг.
　　私はたまに子供をたたきます.

191 гар цайлгах

プレゼントをあげる.

(хүнд)бэлэг өгөх.

Ж：Цагаан сараар зочин бүгдийг гар цайлгадаг.
　　旧正月に見えたお客様皆にプレゼントをあげる.

192 (гараас) гаргадаггүй

1. 放っておかない, ただではおかない.
2. さっさと出来ない, のろくて仕事が終わらない.

гаргах

1. гараасаа алддаггүй.
2. Удаан, бүтэлгүй гэсэн утгатай.

Ж1：Залуу байхад иймэрхүү согоог ч гаргадаггүйсэн дээ.
若い時ならこんなきれいなメスの鹿(若い女性)を放っておかなかっただろう．

Ж2：Тэр их удаан, ажил гараас нь гардаггүй.
彼はとてものろい，仕事が終わらない．

193 гаргах

1. гарах の使役相．持ち出す，出す．
2. 読み，書きが出来る．
3. 終える．
4. 屠殺する．

1. "гарах" -ын үйлдүүлэх хэв.
2. бичиг үсэг мэдэх, төсөөлөх, унших.
3. гараас гаргах, дуусгах.
4. алах, нядлах.

Ж2：Дорж таталган бичгийг төвөггүй гаргадаг.
ドルジは速記(で書いた)文字を読んですぐ分かる．

Ж2：—Миний бичгийг гаргах уу？
—Гаргахгүй байна.
—私の書いた文字を読めますか？
—読めません．
—Гаргагдахгүй байна.　　—読めません．
—Гаргана.　　—読めます．

Ж3：Хүүхэд том болж гараас гарав.
子供が大きくなって親の手を離れた．

Ж3：Энэ ажлыг нэг сарын дотор гараас гаргамаар байна.
この仕事を一ヶ月で終えたいです．

Ж4：хонь гаргах.　　羊を屠殺する．
мал гаргах.　　家畜をつぶす．

194 гахай

袋に入れた大きな荷物．

ачааны том уут сав.

Ж：Даваа Орос, Хятадын хооронд гахай зөөдөг.
（Даваа Орос, Хятадын хооронд ганзагын наймаа хийдэг.）
ダワーはロシア，中国の間を荷物を担いでいる．
（ダワーはロシア，中国間を往復して商売をしている．）

195 гашуун

アルヒ．

Архийг гашуун, гашуун ус г.м. -ээр хэлдэг.

Ж：Энэ гашуунаас болж ажилгүй болсон.
この酒のせいで私は仕事を失った．

196 гогцоо нь тайлагдах

結び目を解く，何かの真相が明らかになる．

гол учир нь тодорхой болох.

Ж：Хүн амины хэргийн гогцоо нь тайлагдав.
殺人事件の真相が明らかになった．

197 гоё

1. 立派な，きれいな，良い（主に見た目にきれいな時 гоё と言う）．
2. おいしい；本来の意味は立派な，きれいに飾ったごはん，見た目がきれいという意味だが話し言葉では見た目に関係なくおいしいという言葉の代わりに若者は гоё と言う事が多い．年輩の人は гоё хоол とは言わない．амттай хоол, сайхан хоол と言う．

1. харах үзэмж нь сайхан.
2. амттай；Жинхэнэ утга нь үзэмжтэй хоол. харахад сайхан гэсэн утгатай боловч ярианы хэлэнд харах үзэмж нь хамаагүй, амттай гэдэг үгийн оронд залуу хүмүүс гоё гэж хэлэх нь их байдаг. Ахмад настай хүмүүс гоё хоол гэж хэлдэггүй, харин амттай хоол, сайхан хоол гэдэг.

Ж 1：—Чи өнөөдөр их гоё байна.
　　　—Та ч гэсэн!
　　　—あなた今日とてもすてきよ．

ГОЖИН

　　　　　　　　―あなただって！
　　Ж2：Манай тогооч Ичинхорлоо гоё хоол хийдэг.
　　　　　うちのコックのイチンホルローはおいしいごはんを作る.
　　　　　　Ярианы хэлэнд сайхан үнэр гэхийг гоё үнэр, сайхан хөгжим, сайхан дууг гоё
　　　　　　хөгжим, гоё дуу гэх мэтчилэн хэлдэг.
　　　　　　話し言葉では сайхан үнэр（良いにおい）を гоё үнэр, сайхан хөгжим（き
　　　　　　れいな曲), сайхан дуу（良い歌）を гоё хөгжим, гоё дуу と言う.
　　　　　муухай гоё　　　　非常に良い　　　　　　　　　муухай-г үз.
　　　　　муухай хол　　　　すごく遠い　　　　　　　　　――〃――

198　ГОЖИН

アルヒ.
細長いビンの形のようなものの例えからアルヒの事を言う.
　　　　　　　　　　　　　　　　　гожин；瓶の形の様な細い，という意味.

Лонхны гозгор хэлбэрээр нь төлөөлүүлж гожин, шовгор зэрэг этгээд
үгээр архийг нэрлэдэг.

　　Ж：Замдаа дэлгүүрээс ганц гожин авъя.
　　　　途中，店でアルヒを一本買おう.

199　ГОЛ ГАРГАХ

嘘をつく，ずるく振る舞う，だます.

худал хэлэх, хуурах, залилах.

　　Ж：Хамт явна гээд намайг олон удаа гол гаргасан.
　　　　一緒に連れて行くと言って私を何度もだました.

200　ГОЛ ГОНСОЙХ

ブスッと不機嫌になる.

ихэд харамсаж, сэтгэлээр унах, гонсойх.

　　Ж：Тэмцээнд хожигдоод гол гонсойлоо.
　　　　試合に負けたのでブスッとしている.

201 гол харлах

1. 腹が減って気分が悪い．
2. 気分が悪い．機嫌が悪い．

1. их өлссөнөөс болж бие эвгүйрхэх.
2. гол гонсойж харамсах.

Ж 1 : Өглөөнөөс хойш юм идээгүй тул гол харлаад байна.
朝から何も食べなかったので気分が悪いです．
Ж 2 : Тэмцээнд хожигдоод гол харлалаа.
試合に負けたのでブスッとしていた．

202 гонж

出来ない．

бүтэхгүй гэсэн санаа, яасан ч үгүй, хэзээ ч үгүй, дэмий, чадахгүй.

Ж : Чиний компаний захирал болдог ч гонжийн жоо голионы баас байна.
君が会社の社長になるなんて金輪際出来ない事だよ．
"гонжийн жоо голионы баас." "絶対出来ないよ"という連句．
Ж : Чиний их сургуульд ордог ч гонж байна. Яагаад гэвэл толгойгүй юм чинь.
君が大学に入学するなんて出来ないよ．どうしてかと言うと頭が悪いもの．

203 Гончигсүм   Базарваань–ийг үз.

204 горойх

喉につかえる．食道にものがひっかかる．

Юм идэх үед хуурайдан хатуулдаж хоолойд тээглэхийг хэлнэ.

Ж : Хуурай идэх юм идээд горойлоо.
汁気の無い物を食べて，喉につっかかった．
Ж : Уух юмгүй боов идээд горойж орхилоо.
飲み物無しで，ケーキを食べて喉につっかえてしまった．

205 горьдвоо

期待しないで．（若い人が主に話す．）

Харилцагч хүний санал хүсэлтээс татгалзаж басамжилсан өнгө аясаар хэлэх үг. Их төлөв залуучууд хэрэглэдэг хэллэг болно.

Ж：—Чи надад бэлэг авч ирээрэй.
　　—Бас горьдвоо. (Мөн горьдвоо) (үгүй шүү)
　　—君，私にプレゼントを持って来て下さい．
　　—当てにしないでよ．
Ж：—Мөнгө зээлдүүлээч.
　　—Горьдвоо, чадахгүй.
　　—お金貸して．
　　—とても出来ない．

206 гөвших

（ちり，埃を）はたく，たたく．

гөвөх, цохих.

Ж：Би найздаа гөвшүүлэв.
　　私は友達にたたかれた．

207 групп

第一種，第二種．
病気が重くなって仕事が出来なくなったり，身体に障害のある人が第一種（第一グループ），第二種（第二グループ）と重症度，労働能力によって分けられ，1. 仕事を休む，2. バス代免除，3. 薬代がもらる等を与えられる．

Тахир дутуу болон өвчний улмаас ажиллах чадваргүй болсон хүн группэд ордог. Дотроо зэрэглэлтэй.

Ж：Би групптэй.
　　私は身体障害者の補助を受けています．
　　私は病身なので国から補助を受けています．
Ж：Дорж өвчний улмаас группэд орсон.
　　ドルジは病気がすすんでグループに入った．

208 ГУЙЖ ГУВШИХ

何度もお願いする．

Дахин давтан гуйж салахгүй байхыг илтгэсэн хоршоо үг.

Ж：Гуйж гувшсаар байгаад зөвшөөрөл авсан.
何度も何度もお願いして許可を得た．

209 ГУЧ (30)　　　　　　　　　　　c.f. аавын цээж.

ゴチ．ロシア製の大きいトラックЗИЛ-130の略．

Оросын "ЗИЛ-130" маркийн машиныг ярианд хялбарчлан "гуч" гэж хэлдэг.

Ж：—Энэ өвсийг яаж ачуулах вэ？
　　—Доржийн "гуч" -д багтах байх. Би цаадахтай чинь ярьчихъя.
　　—この草をどうやって運ぼうか？
　　—ドルジの30に納まるだろう，彼と話してみよう．

210 ГУЯА ГАНЗАГАЛАХ

から手で．何も持たないで．

хоосон ирэх, олз ашиггүй ирэх.

Ж：Дорж наймаанд явчихаад юу ч үгүй, гуяа ганзагалаад ирсэн.
　　ドルジは商売に出かけて，から手で帰ってきた．

211 ГҮЗЭЭЛЭХ

沢山飲む．

Их уухыг хэлдэг.

Ж：Тэр айраг гүзээлсээр байгаад гэдэс нь суначихсан.
　　彼は馬乳酒を沢山飲んでいてお腹が出た．
　　пиво гүзээлэх. ビールをたらふく飲む．
　　цай гүзээлэх. お茶をいっぱい飲む．
　　・ундаа гүзээлэх と言うが гашуун ус (архи) гүзээлэх とは言わない．

212 ГҮРИЙХ

よく我慢する．頑張る．

чардайх, чарайх, тэсвэр тэвчээр гарган арай ядан зүтгэх.

Ж：Гүрийж（чарайж）байж энэ их ачааг зөөсөн．
我慢してこの沢山の荷物を運んだ．

213 ГЭДЭНГ ХӨДӨЛГӨХ

カンにさわる，しゃくにさわる．頭にくる．

зөрүүд занг хөдөлгөх.

Ж：Тэр үргэлж миний хий гэснийг хийлгүй өөр юм хийсээр байгаад миний гэдэнг хөдөлгөдөг．
彼はいつも私の言った事をしないで他の事をするので私のカンにさわる．

214 ГЭДЭС ЭВГҮЙРЭХ

腹をこわす．

гэдэс өвдөх.

Ж：Гэдэс эвгүйрээд хоёр хоног эм уулаа．
お腹をこわして2日間薬を飲んだ．

215 ГЭДЭС ХОНХОЛЗОХ

お腹ぺこぺこ．

өлсөх.

Ж：Юм идээгүй гэдэс хонхолзоод байна．
何も食べてない，お腹ぺこぺこです．

216 ГЭЛ ҮҮ ?

・・・だったの？

(＝гэ(х)–лээ(өнгөрсөн цаг)＋юү(асуух сул үг))
動詞 гэ(х) の過去形 (гэ(х)–лээ) に疑問詞が付いた。これが話し言葉で省略されて гэл үү になった。

"Гэх" үйл үгийн өнгөрсөн цагийн хэлбэрийн дараа асуух сул үг "юү, үү" орсныг яриандтовчлон "гэл үү ?" гэж хэлдэг.

Ж：Маргааш хаашаа ч явахгүй гэл үү ?
（Маргааш хаашаа ч явахгүй гэж хэлсэн үү ?）
明日どこへも行かないと言ったの？
Ж：Таны ээж багш байсан гэл үү ?
あなたのお母さんは先生だったですね？

217 ГЭЛТЭЙ

гэ(х) –лтай³.
・・・と言いたい位．・・・みたいに．

"... гэж хэлмээр, гэмээр" гэдэгтэй адил утгатай.

Ж：Тэр нүдний шил зүүчихсэн яг л их сургуулийн багш гэлтэй харагдана.
彼は眼鏡をかけちゃって大学の先生と言いたい位に見える．
彼は眼鏡をかけちゃって大学の先生みたいに見える．
(үйл үг)–лтай³；Үйл үгийн утгыг дэмжиж байгаа утга.
・・・したい．　話し手の気持ちを強く表している．
Ж：Үлдсэн хоолоо хаялтай биш (хаямааргүй), өөрөө идэхээс дээ.
残りものを捨てたくない，しかたがないから自分で食べよう．
Ж：Би ийм орой ганцаараа явалтай биш.
私こんな遅くに独りで行きたくない（けど仕方がない）．

–лтай³ について下記の 2 例を参考にしました．
• –лтай³；үйлт нэрийн хэлбэр．
Ж：ололтой（探したくないけど，仕方がない）探さなければならない．
хэлэлтэй．言いたい．
"Монгол бичгийн зөв бичих дүрмийн хураангуй"
Ш. Чоймаа．П. Найданжав．

ГЭМ

- –лтай³ ; Adword Determining Suffixes
  Ж：Энэ бол мориор явалтай (бэрх) газар.
    これは馬で行きたい(程困難な)道だ.
    "Mongolian grammar"   Rita Kullman.   Д. Цэрэнпил.

218 ГЭМ

・・・よ．・・・だよ．
話し手が自分の気持ちを言う時，文の終わりにつける．

Өгүүлэгчээс өөрийн санааг батлан илтгэхэд, хэрэглэх баймж (сул) үг.
Өгүүлбэрийн эцэст ордог.

Ж：Би чамд хэлж өгье гэм.
   私，貴方に言ってあげるよ．
Ж：Одоо ингээд хэлнэ гэм.
   今，私が言いますから，ちょっと待って．

219 ГЭСЭН Ч ГЭСЭН ...

・・・と言ったけれども．

"гэвч" гэсэн утга.

Ж：Тэр их олон юм уншсан. Гэсэн ч гэсэн юу ч мэдэхгүй байна.
   彼は沢山の本を読んだと言ったけれど何も分かっていない．

220 –Х ГЭСЭН ЮМ

・・・するつもり．

гэж бодсон, гэж шийдсэн.

Ж：Би хөдөө явах гэсэн юм.
   私は田舎に行くつもりです．
Ж：Би тэр хүнтэй уулзах гэсэн юм. Хэзээ ирэх бол？
   私はあの方に会うつもりなんですが，いついらっしゃるのかな？

221 ．．．гэх нь тэр

(思ってもみなかった事を突然)・・・こう言うのよ．
тэр гэж хэлсэн．
突然驚くようなことを聞いた時 гэх нь тэр と言う．

Гэнэт санаандгүй зүйл сонссон тохиолдлыг ярихад "．．．гэх нь тэр"
-ийг хэрэглэдэг．

Ж：Өнөөдөр миний найз гэв гэнэт ажлаасаа гарна гэх нь тэр．
　　今日，私の友達が突然仕事をやめると言い出した．

222 гээч (нь)

・・・と．
гэгч という書き言葉を話し言葉で гээч と言う．

Бичгийн хэлний "гэгч" гэдэг үгийг ярианы хэлэнд "гээч" гэж хэлэх
явдал байдаг．

Ж：Тэр бөх гээч нь унтаж байна．
　　彼はぐっすりと眠っている．

　　　　　　　　　　　　　　　　　　　бөх унтах；ぐっすり眠る

223 гялайх

1. 光る，まばゆい．
2. 喜ぶ．

1. гялгар харагдах．
2. баярлах (ярианы хэл)

Ж 1：Гялайх юмгүй байж онгироод байх юм．
　　　光るものが無いのに(何も自慢するものが無いのに)威張っている．
Ж 1：(Чихэндээ)гялайх юмгүй өдий хүрлээ．Одоо нэг ээмэг(бөгж)
　　　авья．
　　　(金の)イヤリングもつけないで今(現在)になった．今，イヤリング
　　　を(指輪を)一つ買いましょう．
Ж 2：Ёстой гялайгаад явчихлаа．(Үнэхээр баяртай юм боллоо．)
　　　本当に良かった．(本当に喜ばしい事になった．)

　　　　　　　　баярлалаа (ありがとう)を гялайлаа と言うことが多い．

224 гялалзах

1. キラキラ反射させる．（通常の意味）
2. 成功している人の事を指す．

1. үндсэн утга нь гэрэл гялбуулах.
2. Ярианы хэлэнд амжилттай, гавшгай байх гэсэн утгатай.

Ж1：Од гялалзана. 星が光っている．
Ж2：Тэр ажлаа гялалзтал хийдэг.
　　　彼は仕事をバリバリとする．
Ж2：Тэр гялалзаж яваа.
　　　彼はうまく行っているよ．（生活，仕事全て）

225 гялалзуулах

1. すばやく仕事をする．
2. ピカピカにする．

1. хурдан хийх.
2. сайхан гял цал болгох.

Ж1：Дорж хоол хийхдээ гялалзуулдаг.
　　　ドルジは料理をすばやく作る．
Ж2：Өнөөдөр өрөөгөө гялалзтал цэвэрлэсэн.
　　　今日は部屋をピカピカにした．

226 гялс

速く，急いで．

хурдан, хоромхон зуур.

Ж：Хичээлээсээ хоцрох гэж байсан тул гялс нүүрээ угаагаад цүнхээ аваад гарлаа.
　　授業に遅れそうだったから，急いで顔を洗ってカバンを持って家を出た．

Д

227 . . . даа⁴

・・・だよ．・・・よ．
話し手の心的内容を強める意味で文の最後に付く助辞．

Өгүүлбэрийн эцэст орж, баталсан утга илтгэдэг сул үг.

Ж：. . . явна даа.　　行きますよ．
Ж：. . . ирнэ дээ.　　来ますよ．
Ж：. . . байна даа.　　有りますよ．
Ж：. . . очно доо.　　行くよ．

228 даанч

1. 極めて残念ながら，とても残念な事に．
   дэндүү（極めて，法外に），хэтэрхий（余りに），тун（とても）．
   主に過ぎた失敗の事を後で残念がって言う．
2. 又失敗する事に絶対ならないだろうと信じた時言う．
   арай ч（余り・・・ない）と近い意味を持つ．

1. дэндүү, хэтэрхий, тун. Ихэвчлэн болж өнгөрсөн бүтэлгүй зүйлийн дараа харамсан халаглаж хэлдэг.
2. Мөн бүтэлгүй зүйл болохгүй биз гэж найдахад хэлдэг.
   "Арай ч" гэдэг үгтэй ойролцоо утгатай.

Ж１：Даанч дээ！
　　　まったくー！（どうしてそんな馬鹿な事をしてしまったのかな．）
Ж１：Даанч дэндүү байсан юм！
　　　本当にひどかったよね．
Ж１：Даанч яав даа！
　　　まったくー（しょうがないなあ，どうしてそんな馬鹿な事をしてし

даанч яав даа

　　まったのかなあ）．
Ж1：Даанч харамсалтай байна.
　　　とても残念です．
Ж1：Би түүнийг зөндөө хүлээсэн. Даанч тэр ирээгүй.
　　　私はずいぶん彼を待ったが残念ながら彼は来なかった．
Ж2：Даанч тэгэхгүй биз дээ！
　　　絶対そうならないだろう．（と信じている）

229　даанч яав даа

まったく．

Итгэл алдсан, сэтгэл гонсойсон, харамссан үед хэлэх хэллэг.

Ж：Даанч яав даа. Чамайг ийм гоомой юм хийнэ гэж бодсонгүй.
　　まったく，君がこんないいかげんな事をするとは思わなかった．

230　даапаалах

からかう，冷かす，冗談を言う．

явуулах, даажигнах, тохуурхах, даапаа хийх.

Ж：Халуунд зузаан хувцас өмссөн биш найз нар намайг баахан даапаалав.
　　暑い時に厚着をして皆に笑われた．
Ж：Чи битгий хүн даапаалаад байгаарай.
　　ふざけるな！

231　даах

奢(おご)る．タクシー代を奢る，食事を奢る等々，一緒にいる人のサービス，奉仕料をその人の代りに支払いをする事をいう．

Хамт байгаа хүний үйлчилгээний хөлсийг өмнөөс нь төлөхийг даах гэж хэлдэг.

Ж：Чамайг хоолонд даачихъя.
　　君に食事をごちそうしよう．（奢ってあげよう）

232 даваа

1. 峠.
2. 勝負.
3. 困難. (話し言葉)

1. уулын даваа.
2. бөхийн даваа.
3. бэрхшээл, төвөг. (ярианы хэл)

Ж 3：Хэцүүхэн даваатай учирлаа.
　　　困難に直面した.
Ж 3：Хэцүүхэн даваа давлаа.
　　　大変だったけれどものりこえた.

233 давгүй

大丈夫.

гайгүй, дажгүй, муугүй.

Ж：Одоохондоо ажил ч давгүй шүү.
　　今のところ仕事は大丈夫です.

234 давсаг хагарах нь

おしっこおしっこ, 漏れそう.

Шингэн мөр үзэхгүй бол тэсэх аргагүй болсон гэсэн үг.
小水をしなくては我慢できないという言葉.

Ж：Шар айраг(пиво)гүзээлээд гарсан чинь хариугүй давсаг хагарах нь！
　　ビールを沢山飲んで外出したら, もうおしっこしたくなっちゃった.
　　(もれそう！)

235 давсанд явах

居眠りをする.

давс тээх, нойрмоглох, зүүрмэглэх.

... даг аа⁴

Ж：Дорж хичээл дээр давсанд явах нь цөөнгүй.
　　ドルジは授業中居眠りをするのが少なくない.

236　... даг аа⁴

···らしい.

Цаад өгүүлж буй зүйлээ дөхүүлсхийн ойлгож байгааг илтгэсэн баймж утга гаргана.

Ж：Жолооч нь гараад ирлээ. Одоо л нэг хөдлөх дэг ээ.
　　(=Одоо хөдлөх дөхжээ)(=Одоо хөдлөх болов уу)
　　運転手が出てきた. やっと出発するらしい.
　　(もうすぐ出発するのかな)
Ж：Сайн хүн байсан даг аа.
　　良い人だったらしい.
Ж：―Түлхүүрээ олсон юм болов уу？
　　―Олсон дог оо.
　　―カギは見つかったのかな？
　　―見つかったらしい.
Ж：―Өрөө өгсөн юм болов уу？
　　―Өгсөн дөг өө.
　　―借金を返したのかな？
　　―返したらしい.

237　–дагсан⁴ (даа⁴)　　　　　　　　c.f. –сансан⁴.

いつも···していたなあ.
思い出, 昔の事について話す時こうだったなあ, ああだったなあと話す.
・–дагсан；いつもこうだった. –сансан；昔(一度でも二度でも)こうだった.

–даг байсан, –даг асан.
Дурсамж, хууч ярианд элбэг тохиолдоно.

Ж：Намайг үлгэр сайн мэддэг гэж эмээ магтдагсан даа.
　　昔話を良く知っていると言っておばあさんは私のことをよく誉めていたなあ.

238　дагтан　　　　　　　　　　　　　c.f. дандаа.

いつも.

дандаа, үргэлж.

Ж：Чи тааралдах болгон дагтан яарч явах юм.
　　会うたびにいつも急いでいるね.

239　дагуулахгүй

比べる事が出来ない位，より以上優れた.

толгой цохих, зүйрлэшгүй, илүү давуу.

Ж：Танака гуай загас барихдаа энэ хавьдаа хэнийг ч дагуулахгүй.
　　(Танака гуай загас барихдаа энэ хавьд хэнээс ч илүү.)
　　田中さんは魚つりにかけてはこの辺の誰も及ばない.

240　далан долоон үг　　　　олон долоон юм ярих-ыг үз.

241　далд ор

行け，どけ，目の前から消えろ.

Далдар(далд＋ор＝далдар), нүдэнд битгий харагд, зайл! гэсэн утгатай.

Ж：Чи эндээс бушуухан далдарч үз.
　　君はここから早くどけ.

242　дампуу(хүн)

信用出来ない，いいかげんな(人).

Найдваргүй, бүтэлгүй гэсэн утгатай.

Ж：Чи яасан дампуу амьтан бэ？ Хамаг хүний ажлыг баллачихлаа.
　　君は何ていいかげんな人なんだ，皆の仕事をだめにしちゃった.

243　дамшиг

こいつ，そいつ，変ったやつ.
女性に対して使う場合も有る.

Гайхал, этгээд зан байдалтай хүнийг хэлнэ. Эмэгтэй хүний тухайд

даналзах

шохоорхсон өнгө аяс илтгэнэ.

Ж：Хараач！ Дамшиг чинь дасгалаа овоо хийдэг болж.
見て！こいつ練習をうまくするようになった．
Ж：Царайлаг дамшиг юм аа.
かわいいやつだなあ．
Ж：Аятайхан биетэй дамшиг шүү.
きれいな体をした女ですね．
（"Тунгалаг Тамир" киноны Итгэлтийн үгээс дэлгэрсэн үг．"澄んだタミル河"という名の映画の主人公 Итгэлт が言った言葉から流行した．）

244 даналзах

威張る．

бардам дээгүүр зан гаргах.

Ж：Ямар их даналздаг хүн бэ？
何て威張っている人なんだろう．
Ж：Түүх мэддэг гэж даналзаад байсан, мэддэггүй юм байна лээ.
歴史を知っていると威張っていたが実は知らなかったよ．

245 данги

"健康である"という意味．

Бие сайн, тэнхлүүн гэсэн утгатай.

Ж：Таны бие тэнхээ данги (сайн) биз дээ.
体の調子はいかがですか．
Ж：—Бие данги уу？　　—お元気ですか？
　—Данги аа, данги.　　—元気，元気です．

246 дандаа

1. いつも，絶えず．
2. みんな．

1. ямагт, байнга, дагтан, үргэлж.
2. цөм, бүр, бүгдээр.

Ж 1 : Тэр дандаа цэвэрхэн хувцасладаг.
　　あの人はいつもきれいな(清潔な)服を着ている.
Ж 2 : Дандаа хүүхдүүд иржээ.
　　みんな子供ばかり来ていますね.

247　данс улайх　　　　　　　　　　　c.f. цайрах—2.

赤字になる.

дансанд мөнгөгүй болох.

Ж : Одоохон мөнгө оруулахгүй бол данс улайна шүү.
　　今, 入金しないと赤字になりますよ.

248　дараа болох

迷惑をかける, 邪魔をする, やっかいになる.
тээр, садаа, дарамт болох.
тээр, дараа は主に話し言葉に使われるが садаа, дарамт は書き言葉に使われる.

Тээр, дараа гэдэг нь ихэвчлэн жирийн ярианы хэлэнд тохиолддог бол садаа, дарамт гэдэг нь бичгийн хэлэнд голлодог.

Ж : Энд ирээд орох оронгүй, Дорж гуайнд л дараа болж өдий хүрлээ.
　　ここに来て住む家が無いのでドルジさんの家に厄介になって現在になった.
Ж : Би аль болохоор танд дараа болохгүйг бодно.
　　私は出来るだけあなたにご迷惑をかけない様にします.
Ж : Танд дараа болчихлоо, уучлаарай.
　　あなたにご迷惑をお掛けしました, ごめんなさい.

249　дараад буучих

すっとばして行く.
スピードを落とさない, 止まらないで目的地まで直進する.

Жолооч нар хурд саахгүй, зогсохгүй шууд явсаар хүрэх газраа очихыг дараад буух гэж ярьдаг.

Ж : Бид энэ оройдоо очих ёстой. Одоо сум хүртэл шууд дараад

догиох (=доргиох)

буучих.
今晩どうしても着かなければならない。村まですっとばして行ってくれ。

250 ДОГИОХ (=ДОРГИОХ)   c.f. зад авах.

おだてる，持ち上げる，ヨイショする．
онгиргох, онгироох.
догиох, доргиох   この二つの言葉は話し言葉では同じ意味です．
доргиох   15歳―20歳位の若者がよく使う．

Догиох, доргиох хоёр үгийн утга нь ярианы хэлэнд адилхан.
Доргиох гэдгийг 15-20 насны залуучууд голдуу хэрэглэнэ.

Ж：Энэ жаалыг доргиож байгаад хамаг ажлаа хийлгэчихье.
　　この子供をおだてて全ての仕事をやらしちゃおう．
Ж：Дамба өчигдөр тэр гурвыг нэлээд доргиосон гэнэ.
　　ダンバは昨日あの三人をずいぶんヨイショしたそうです．

251 ДОЛООН ДОР

とても悪い，より悪い．

их муу болох.

Ж：Үүнээс долоон дор юм болсон.
　　それよりとても悪い事になった．

252 ДОЛООН ЖОРЫН   c.f. есөн шидийн.

沢山の，色々の．

янз янзын, олон янзын. Гол төлөв идэж уудаг юмны тухайд хэрэглэнэ.

Ж：Долоон жорын юм идсэн.
　　色々なものを食べた．

253 ДОНГИО

馬鹿，うすのろといった侮辱した言葉．

Тэнэг, дүйнгэ хэмээн доромж үзсэн утгатай.

Ж：Хирээ мэдээрэй донгио минь！
自分の力を知れ，バカ！

254 ДОНГОДОХ (→ ДОНГОСОХ)

ペチャクチャとくだらない話をする．
他人の話しているのをむだ話と非難して馬鹿にする言葉．

Дэмий чалчин ярихыг хэлнэ. Бусдын яриаг дэмий хэрэггүй гэж муушаан доромжлох үг.

Ж：Битгий донгос！
うるさい，静かにしろ！
Ж：Битгий дэмий донгосоод бай.
ペチャクチャといらぬおしゃべりするな．
Ж：Яасан их донгосдог хүн бэ？
何てくだらない話をする人だろう？

255 ДОНТОХ

情欲が起きる．渇望する．
архинд донтох：アルコール中毒．
хормойн дон：ふしだらな，みだらな，色情狂．

дон тусах：хэтэрхий дур хүсэлтэй болох.
архинд донтох：архи уух их дуртай болох, архичин болох.
хормойн дон：садар самуунд дурлах.

256 ДОР НЬ

すぐ．

даруй, шууд.

Ж：Тийм алдаа гаргавал чамайг дор нь хөөнө шүү.
そんな間違いをおこしたら君をすぐ首にするよ．
Ж：Ирсэн дор нь мэдэгдээрэй．(хэлээрэй)
来たらすぐ知らせて下さい．

дор хаяж

257 дор хаяж　　　　　　　　　　　　　　c.f. адаглаад.

少なく見積っても，少なくとм.

дор хаяад, дор хаяхад.
Наад зах нь, хамгийн багаар бодоход гэсэн үг.

их болж の反対語.
Их болж гэсэн үгийн эсрэг утгатай.

Ж：Дор хаяхад би шалгалтанд 3 авна.
　　少なくとも試験で3は取る.
Ж：Цагаан сарын үед 20 хүн биш гэхэд дор хаяж долоо найман хүн ирэх байх.
　　旧正月に20人も来ないけれど少なくとも7，8人は来るんじゃないかな.
Ж：Турахын тулд дор хаяж долоо хоногт нэг удаа спортоор хичээллэх хэрэгтэй. Уг нь 2—3 удаа бол бүр сайн л даа.
　　やせる為には少なくとも週に一回はスポーツをする必要がある. 本当のところ2—3回ならもっと良いけど.

258 доргих　　　　　　　　　　　　　　c.f. догиох.

仲間と一緒に大いにはしゃいで楽しむ. パーティー等で大さわぎして盛り上げる.

Хамтран наргиж цэнгэсэн тухайг залуучууд ингэж хэлэх нь бий.

Ж：—Өчигдөр манайхан их доргисон гэсэн. Тийм үү？
　　—Тэгсэн, бүр зад авсан.
　　—昨日みんなすごく盛り上がったんだって？
　　—そうだった，すごく楽しかった.

259 дөнгөж　　　　　　　　　　　　　　c.f. арай гэж.

1. やっとの事で，どうにかこうにか.
2. ただ，・・・だけ，たった.
3. 今さっき，先程（殆どの場合は дөнгөж は сая と一緒に使われる）.

1. арай чарай, чүү чамай.
2. зөвхөн, ердөө.
3. Тун саяхан, дөнгөж саяхан гэх мэтээр хамт хэрэглэдэг.

Ж1: Дөнгөж одоо л нэг хийж дуусав.
　　やっと今終わった。　　　　　　　　арай гэж—ийг үз.
Ж2: Өнөөдөр дөнгөж гуравхан хуудас бичсэн.
　　今日はたった3ページ書いた。
Ж3: Дөнгөж сая утсаар ярьсан.
　　今さっき電話で話した。

260 дөнгөн данган (дөнгөж дангаж)

арай гэж—ийг үз.

やっと、どうにかこうにか。

261 дөнгөх

1. 何かをやっと出来る、何とかかんとかやれる事をдөнгөхという。
2. 誰かに負けた(やられた)時に後で仕返しをしてやる、という時にも使われる。

1. Аливаа зүйлийг ямар ч гэсэн хийж чадахыг дөнгөх гэнэ.
2. Хэн нэгэнд дийлэгдсэн үедээ дараа чадъя даа гэсэн утгаар хэлэх тохиолдол ч байдаг.

Ж1: Би энэ шүлгийг орчуулж дөнгөх байх.
　　私はこの詩を訳すことが出来る。
Ж2: Чамайг нэг дөнгөнөө, гайгүй.
　　(Чамайг нэг чаднаа, гайгүй.)
　　(ケンカして負けた時)この次にやっつけてやる。

262 дөргүй

無能な人、能力が無い人、その仕事に向いてない。

ажилд эв дүй байхгүй, хийж сураагүй.

Ж: шүлэг бичих дөргүй. (шүлэг бичих авьяасгүй.)
　　詩を書く事に向いていない人。才能がない人。

263 дөртэй

何かを出来る様になる.

ямар нэг юм хийж чаддаг болох.

Ж：Шүлэг бичих дөртэй болж байна.
　　詩が書けるようになった.
Ж：Машин барих дөртэй болсон.
　　車を運転出来るようになった.

264 дур тавих   тавих-ыг үз.

265 дуу гэм

静かにしろ，おとなしくしろ，だまれ.

чимээгүй бай, дуугай бол (дуугүй бол), битгий ярь.

Ж：Дуу гэм！Хоол идэж байхад битгий ярьж бай гэж би олон хэлдэг биш бил үү！
　　だまって！　食事中は静かにしなさいと私は何遍も言っているじゃないか.

266 дуулах

聞く，耳にする.

"сонсох" -той ойролцоо утга.

Ж：Чи өчигдөр энд сонин юм болсон тухай дуулав уу？
　　君，昨日ここで面白い事が有ったのを聞いた？
Ж：Туяаг эмнэлэгт хэвтсэн гэж дуулсан уу？
　　トヤが入院したのを聞いた？

267 дуусах   c.f. дүүрэх.

不完全になる，結果なく終わる.

хэрэг байдал бүтэмжгүй болох, талаар болох, өнгөрөх, дүүрэх.

Ж：Хамаагүй юм ярьснаас болж бүх юм дуусах гэж дээ.
　　かまわず物を言ったせいで全てはダメになった.
Ж：Алдаа гаргаснаас болж бүх юм дууслаа.
　　間違いをしたので全てパーになっちゃった.

268　ДҮМБИЙХ

何も話さない，黙っている.

юу ч хэлэхгүй, чимээгүй байх, чихгүй юм шиг.

Ж：Дүмбийж суугаад яах вэ. Юу болсноо яриач！
　　黙っていてどうするの，何があったか話しなさい！

269　ДҮНДЭЭ ДҮН

"結局同じ"という意味.

Эцэстээ үр дүн нь ялгаагүй, адил байна гэсэн утга.

Ж：90 оноо авах, 91 оноо авах дүндээ дүн.
　　90点とるのと91点とるのは結局同じです.
Ж：Хөдөө явахдаа шөнө дунд хөдлөх, өглөө эрт хөдлөх дүндээ дүн.
　　Өглөө эрт явсан нь дээр биз дээ.
　　田舎に行く時夜中に出るのと，朝早く出かけるのは結局同じです. 朝早く出た方が良いでしょう.

270　ДҮҮРЧЭЭ (ДҮҮРСЭН)

あらゆる事に失敗した後に言う.
"失敗した！"，"まあいいや"，"もう終っちゃった".

дүүрсэн хэрэг, өнгөрсөн хэрэг, дууссан хэрэг.
Аливаа хэрэг байдал бүтэмжгүй, талаар болж өнгөрсөн, дууссан гэсэн үг.

Ж：Дүүрсэн хэрэг, дүмбийсэн толгой.
　　まあしょうがない，このバカモン.
　　（もうやっちゃったからしょうがない）

271 ДҮҮРЭХ

1. 一杯になる．
2. お腹にガスがたまって張る．
3. 出来の悪い人．
4. 望みはなくなった．
5. 良い結果で終わる．充ちる．

1. цадах．
2. гэдсэнд хий дүүрэх．
3. Олиггүй, бүтэлгүй хүнийг "дүүрсэн" гэж хэлдэг．
4. ажил хэргийн бүтэмж муугаар өнгөрөх, дуусах．
5. дүүрэн болох, сайнаар дуусах, төгсөх．

Ж 1：гэдэс дүүрэх．
　　お腹が一杯．
Ж 2：Гэдэс дүүрээд байна. Ямар эм уух вэ？
　　お腹が張っている．どんな薬をのめば良いかな？
Ж 3：Чи дүүрсэн толгой юм аа！
　　君はバカ（馬鹿）だね！
Ж 4：Өчигдөр дүүрсэн юм болсон шүү. Олон хүний өмнө дэмий юм ярьчихлаа．
　　昨日はしょうがない事になったよ．皆の前でくだらない事を言っちゃった．
Ж 4：Би ч дүүрчээ. Хамаг юмаа алдчихсан байна．
　　私はもうだめだ．全ての物を失ってしまった．
Ж 5：аяганд цай дүүргэх．
　　茶碗にお茶を一杯にいれる．
Ж 5：Бүх ажлаа дүүргэж（дуусгаж）амжив．
　　全ての仕事を間に合わせた．

272 ДЭНДҮҮ

極めて，法外に，すごく．
хэтэрхий．
書き言葉では主にхэтэрхий, хэт 等の言葉が使われ，дэндүү という言葉は主に話し言葉に使われる．

Бичгийн хэлэнд ихэвчлэн хэтэрхий, хэт зэрэг үгсийг хэрэглэдэг бөгөөд дэндүү гэдэг үгийг голдуу ярианы хэлэнд хэрэглэнэ．

Ж：Дэндүү их идсэн.
　　いっぱい食べ過ぎた．
Ж：Дэндүү олон хүн ирсэн.
　　すごく沢山人が来た．
Ж：Тэр япон хэлэнд дэндүү сайн.
　　彼は日本語がとても上手です．

273　дэр нийлэх（＝дэр нэгтгэх）

1．家庭をもつ．
2．同じ枕に寝る→同衾する．セックスをする．

1．эр эм бололцох, гэрлэх.
2．хурьцал үйлдэх.

274　дээр дооргүй

皆．全員．

дарга цэрэггүй, дээд доод хүн бүгд.

Ж：Дээр дооргүй бүгд түүнд санал өгсөн.
　　皆彼に投票した．

275　. . . дээрээ тулах

何かが最終点に行き着く．

. . . дээрээ хүрэх.
аливаа зүйл эцсийн цэг дээрээ очих, хүрэх.

Ж：Яг зээл авдаг дээрээ тулахаар надад хэлээрэй.
　　銀行で融資を受けられる様になった時に私に言って下さい．

Е

276 енгэнэх

すすり泣く.

гингэнэн уйлах.

Ж：Битгий енгэнээд байгаач！
　　泣かないで！

277 есөн шидийн

色々(沢山)の.

янз янзын, зүйл бүрийн, зүсэн бүрийн.

Ж：Зах дээр есөн шидийн хүмүүс цугладаг.
　　市場に色々の人達が集まる.

278 еэ гялай

わあ，良かった！　喜ぶ時の感動詞.

баяр хөөр болоход хэлэх аялга үг.

Ж：Еэ гялай. Аав маргааш ирнэ гэнэ.
　　わあうれしい．お父さんは明日来るそうです．

279 еэ харлаа　　　　　　　　　ээ харлаа-г үз.

280 еэ чааваас (ээ чааваас)　　чааваас-ыг үз.

Ё

281 ёо ёо ёо (= ёх ёх)

あー疲れた，あー痛いと言う時発する感動詞.

ядарсан, өвчтэй үед хэлэх аялга үг.

Ж：Ёо ёо ёо, бүр ядарчихлаа.
　　あー本当に疲れちゃった.
Ж：Ёо ёо, өвдөөд байна.
　　えー，痛いよ.

282 ёо ёо элэг элэг

大笑いして（腹をかかえて笑って）お腹が痛くなる時言う.

элгээ хөштөл инээх үед хэлэх аялга.

Ж：Тэр Америкт очоод хөглөснөө ярьж, бид сонсож инээсээр байгаад элэг хөшчихлөө.
　　彼はアメリカへ行ってまごついた事を話し，私達は聞いて大笑いしてお腹が痛くなった.

283 (ёр) ёрлох

悪い予感がする，悪い前兆.

Ярианд "зөвхөн муу юм болж магадгүй хэмээн бодох" утга голлодог.

Ж：—Урьд шөнө муу ёрын зүүд зүүдэллээ.
　　—Тэгнээ тэр, дааnч муу ёрлоод байсан юм.
　　—昨夜は悪い夢を見た.

ёстой

　　　　—やっぱりそうだったね．悪い予感が当たったね．
　Ж：—Тэднийд хулгай орсон гэнэ.
　Ж：—Тэгнээ тэр, дааяч муу ёрлоод дандаа хулгай орчихож магадгүй
　　　гэж ярьдаг байсан юм.
　　　—彼の家に泥棒が入ったそうです．
　　　—やっぱりそうだったね．悪い予感が当たったね．いつも泥棒が入
　　　んじゃないかなと話していたもの．

284　ёстой

1. 礼儀正しい，——の筈である．
2. 話し言葉で：非常に，とても，本当に，まったく．
　　　　　次の言葉の意味を強める．

1. журамтай, заншилтай, ёс бүхий.
2. ярианы хэлэнд：үнэхээр, тун, жинхэнэ, аягүй, аймаар.

　Ж1：Ёс төртэйгээр үдэж гаргав.
　　　　礼を尽くしてお見送りした．
　Ж2：Ёстой муу хоол байна.
　　　　本当にまずい食事です．
　Ж2：Ёстой миний дуртай ажил.
　　　　実に私の好きな仕事です．
　Ж2：Ёстой тэнэг юм ярилаа.
　　　　とてもバカな事を言った．
　Ж2：—Цагаан сараар өвгөн багшийнд очихгүй бол болохгүй шүү！
　　　—Ёстой, ёстой.
　　　—正月に長老の先生のところへ行かなくてはいけないでしょう！
　　　—その通り．
　　　ёстой сонин.　　　とてもおかしい，めずらしい．
　　　ёстой гоё.　　　　とてもきれいな．
　　　ёстой муухай.　　とてもみにくい．

Ж

285 —ж
c.f. байжээ, болж.

——らしい.
自分の知らない間に時間が過ぎた時に使う動詞 —жээ は話し言葉では母音 ээ がなくなる時がある.（下記にいくつか例がある）

Үйл үгийн мэдэгдээгүй өнгөрсөн цагийн "—жээ" нөхцөлийг ярианы хэлэнд "ээ" эгшгийг нь гээж хэлэх тохиолдол байдаг. Үүнд,
байжээ гэхийг байж,
ажээ гэхийг аж,
болжээ гэхийг болж,
явжээ гэхийг явж   гэх мэт.

Ж：Тийм ээ, тэд их эрт явж.（явжээ）
　　そうですね, 彼等はとても早く行ったらしいです.
Ж：Би ч гэсэн хамт явдаг байж.（байжээ）
　　私も一緒に行けばよかった.

байжээ, болж—ийг үз.

286 жаал

1. 少し.
2. かなり, ある部分.
3. 小さい子供, ガキ, ジャリ.

1. бага, жижиг, цөөн, жаахан.
2. нэлээд, нэг хэсэг.
3. жаахан хүүхэд.
   жаал という言葉は "とても", "少し" という2通りの反対の意味で使われるのが見られる.
   Энэ жаал гэдэг үг их, бага гэсэн хоёр янзын эсрэг утгаар

жаал жуул

хэлэгддэг нь харагдаж байна.

Ж 1：Урагшаа гарч жаал(бага зэрэг) наймаа хийсэн.
中国へ行って少し商売をした。
Ж 2：Тэр согтоод энд жаал(нэлээд) үймүүлж байгаад явлаа.
彼は酔っぱらってここでかなりさわいだりして帰った。
Ж 3：Энэ жаалаас асууя.
この子に聞こう。

287 жаал жуул

少々.   жаал зугаа-г үз.

288 жаал зугаа

少々.

жижиг сажиг, бага сага.

Ж：Би хөдөө явахдаа хүүхдийн ам хаах жаал зугаа (жижиг сажиг, бага сага) юм авч явдаг.
私は田舎に行く時子供にお土産を少し持って行く。
- モンゴル人は大きく言ったり小さく言ったりする事を話し言葉の中に取り入れる。はっきり必要としない時にははっきりした大きさを言わない。上記の様に自分のすることについて小さめに話す。付録参照
- Монголчууд ихэсгэл, багасгалыг ярианы хэлэнд оруулж ярьдаг. Шаардлагатай биш бол тодорхой хэмжээ хэлж ярихгүй. Дээрх өгүүлбэр шиг өөрөө хийсэн юмны тухай багасгаж тодорхой биш ярьдаг.

289 жаахан

ちょっと, 少し, ほんのしばらく.

Бага, жижиг, түр гэсэн утгатай ярианы хэлний үг.

Ж：Жаахан түгдэрч байснаа учраа хэлэв.
しばらく言いよどんでいたが理由を言った。
Ж：Жаахан хүлээнэ үү.
少しお待ち下さい。

жолоо мушгих

290 жаахан хүүхэд　　　　　　　　жаал(3)-ыг үз.

291 жаран ес (69)　　　　　　　　c.f. аавын цээж.

　ロシア製 УАЗ-469型ジープ.

　оросын "УАЗ-469" маркийн жип.

　Ж：Ахад жаран есийн толь хэрэгтэй гэсэн.
　　　兄のところで69型の車のミラーが必要と言っている.

292 жаран зургаа (66)　　　　　　c.f. аавын цээж.

　ロシア製 ГАЗ-66型トラック.

　оросын "ГАЗ-66" ачааны машин.

　Ж：Найз нь цэрэгт байхдаа жаран зургаа барьж байлаа.
　　　(Найз нь гэж өгүүлэгч өөрийгөө хэлж байна.)
　　　私は兵役についていた時66を運転していた.
　　　(Найз нь と自分の事を指して言っている.)

293 жижиг сажиг

　少々.　　　　　　　　　　　　　жаал зугаа-г үз.

294 жин тан болгох

　準備万端を整える.

　бэлэн болгох, бэлтгэж гүйцэх.

　Ж：Бид маргааш эртхэн явна. 6 цаг гэхэд бүх юмыг жин тан болгосон
　　　байх хэрэгтэй.
　　　私達は明朝早く出ます. 6時には全ての準備が出来ている様にして
　　　下さい.

295 жолоо мушгих

　(車のハンドルを)ねじる→車を運転する.

журнал

машин барих, жолоо барих.

Ж：Би овоо жолоо мушгиж сурсан шүү.
　　私は運転がかなり出来る様になりましたよ．

296　журнал

出席簿．

Сурагч болон оюутны ангийн хичээлийн ирц бүртгэх дэвтрийг яриaнд журнал гэдэг.

Ж：Ангийн журналыг багш үзэх гээд авсан．
　　クラスの出席簿を先生が見るからと言って持って行った．

3

297 за

1. はい．と賛成した意味．
2. 認めない，面倒臭いと思う時発する感動詞．
3. さあ：はっきりした意味は無いが文章の始めに言う言葉．
4. 電話口で"もしもしご用件は？"という意味あいで受話器をとった側が開口一番発する言葉．
5. За, за．ザーツと聞こえる．"さあ，他に話す事は無い．この会話はこれで終わりにしよう"と言う時 за, за を使う場合もある．

1. зөвшөөрсөн аялга үг.
2. үл зөвшөөрөх, үл ойшоох, төвөгшөөх аялга.
3. сул үг. Тодорхой утгагүй гэх боловч одоо цаг үед хамаарах зүйл дээр ихэвчлэн хэлэгддэг.
4. Утсаар харилцахад "байна" гэдэг үгийн оронд "би сонсож байна, яриарай" гэсэн утгаар "за" гэж хэлдэг.
5. За, за (зааз гэж сонсогдоно). Харилцан ярьсны дараа "за, өөр зүйлгүй" гэсэн үгийн оронд "За, за" гэж хэлээд өнгөрөх явдал байна.

Ж 1: За, би сайн ойлголоо.
　　　はい，良く分かりました．
Ж 2: За, за больё.　　分かったよ，もうやめよう．
Ж 3: За, ороорой.　　さあ，お入り下さい．
Ж 3: За, яасан бэ?　　あら，どうしたの？
Ж 4: (受話器をとって直ぐに утасны чагнуур авангуутаа)
　　　—За.
　　　—Байна уу? МУИС мөн үү?
　　　—Мөн байна. Хэнтэй ярих вэ?
　　　—はい，もしもし．
　　　—もしもし，モンゴル国立大学でしょうか？

за байз

—はいそうです。誰と話しますか？
Ж 5：За, за ингэсгээд явъя даа.
さあ，そろそろ行こうか．

298 за байз

ちょっと待って，さあーて．
相手が何か聞いた訳では無いが，話している途中，又は話した後に相手の考えを若干の面で賛成出来ないとためらっていればそれについて自分の考えを言ったり確かめたりする時にこう言う．

Харилцагч хүний яриаг тасалж "За байз" гэдэг үгээр хэлэх зүйлээ эхэлбэл энэ нь цаад хүний санаа бодлыг зарим талаар дэмжихгүй эсвэл эргэлзэж байгааг илтгэнэ.

Ж：За байз. Чи сая юу ярьчихваа？
 ちょっと待って！ 君はさっき何と言った？
Ж：За байз. Юу хийх вэ？
 さあーて，何をしようかな．

299 за байз, энэ (тэр) чинь . . .

・・・さあーて，と，これは・・・．えーと，それはネー．
何と言って良いか言葉が出て来ない時こう言う．

Хэлэх зүйлээ олж ядах үед хэлдэг сул үг.

Ж：—Туяагийн нөхрийг хэн гэдэг билээ？
 —За байз, тэр чинь . . . хэн билээ дээ？
  Ган . . . хэн билээ？ Нэг тиймэрхүү нэртэй.
 —トヤのご主人は何という名前だっけ？
 —えーと，彼はネー・・・誰だっけ？
  ガン・・・何だっけ？ そんな風な名前だったなあ．

300 за гэвэл ёогүй

ウンと言った事は実行する，約束を守る．

үгэндээ хүрдэг, хэлснээ хийдэг, хэлбэл хийгүй, амандаа хүрдэг, үг нь үнэнч, үгэндээ эзэн.

Ж：Тэр за гэвэл ёогүй хүн байгаа юм.
　　彼はウンと言った事は絶対守る人です。

301　за юу！

1. 良いね！分かったねと念を押す。
   子供に対して，或は子供同士の会話で，言った事を分かったかどうか
   (認めたかどうか)念を押す際に言う。
2. (小さい子供の)ご機嫌をとる時に言う。

1. Мэдэв үү?, ойлгосон уу? гэсэн утгатай. Хүүхдэд хандсан яриа болон хүүхдийн харилцан ярианд заасан зүйлийг ойлгосон, зөвшөөрсөн эсэхийг лавлан асууж хэлдэг үг.
2. Бага хүүхдийг аргадах үед хэлнэ.

Ж：—Ээжийн хүү! Өвөөтэйгээ хамт цэцэрлэгтээ очоорой. Ээж нь
　　ажилдаа очоод хурдан ирнэ. За юу!
　　—За.
　　—坊や，おじいさんと一緒に幼稚園に行って下さいね。ママは仕事に
　　行って急いで帰って来るからね。分かったね!?
　　—ウン。
　　—Миний хүү өнөөдөр гарахгүй, даалгавраа хийнэ шүү! За юу?
　　—За, би хийчихээд гарна шүү.
　　—今日は外へ出ないで宿題をしなさい！良いね！(分かったね)
　　—ウン，(宿題を)終わらせて外へ行くね。

302　за, яршиг яршиг

За, больё больё.　　　　　　　　　　　　　　　　яршиг-ийг үз.

303　заваан　　　　　　　　　　　　　　　　　　　c.f. балиар.

1. 汚い，不潔な，粗野な。(通常の意味)
2. 忌わしい，悪い，と人を嫌って言う。

1. бохир, балиар. (энгийн утга)
2. Бусдад дургүйцэж өөдгүй, муу гэсэн утгаар хэлдэг.

Ж1：Гахайн хороо шиг ямар заваан юм бэ?
　　　ブタ小屋のように何て汚いんだろう。
Ж2：Хүн дээрэлхэж байдаг, ямар заваан амьтан бэ?

загас наадах

人をいじめて，何て嫌な奴だろう．

304 загас наадах энгэр зөрөх—ийг үз．

東洋の文学にこういった慣用句が多く見られる．

Ер нь дорно дахины уран зохиолд ийм хэллэг элбэг байна．

305 зад

すごく・・・　この後に続く動詞の意味を強調する副詞．

хүч нэмэгдүүлэх дайвар үг．

Ж：Доржтой барилдаад цамцаа зад татчихлаа．
　　ドルジと相撲をとってシャツを破っちゃった．
　　　　　　　　　зад татах；グイッと引っぱる．（シャツ等をビリッと破る）
Ж：Өчигдөр модонд авирч байгаад цамцаа зад татчихсан．
　　昨日木に登ってシャツをビリッと破っちゃった．
Ж：Хурал дээр түүнийг зад шүүмжилсэн．
　　会議で彼のことをすごく批判した．
Ж：Ээж нь зад эсэргүүцээд түүнийг явуулаагүй．
　　お母さんがすごく反対して彼を行かせなかった．
Ж：―Тэр хоёр ямар нэг муу юм сэдээд байх шиг байна．
Ж：―Тэгвэл зад цохих хэрэгтэй．
　　―あの二人は何か悪い事を考えているらしい．
　　―それならぶっつぶそう．

306 зад авах

1．ひどくやっつける．（14—25歳が主に話し言葉で使う．）
2．大きいパーティーをする，楽しく大さわぎする．

1．Ширүүн шүүмжлэх, хэлэх, цохихыг илэрхийлсэн үг．
2．Доргих—той ойролцоо утгатай．　　　　　　　　c.f. догиох．

Ж 1：Эртээд хурал дээр хүмүүс Доржийг зад авсан гэнэ．
　　この間会議で人々はドルジの事をひどく批判した．
Ж 1：Эртээр Холифилд Майк Тайсоныг зад авч байсан．
　　この間ハリフィールドはマイクタイソンをひどくやっつけた．
　　　　　　　　　　эртээд, эртээр；話し言葉では両方使う．

Ж 2： Доржийн төрсөн өдөр манай ангийнхан зад авсан.
　　　ドルジの誕生日に私達クラスみんなで大さわぎした．（楽しいパーティーをした）

307　задарсан

1. 解けた，分解された．（通常の意味）
2. 不遜で破廉恥である，人の言う事をきかない．
　無秩序の，腕白な，ゆがんだ，誤った，礼儀を弁えない，性格がよくないといった意味で使う．

1. юм тайлагдсан (энгийн утга).
2. сахилгагүй, томоогүй, эвдэрсэн, буруу, ёс журамгүй.
　Зан, ааш явдал нь эвдэрсэн гэсэн үг.

Ж 2： Яасан задарсан хүүхэд вэ?
　　　何て行儀の悪い子供だろう．
Ж 2： Ямар задарсан хог вэ?
　　　何といたずらな子だろう．
Ж 2： Ямар (яасан) задарсан тархи вэ?
　　　何と破廉恥なヤツだ．
　　　(Ёс журам мэдэхгүй хүнийг зэвүүцэн дургүйцэж хэлэх үг.
　　　тархи ； Толгой тархиар нь хүнийг орлуулж хэлсэн үг.)
　　　（礼儀を知らぬ人を嫌って言う言葉．脳―頭脳は人を指す）
Ж 2： Юу ч хэлсэн нэмэргүй задарсан толгой байгаа юм.
　　　何を言っても言う事をきかない大変な子です．

308　зайл

どけ，去れ．

"Яв" гэж хөөсөн утгатай.

Ж： Зайл эндээс.
　　どけよ，ここから．

309　–аас⁴ зайлахгүй

間違いない，きっと．

... нь гарцаагүй, ... нь магадгүй гэдэг утга илтгэж байна.

Ж：Тэр хөдөө явснаас зайлахгүй.
　　(Тэр хөдөө явсан нь гарцаагүй)
　　彼は田舎に行ったに違いない．

310 (иш) зайлуул   c.f. харла, хөөрхий, чааваас.

ああ気の毒に，ああかわいそうに．
遺憾に思う，同情する，残念に思う時発する感動詞．
二人称，三人称に対して言う．

Өрөвдөх, харамсах санааг илэрхийлсэн аялга үг.
Өгүүлбэрийн өмнө ордог. 2, 3-р биед хандаж хэлнэ.

Ж：Хөөрхий зайлуул！(＝ээ зайлуул！)
　　えーかわいそうに．
Ж：Иш зайлуул, муу ээж минь ядарч дээ.
　　あーなんてこった，ママが疲れてる．
Ж：Зайлуул, энэ хүүхдийн байж байгааг！
　　かわいそうに，この子供の様子を見てごらん．
Ж：Хөөрхий зайлуул, тэгээ юу.
　　あー気の毒に，そうだったのか．
Ж：―Тэр хүндээр өвдсөн гэнэ.
　　―Зайлуул, яасан юм бол оо？　　　　　　　бол оо；аа⁴-г үз.
　　―彼は重病だそうです．
　　―かわいそうに，どうしたんでしょう．

311　зайтай толгой

ずるがしこい人．

зайтай хүн, сэргэлэн, ов зальтай.

Ж：зайтай эр.　　ずるがしこい人．
Ж：Дорж ч ёстой зайтай эр шүү.
　　ドルジはすごくずるがしこい人だ．

312　залах

嘘をつく．

худал ярих.

Ж：Чи яахаараа дандаа ингэж залж байдаг юм бэ？
(Чи яагаад үргэлж худал хэлж явдаг хүн бэ？)
君はどうしていつもこんな風に嘘を言うの？
Ж：Битгий залаад бай！(Битгий бураад бай！)
嘘をつくな！

313 **зам авах**

運転手が仕事で行く事.
- 1990年 (旧体制) まで，どこへどんな荷物を運ぶか陸運局から依頼を受けて運転手は仕事をしていた.

1990-ээд он хүртэл жолооч нар хаана ямар ачаа хүргэхийг тухайн тээврийн байгууллага мэдэж хувиарладаг байсан бөгөөд уг зөвшөөрлийг зам авах гэнэ.

Ж：Чи хэрэв Увсад зам авбал намайг дайгаад явахгүй юу？
君，もしウブスアイマグに仕事で行くなら私を乗せて行ってくれない？

314 **замгүй** c.f. аргагүй.

道がない，方法がない.

1. зам байхгүй.　(энгийн утга)
2. аргагүй, өөр аргагүй.

Ж2：Шинээр хийхээс өөр замгүй эд байна.
(Шинээр хийхээс өөр арга байхгүй эд байна.)
新しく作るしか方法がない物です.

315 **заяа зураг мэдэг**

神様のご意志，運命，宿命.

Бурханы тааллаар буюу хувь заяагаараа болог гэсэн утгатай.

Ж：Сайн явж чадах эсэхийг заяа зураг мэдэг.
うまくいくかどうか神の定めに任せよう.
зураг：Бурханы зурсан зураг.
神様のお決めになったご意志，運命.

316 **заяа нь**   заяандаа-г үз.

317 **заяандаа . . . -хгүй**

絶対に・・・しない，どうしても・・・しない．

хэзээ ч . . . -хгүй, заяа нь . . . -хгүй,
ерөөсөө . . . -гүй, яасан ч . . . -хгүй.
Тухайн өгүүлж байгаа үйл байдал огт болохгүй гэсэн утгыг гаргах хэллэг.

Ж：заяа нь+(үйл үг) -гүй = огт . . . -гүй.
    заяа нь   зүрхлэхгүй   (全然勇気が出ない)
    огт   мэдэхгүй   (〃 分からない)
    ердөө   ирэхгүй   (〃 来ない)
    ерөөсөө   харахгүй   (〃 見ない)
    ер нь   танихгүй   (〃 知らない)
    яасан ч   очихгүй   (絶対行かない)

Ж：Утсыг би заяа нь авахгүй гэж бодсон. (яасан ч авахгүй)
    絶対電話に出ないと思った．
Ж：Би заяандаа унахгүй.
    私は絶対に試験に落ちない．
Ж：Тэр заяа нь худал ярихгүй.
    (Тэр ерөөс (хэзээ ч) худал ярихгүй)
    彼は絶対に嘘をつかない．
Ж：Би үхсэн заяандаа (яасан ч, үхсэн ч гэсэн) хөдөө амьдрахгүй.
    私は死んでも田舎で暮らさない．

318 **зовлонтой**   c.f. ядаргаатай.

1. 苦しむ，心配する．(通常の意味)
2. 面倒な，やっかいな，困難な．

1. зовлон бүхий, зовж зүдэрсэн. (энгийн утга)
2. төвөгтэй, бэрх, хэцүү.
    Төвөгшөөж залхсан утга илтгэнэ.

Ж 1：Манай охин 12 сард төрнө. Би тэр үед очиж чадахгүй, ямар зовлонтой юм бэ！
    娘が12月にお産をする．その時私は行ってやれない，なんて心配なことだ！

Ж 2：зовлонтой амьтан.（ядаргаатай амьтан.）
　　心配かける奴.
Ж 2：Согтохоороо нэг юмаа олон дахин яриад, ямар зовлонтой амьтан бэ？
　　酔っ払って何度も同じ事を言って，何て面倒臭い奴なんだろう．

319　зовох

恥じる，遠慮する，辛い．

Ичих гэсэн утга илтгэнэ.

Ж：Би хэлэхээсээ зовоод байна.
　　私は言うのが辛いです．
Ж：Би уулзмаар байсан ч зовоод уулзаагүй.
　　会いたかったけれど遠慮して会わなかった．

320　золиг

悪霊を払う為ラマ教の儀式で用いられる小麦粉をこねて作る人の形をした小像．これから出た言葉で話し言葉に使われる罵声．嫌ったり悪く考えたりしていないが，汚い言葉を使いなれた人が普通の話し言葉の時でも，ふと口をついで出てしまう．

Муу сүнсийг арилгахын тулд шарын шашны ёсонд хэрэглэдэг гурилаар хийсэн хүн дүрстэй баримал. Түүнээс утга шилжүүлэн ярианы хэлэнд хэлэглэдэг хараалын үг.
Дургүйцсэн муу санаагүй боловч хараалын үг хэлдэг зуршилтай хүн энгийн үед ч эвгүй үг ярьдаг.

Ж：Хар золиг минь, чи хурдан яваач.
　　おまえ早く行きなさい．

321　золигт гар гэж！

しまった！　　　ののしる言葉．

хараалын үг.

Ж：Ээ, золигт гар гэж！Цайныхаа идээг ихдүүлчихэж.
　　ああしまった，お茶の葉を（急須に）入れ過ぎちゃった．

золтой

322 золтой

もう少しで・・・するところだったが幸運にもしなかった。
幸運にも、ラッキー、好機(チャンス)という意味が有るが話し言葉では場合により"арай л"(もう少しで・・・するところだった)と近い意味で使われる。

Азтай, завшаантай гэсэн утгатай боловч ярианы хэлэнд зарим тохиолдолд "арай л" гэдэг утгаар хэрэглэдэг явдал ч байдаг.

Ж：Золтой машин дор орчихсонгүй.
　　幸運にも車にひかれなかった。(車にひかれるところだった)
Ж：Золтой мориноос ойчсонгүй.
　　落馬するところだった。
Ж：Би золтой л явчихсангүй.
　　私は帰るところだった。

323 зөв зөв

そうそう、はいはい、その通り。

Мөн мөн. Дэмжсэн, буруу биш гэж баталсан санаа.

Ж：Зөв зөв, тэгж хийсэн нь дээр.
　　そうそう、そういう風にやった方が良い。
Ж：Аан, зөв зөв тийм учиртай юм уу？
　　あーそう、そういう訳なのか？

324 зөнгөөр нь (＝зөөгөөр нь＝зөөгөөр)

c.f. зөөгөөрөө.

やりたいようにさせる。勝手にさせておく。

аяар нь, дураар нь, зоргоор нь.

Ж：Энэ хүүхдийг зөнгөөр нь байлга.
　　この子を勝手にさせておけ。(放っておけ)

325 зөндөө

いっぱい、沢山。

沢山，多いといった意味で話し言葉に使われる．この言葉は書き言葉には使われていない．

Олон, их гэсэн утгыг ярианы хэлэнд зөндөө гэдэг үгээр илэрхийлэх нь бий. Харин бичгийн хэлэнд огт хэрэглэдэггүй.

Ж：Надад зөндөө марк байгаа.　　私はいっぱい切手を持っている．
Ж：Би зөндөө хүлээсэн.　　　　　私は長いこと待ちました．
Ж：Би зөндөө идсэн.　　　　　　私はいっぱい食べました．

326　**зөөгөөр нь**　　　　　　　　　　зөнгөөр нь-ийг үз.

327　**зөөгөөрөө**

好きなように，気ままに．　　　　　　　　c.f. зөнгөөр нь.

аяараа, тааваараа.

Ж：Жаал хүү зөөгөөрөө тоглож сууна.
　　子供は好きなように遊んでいる．

328　**зурагт**

テレビ．
テレビの事をモンゴル語で зурагт радио（絵の有るラジオ）と言いますが，話し言葉では зурагт と言う．

TV-ийг монголоор зурагт радио гэж орчуулдаг байсныг ярианы хэлэнд зурагт гэж товчилж хэлдэг.

Ж：Зурагтаар анх удаа гарч байна.
　　テレビに初めて出ています．

зурагт＝зурагтай.

329　**зуу татах**　　　　　　　　　　　　c.f. татах.

アルヒを飲む．酒を飲む．
元は100g アルヒを飲むという意味だが一般的に酒を飲む事を言う．

100 гр архи уух гэсэн үг боловч ер нь бага зэрэг архи уухыг хэлдэг үг.

гр ; грамм.

зүгээр

330 зүгээр

1. 元の意味は"普通の"といった言葉.
2. 良い，必要.
3. 無駄.
4. ただ(無料).

1. үндсэн анхдагч утга нь "энгийн" гэсэн үг.
2. сайн, хэрэгтэй.
3. дэмий.
4. үнэгүй, сул.

Ж 2：Явуулын бидэнд гуанз маягийн юм зам дээр байвал зүгээр.
　　旅行をしている私達に，道よりに食堂みたいなものがあれば良いんだけど.
Ж 2：Зүгээр багш.　　まあまあ良い先生.
Ж 2：Зүгээр хүн.　　良い人です.
Ж 3：Зүгээр сууж байхаар ажлаа хийгээч.
　　何もしないで座っているより仕事をしなさい.
Ж 4：Энэ үзгийг би зүгээр авсан.
　　このペンをただでもらった.

331 зүгээр л

別に！
何か質問された時にはっきり答えたくない時に зүгээр л と言う.

Ямар нэг юм асуусан үед, тодорхой хариулт өгөхөөс зайлсхийвэл "зүгээр л" гэж хэлнэ.

Ж：—Чи яах гэж ирсэн юм бэ？
　　—Зүгээр л！
　　—君，何しに来たの？
　　—別に.

332 зүгээр шидэх

ただで(無料で)人にあげる，やる.

зүгээр өгөх, зүгээр хаях.

Ж：Чам шиг баян хүн нэгийн зэрэг машиныг зүгээр шиднэ биз дээ.
君のような金もちは車一台ぐらいただであげるよね．

333 ЗҮДЭН ЯДАН
арай гэж –ийг үз.

334 ЗЭГСЭН
c.f. овоо–4.

Ж：Энэ зэгсэн мэдлэгтэй хүн дээ.
この人はかなり知識の有る人ですね．

335 –ийн² зэрэг

――ぐらいの：言葉の裏に物の数を示す意味を持つ．
(тооны нэр) –ийн² зэрэг　　――ぐらいの．
二つぐらい，三つぐらい，四つぐらい，十ぐらい等，数詞の後に –ийн (ын) зэрэг をつなげて話す．

(тооны нэр) –ийн (ын) зэрэг＝орчим гэсэн утгатай.
Хоёрын зэрэг, гурвын зэрэг, дөрвийн зэрэг, арвын зэрэг гэж залган хэлдэг.

Ж：Хоёрын зэрэг майхан аваад явахад болно.
二つぐらいテントを持って行けば大丈夫．

И

336 идэж уусан

使ってしまう，使い込んでしまう，着服する．

ашиглаж шамшигдуулсан．
(Ихэвчлэн албан газар, улсын хөрөнгөтэй холбож ярьдаг.)

Ж：3000 төгрөг дутаад байна. Надад идэж уусан юм байхгүй.
3000トグリク不足している．私は使い込んでない．

337 ий！

危ない時，怖がらせる時に発する感動詞．

юмнаас айх, айлгах аялга．

Ж：Ий, аюултай шүү！
イー危ないよ！
Ж：Ий, түлэгдэнэ шүү！
あーやけどするよ！

338 ий аажуу！

小さい子供を怖がらせて止めさせる時言う感動詞．

Бага хүүхдийг айлгаж, юмнаас хориглоход хэлдэг аялга．

Ж：Ий аажуу！ Битгий аваарай.
怖いよ，取っちゃ駄目．

339 ингэсгээд

1. そろそろ.
2. こうやって.

1. удахгүй, одоохон, жаахан байзнаад.
2. ийм байдалтай, ийм янзаар.

Ж1：Ингэсгээд гэртээ харья даа.
　　そろそろ家に帰ろうか.
Ж2：За, чи ингэсгээд намайг дууриагаад хийнэ шүү.
　　さあ，君はこんな風に私をまねしてやって見てごらん.

340 ирваа (эрваа)　　　　　　　эрваа-г үз.

馬鹿な.

донгио гэдэгтэй адил.

Ж：Энэ муу ирваа амьтан шүү.
　　この馬鹿なやつ.

341 их багагүй （＝том жижиггүй）

みんな，全員.

том хүн, хүүхэд бүгдээр.

Ж：Их багагүй бүгд наадмын талбайд очсон.
　　全員お祭りの広場へ行った.

342 их болж

多く見積っても，多くても，良くても.

дээд тал нь, цаад зах нь, хамгийн ихдээ, хамгийн ихээр, их удаж.
　　　　　　　　　　　　　　"дор хаяж"-ийн эсрэг үг.

Ж：Их болж 10 хүн ирнэ биз.
　　多くても10人来るだろう.

их гар

343 их гар

1. すごく大きい．
2. ずるがしこい，財産がある．

1. Том, сүрхий гэсэн утгатай.
2. Хэрэв хүний тухай хэлбэл зайтай, зальтай, бэл хөрөнгөтэй талаар нь голдуу хэлдэг.

Ж1：их гарын лимузин.
　　（すごく）大型のリムジン．
Ж2：их гарын наймаачин.
　　(Их хэмжээний мөнгөөр наймаа хийдэг хүн.)
　　大きなお金を動かして商売をする人．

344 их зан гаргах

威張る．

ихэрхэх, дээгүүр сэхүүн загнах.

Ж：Хичнээн ч дээшээ гарсан Дорж хэзээ ч надад их зан гаргаж байгаагүй.
　　すごく出世したドルジはいつでも私に対して威張らない．
　　（すごく出世したドルジだがいつだって私に対して威張らない）

345 их эд

大物，大した物，よくやった．

Бага жижиг биш хүн, сүрхий хүн, овоо, дажгүй гэсэн утга илтгэнэ.

Ж：Машин аваад уначихаж, их эд юм аа.
　　車を買って乗っている．大したもんだよ．
Ж：Хараач！ Энэ их эд ээ！ Бүгдийг нь ганцаараа хийгээд дуусгачихаж.
　　見て！よくやったよ．全部一人でやっちゃったよ．

346 их юм болох

1. 良かった，うまくいった．

2. せいぜいそれだけか.

1. зол болох.
2. Атаархах өнгө аясыг илтгэнэ.

Ж1： Шалгалтанд 2 аваагүй нь л их юм болжээ.
試験で2をもらわなかったのは良かった.
Ж2： —Би сайн авсан шүү дээ.
—Их юм болж дээ.
—私は(5段階の)4をもらったよ.
—せいぜいそれだけか.

347　ичимхий

生殖器官を婉曲にこう言う.

эр ба эм эрхтнийг цээрлэсэн нэр, эр эм бэлэг эрхтэн.

348　ичихэд яадаг байна

恥を知れ, 恥ずかしいと思え.
形で見ると疑問文であるが意味は問う事に重きを置くのではなく恥を知れという意味である.

Хэлбэрийн хувьд асуух өгүүлбэр байвч утга нь асуухдаа гол нь биш, ичээч гэсэн утгатай.

Ж： Дандаа архи уугаад ичихэд яадаг байна.
いつもアルヒを呑んでいて, 恥ずかしくないか.
Ж： Дандаа ажилдаа хожигдох юм, ичихэд яадаг байна.
いつも仕事に遅れて恥ずかしくないか.

349　иш

ええ, へえ.　　良くも, 悪くも感動した時に発する感動詞.

Сайн, муу аль ч тохиолдолд сэтгэл хөдөлсөн үед хэлэх аялга үг.

Ж： Иш, овоо доо хүү минь！
ええ, 良かったねー, せがれ！

иш зайлуул

Ж：Иш, чи яасан их даараа вэ？
　　(даарах＋аа⁴（үйлт нэрийн одоо үргэлжилж байгаа нөхцөл）＋вэ？)
　　あーあ、こんなに冷えちゃって！（凍えちゃって）

350 иш зайлуул　　c.f. иш харла, иш чааваас(даа), иш хөөрхий.

遺憾に思う，同情する，残念に思う時発する感動詞。
二人称，三人称に対して言う。

иш харла, иш чааваас(даа), иш хөөрхий.
Өрөвдөж, харамсах санааг илэрхийлсэн аялга үг.
Өгүүлбэрийн өмнө ордог. 2, 3-р биед хандаж хэлнэ.

Ж：Иш зайлуул, муу ээж минь их ядарч дээ.
　　あーなんてこった、ママが疲れている。
Ж：Иш харла, тэгж хийдэггүй юм.
　　えー、そうしてはいけない。
Ж：Иш чааваас даа, энэний байж байгааг！
　　Өдий болчихоод хоол ч хийж чадахгүй.
　　かわいそうに（ちょっと凝った意味）こいつ見てごらん。
　　大きくなってもメシも作れない。

К

351 камаз

ロシア製の大きなトラック.

их даацын оросын ачааны машин.
камаз の他に белаз という大きなトラックも有る.

352 книжка

通信簿.

оюутны сурлагын дэвтэр.

Ж：Книжкэн дээр дүнгээ тавиулна.
　　通信簿に成績をつけてもらう.

Л

353 ... л

——だけ，それだけという сул үг．
話し言葉ではとても良く使われる．たった (зөвхөн)，——だけ (ердөө)，
——だけ (ганц) という意味を表す．

онцолсон сул үг．Ярианы хэлэнд маш элбэг тохиолддог．
Зөвхөн，ердөө，ганц гэсэн утга илтгэдэг．

Ж：Ах л мэднэ．(зөвхөн ах мэднэ)
　　お兄さん(だけ)が決める．
Ж：Нэг л хүн ажилд авна．
　　一人だけ採用します．

354 ... л даа⁴

どうぞ・・・して下さい．
お願いする，頼む時に文章の最後に言ってその動詞の意味を更に強める．
第二人称に対して言う言葉．

Өгүүлбэрийн адагт "л даа⁴" сул үгийг оруулж 2-р биед гуйж хүссэн
хандлага илтгэнэ．

Ж：Та нар манайд оч л доо．
　　あなた方は私の家に来て下さいよ．
　　(あなた方は私の家に来て下さい (очоорой) と近いが，来るのをもっ
　　と頼んでいる場合こう言う．)
Ж：Та манайд хүрээд ир л дээ．
　　"Та манайд хүрээд ирээрэй" -тэй ойролцоо боловч ирэхийг
　　хичээнгүйлэн хүсч байгаа үед хэрэглэнэ．
　　私の家へ来て下さい．

Та манайд хүрээд ирээрэй と近いが，それよりもう少しお願いしている様子が有る．

355 лав

きっと，絶対に．

ерөөс．

Ж：Би л лав явна．　私はきっと行くわ．

356 лай болохоор зай бол

そこに居て邪魔をするより居ない方が良い──邪魔だ，行け．

Тусалж чадахгүй мөртөө садаа, тээр болж байснаас зай тавиад явбал дээр гэсэн утга.

Ж：Юу ч хийхгүй, дэмий чалчаад, лай болохоор зай болж үз！
　　何もしないでむだ口をたたいてないで帰りなさい．

357 лай ч байна, зай ч байна

まだ時間がある．主に困った時に言う．

Цаг хугацаа дуусах болоогүй гэсэн утгатай.
Ихэвчлэн хүнд бэрх үйлийн талаар хэлэх үг.

Ж：―Хүнээс зээлсэн мөнгөө маргааш өгөх ёстой.
　　　Гэтэл мөнгө байдаггүй, яана аа？！
　　―Маргааш болтол лай ч байна, зай ч байна.
　　　Нэг арга олдох байлгүй.
　　―人に借りたお金を明日返さなければならない．
　　　でもお金が無い，どうしよう．
　　―明日までまだ時間があるよ，何か方法が見つかるでしょう．

358 -лгүй яах вэ (-лгүй яахав)

もちろんするのは当然，しなくてどうする，します．
動詞原型の後に -лгүй яах вэ(яахав)を一緒につなげて言う時この動詞の意味に "なった"，"必ずなる" という意味になる．

—хгүй яахав.
Үйл үгийн үндсийн дараа "–лгүй яахав" нийлэмжийг холбож хэлэхэд тухайн үйл болсон юм уу, гарцаагүй болохыг баталж дэмжсэн хандлагыг илтгэнэ.

Ж：Баярлалгүй яах вэ？(Баярлаж таарна)
　　もちろん喜んでいるよ．
Ж：—Чи Ринчен гуайн 50–иад（тавиад）оны сонины өгүүллүүдийг уншсан уу？
　　—Уншилгүй яахав. Заримынх нь хайчилбар ч байгаа.
　　—君はリンチンの1950年代の新聞記事を読んだ？
　　—読まないでどうする，もちろん読んだよ．若干のものは切りぬいてあるよ．
Ж：—Миний төрсөн өдөр ирээрэй.
　　—Ирэлгүй яахав.
　　—私の誕生日に来て下さい．
　　—もちろん行きます．

359　ЛҮҮ

酒中毒，大酒のみ．
元は酒の入った用器から出た言葉．

Уг нь савны нэр бөгөөд ярианд архи, пиво, айраг их уудаг хүнийг ингэж хэлнэ.

Ж：пивоны лүү．　　ビール中毒．
Ж：Тэр хүн пивоны лүү．
　　あの人はビールを良く呑む人だ．（あの人はビール中毒だ．）
Ж：айрагны лүү．　　馬乳酒を沢山呑む人．
Ж：архины лүү．　　アルヒ中毒．酒中毒．

360　(–на[4]) лээ

билээ という補助動詞の最初の節が失われて末尾の лээ が残った．лээ は現在形，未来形の –на[4] の後にだけ付く．表現されている動作は過去の動作で過去の意味を指す．
　　билээ；述語の後に付き，言っていることを明確に，強固にする意味あいを持つ補助動詞．
　　(Ю. Мөнх–амгалан "Орчин цагийн монгол хэлний баймжийн ай" 68 тал (ページ))

(−на⁴) лээ

"билээ" гэдэг дутмаг үйл үгийн эхний үе гээгдэж "лээ" төгсгөл нь сул үгийн шинжтэй болсон. "лээ" зөвхөн одоо ба ирээдүй цагийн "−на⁴" −гийн дараа тохиолддог. Өгүүлэхүүнээр илэрч буй үйл хөдлөл өнгөрсөн цагт болж өнгөрсөн утгыг заана.

<small>билээ ; Өгүүлэхүүний дараа орж хэлж байгаа зүйлийг тодотгон батлах утгатай дутмаг үйл үг.</small>

Ж：Холоос харагдаж байна лээ.
　　遠くから見えていた.
Ж：Өчигдөр их хоцорч ирнэ лээ. (ирсэн)
　　昨日ずいぶん遅れて来たよ.

M

361 май

はい（どうぞ）． 人にものを渡す時言う言葉．

юм өгөхөд хэлэх аялга.

Ж：За, май！ Энэ бичгийг эгчдээ өгөөрэй.
　　はいどうぞ！ この書類をお姉さんに渡して下さい．
Ж：Май, энийг ав！
　　はい，これを持って行きなさい．

362 мал

チクショウ！ 家畜のように馬鹿なヤツ！と人を誹謗し，ののしる言葉．

Мал шиг тэнэг гэж хүнийг харааж доромжилсон үг.

Ж：Муу мал аа！ Чи хүний хувцсыг яагаад авч явсан бэ？
　　チクショウ，君は私の服をどうして持って行ったんだ．
Ж：Мал аа！ Чам шиг тэнэг хүн энэ хорвоод（ертөнцөд）байхгүй байх．
　　チクショウ，アンタみたいな馬鹿はこの世の中にいないでしょう．

363 малтах

おろかな事を言ったり，行動する．

Мал шиг байх, тэнэгтэх гэсэн утгатай.

Ж：Дорж！ Чиний саяын найз чинь яахаараа тэгэж малтаж байдаг юм бэ？
　　ドルジ，君のさっきの友達は何で馬鹿な事をしたんだろうね．

364 манай хүн

мань хүн-ийг үз.

365 манатай

・・・どころじゃない，どころか，だけでなく．

"байтугай" гэдэгтэй ойролцоо утга.

Ж： Юун инээхтэй манатай, хамаг мөнгөө хаячихаад байхад чинь.
何で笑うの（笑うどころじゃないよ）．あり金全部落としちゃった時に．

Ж： —Сургуулийн үдэшлэг дээр Доржийг дуулуулъя.
—Юун дуулах манатай. Цаадах чинь хоолой нь өвдсөн.
（＝Юун дууны манатай.　————〃————）
—学園祭にドルジに唄ってもらおう．
—それどころじゃないよ．あいつ喉を痛めた．

Ж： Амрахтай манатай.
休むどころじゃない．

Ж： —Архи уух уу？
—Уухтай манатай.
—アルヒ呑む？
—呑むどころじゃない．

366 манжлах（＝манж зан гаргах）

親切なフリをする．お世辞を言う．口と腹とは別．
相手が来られないのを承知で"私の家へいらっしゃいませんか"と招く，こういうやり方を манж зан あるいは манжлах と言う．

худлаа сайхан зан гаргах.
манж зан гаргах；Дотроо бодож байгаагаа ил гаргахгүй байх, хэрэв гаргаж хэлбэл огт өөр үгээр илэрхийлэхийг хэлнэ.

Хоёр хүн уулзаад нэг нь нөгөө хүнийхээ иржчадахгүй, боломжгүй гэдгийг дотроо сайн мэдэж байгаа боловч гаднаа мэдээгүй юм шиг дүр эсгэж тэр хүнийг "манайд ирээрэй", "манайд очоорой" гэх мэтээр урьж болох юм. Ийм санааг манж зан (манжлах) гэдэг.

Ж： —Энэ хувцас чамд их зохиж байна шүү.
—Битгий манж зан гаргаад байгаарай.
（битгий манжлаад байгаарай）

маниар

―貴方にその服は良く似合うわ．
―お世辞を言わないで．

367 маниар

私に（私によって，私を通じて）．
子供や若者が同世代の人に"私に（私によって）"という言葉の代わりにたまに使います．

Хүүхдүүд болон залуучууд өөрийн үе тэнгийнхээ хүнд "би" гэдэг үгийн оронд хааяа хэрэглэдэг.

Ж：Маниар ийм муу ажил хийлгэх гээд байгаа юм даа.
　　私にこんな悪い仕事をさせるんだって．

368 маний（＝миний）

私の．
友達同士で話す時 миний を маний と言う．

Найз дундаа ярилцахад хэлнэ.

Ж：Манийх нь мөнгө алга болчихлоо.
　　私のお金は無くなってしまった．

369 мань нь

私は．
"би"；友達同士で自分の事を話す時使う．

"би"；Найз дундаа өөрийнхөө тухай ярих үед хэрэглэнэ.

Ж：Мань нь Солонгос явах гэсэн чинь мөнгөгүй болчихоод
　　явж чадсангүй.
　　私は韓国へ行こうとしたがお金がなくて行けなかった．
Ж：Мань нь явлаа.
　　私は行きます．

370 мань хүн

1. 例の，その人．

тэр хүн, мань эр, манай хүн 等三人称を指す。又, そこにいる人ではなく, 話の中で出て来る人とか想像した人の事を指す。
2. 話し言葉で өнөөх (例の), нөгөө (例の) と言って嘲笑のニュアンスで使う時もある。

1. Ярианд өгүүлэгдэж буй хүн болон төсөөлж байгаа хүнийхээ тухай ярих үед хэрэглэнэ. Голдуу 3-р биед хэрэглэдэг гэж ч болно.
2. Ярианы хэлэнд өнөөх, нөгөө гэх мэт шоолох өнгө аясаар хэлэх тохиолдол байдаг.

Ж 1：Мань эр юу гэж явна?
あの男は何の用事で来てるんだろう。
Ж 1：Мань хүн ч гялалзаж яваа хүн дээ.
あの人はうまくいっている人なんですよ。
Ж 2：Мань хүнирж явна.（Өнөөх хүн ирж явна.）
例の人が来ています。

371 мань эр

мань хүн–ийг үз.

372 мартав аа

c.f. –ваа⁴–2.

忘れないで！

мартаж болохгүй, мартуузай, битгий мартаарай.

373 матарлах

"матар" (ワニ) という名前の雑誌に載せる事。
ユーモアで批判する事。
"матар" という批判雑誌に載せる事をマタルに出る, マタルに載せると言っていた事からこの言葉が出来た。1970, 80年代によく使われていた言葉である。　　　　　　　　　　45才以上の人はその雑誌を知っている。

Шоглож шүүмжлэхийг хэлнэ. "Матар" гэдэг шог шүүмжлэлийн сэтгүүлд гаргахыг матарт гаргах, матарт тавих гэдэг байснаас энэ үг үүсчээ. 70–80–аад оны үед илүү их хэрэглэж байсан үг.
　　　　　　　　45–аас дээш насны хүмүүс тэр сэтгүүлийг бараг мэднэ.

Ж：Матарлуулахгүйн тулд бүгдээрээ ажлаа сайн хийцгээе.
　　批判されない為に皆で仕事を頑張りましょう。

374 махаа идэх

非常に苦労する，身を削る思いをする．

туйлаас зовж зүдрэх．

Ж：Махаа идэж байж энэ ажлыг дуусгалаа．
　本当に苦労してこの仕事を終えた．
Ж：Би чамайг махаа идэж өсгөсөн．
　私はおまえを苦労して育てました．

・max идэх とは意味が違う．

375 махрах

努力する．休まず，根気よく，一心不乱に精を出す．没頭する．

уйгагүй шамдан оролдох, хамаг сэтгэл хүчээ зориулах．

Ж：Дорж нэг дарх хийхээрээ бүр махраад өдөр шөнөгүй ноцолдчихдог．
　ドルジは手工芸に没頭すると，一心不乱に昼夜をおかず取り組む．

376 мацаг барих   c.f. хоосон хонох．

本来は肉を食べることを禁じる宗教上の誓いだが，近頃ははっきりした自分の意志で夕食を食べないで寝る事を言う．

Уг нь мах идэхийг цээрлэх шашны санваар бөгөөд орчин үед тодорхой зорилгоор оройн хоол идэхгүй хонохыг хэлнэ．

Ж：Дорж сард 3 удаа мацаг барих хоолны дэглэмтэй．
　ドルジは月に3回断食をする習慣を守る．
Ж：Мадам, Оюунаа хоёр жаахан турмаар байна гээд мацаг барьсан．
　マダムとオヨンナは少し痩せようと，何も食べないで寝た．

377 машиндах

1. 仕事をすばやくすること．
2. すぐに食べ終えてしまう．
3. 挽肉を作る．（通常の意味）

1. ажлыг машин шиг хурдан хийж дуусгах.
2. хурдан бөгөөд их идэх.
3. махны машинаар мах татах.

Ж1: Оюунаа иймэрхүү ажлыг дор нь машиндчихна.
　　オヨンナはこんな仕事はすぐやってしまいます.
Ж2: Нэг бүтэн хонь авсан. Тавуулаа болохоор дор нь машиндчихсан.
　　羊を一頭買いましたが（うちの家族は）五人ですからあっという間に食べ終わっちゃいました.
Ж3: Хуушуур хийе гэж бодоод жаахан үхрийн мах машиндчихлаа.
　　ホーショールを作ろうと思って，少し牛の挽肉を作った.

378　маягтай

1. とてもきれいな，素敵な，おいしい.
2. むら気な，ひねくれた性格をしている，自制心の無い.
3. 徴候が有る．・・・状態が有る.

1. гоё, сайхан, чамин.　　　　　　　　　　янзын-1-ийг үз.
2. олон ааштай, аалигүй.
3. байдалтай, шинжтэй.

Ж1: Дорж маягтай (их сайхан) хоол хийдэг.
　　(Дорж янзтай хоол хийдэг.)
　　ドルジはおいしい料理を作る.
Ж1: Маягтай гоё гутал авсан.
　　とてもステキな靴を買った.
Ж2: Янз янзын юм яриад учир нь олдохгүй. Яасан их маягтай хүн бэ?
　　色々言ったりして何てむら気な人なんだろう.
Ж2: Ямар маягтай вэ!
　　なんてエエカッコシイなんだ．（口喧嘩した時）
Ж3: Энэ тэнгэрийг хараач. Шөнөдөө цас орох маягтай байна.
　　この空を見て！　夜中に雪が降りそうですよ.

379　миний амин сүнс

私の命．かけがえの無い命.　　　　　　　амь болсон-г үз.

миний амин гол, миний амь, амь болсон, амин хайртай, амин зүрх.

могой алахад мод нэмэргүй

Ж：Хүү минь миний амин сүнс.
息子は私の大切な宝物(命)です.

380 могой алахад мод нэмэргүй

蛇を殺す時, 棒は助けにならない. ――何かする時少しも手伝うことができないもののことを言う.
 (1. 蛇は水の性を持っている. 棒(木)は水の助けで成長する. "水"に関係する間柄なので木は蛇を殺さない.
 2. 棒で蛇を殺そうとしても木にくるくる巻き付いてしまって殺せない. という解釈が成り立つ.   Гантогтох багш.)

Тухайн үйлд огтхон ч тус нэмэргүй юмыг хэлдэг.

Ж：―Та хоёр 9 цаг гэхэд машинаа янзлаад дуусгаарай.
 ―Та хоёр гэнэ шүү! Дорж чинь ерөөсөө машинаа мэдэхгүй, ёстой л могой алахад мод нэмэргүй нөхөр!
 ―君達二人で9時までに車を直して下さい.
 ―君達二人と言ったって！ ドルジは車の事は何も分からない全く役に立たないヤツなんだぜ.
   • Эсгий хийх газар хүүхэд, нохой хэрэггүй もよく使われる.

381 МОНГОЛЧЛОХ

1. モンゴル語に直す(訳す).
2. 話し言葉では；機械, 技術関係の部品が壊れた時本来の状態を変えて, スペアーパーツを工夫して簡単, 粗雑な仕方で直すことを монголчлох と言う.

1. монгол хэлээр орчуулах.
2.Ярианы хэлэнд мөн аливаа техник технологийн холбогдолтой зүйлийг эвдэрсэн үед уул байдлаас нь өөрчлөн хялбарчилж хямд, бүдүүн хийцээр засаж янзлах гэсэн утгатай монголчлох гэдэг үг бий.

Ж1：Одоо Дорж Куросава гуайн киног монголчилж байгаа гэнэ.
 今ドルジは黒沢監督の映画をモンゴル語に訳しているんだって.
Ж2：Иим сэлбэг нь олдохгүй, олдсон ч их үнэтэй болохоор нь ингэж монголчлоод гагначихсан юм.
 この部品は手に入らない, 見つけてもとても値段が高いから, こうやってモンゴル風に溶接しちゃった.

382 мордохын хазгай

物事の最初からの誤り。出だしから間違っている。　　　　（өвөрмөц хэлц）

Ажил үйлс эхнээсээ буруу хазгай болохыг мордохын хазгай гэж хэлдэг.

Ж : Мордохын хазгай гэгчээр өглөө гэрээс гарахдаа л юмаа мартаж эргэж буцаад байсан юм. Өнөөдрийн хамаг ажил нэг л бүтэхгүй байна.
出だしから間違っていると言うが、朝家を出る時忘れ物をして戻った。今日は全てがうまくいかない。

383 мөд (мөдхөн)

やがて，すぐ，即刻，しばらく，少しの間。
удахгүй, даруй.
動詞の近い未来形を表す副詞。

Зөвхөн ойрын ирээдүй цагт болох үйлийн цагийн байцыг илтгэдэг.

Ж : За даа, мөд явна даа.
　　さあねえ、2, 3日したら行きます。
Ж : —Ойрдоо томилолтоор явах уу？
Ж : —Мөд явахгүй.
　　—近いうち出張がある？
　　—しばらくは行かない。
Ж : —Халуун ус хэзээ ирэх вэ？
　　—Мөд ирэхгүй гэнэ。
　　—お湯はいつ出ますか？
　　—しばらくは出ないそうです。

384 мөн

1. も又。　2. とても。　3. はい，その通り。

1. бас.
2. тун, бүр.
3. зөв, зүйтэй, тийм.

Ж 1 : Тэд ч мөн явсан.

МӨН Ч

　　　　　彼等も行った．
Ж 2：Мөн сайн машин байна．(Тун сайн машин юм аа．)
　　　とても良い車だね．
Ж 3：—Энэ мөн үү？
　　　—Мөн мөн．
　　　—これですか？
　　　—そう，そう．
Ж 3：—Та япон хүн мөн үү？
　　　—Тийм байна．
　　　—日本人ですか？
　　　—ええ，そうです．

385　МӨН Ч

本当に，とても，実に．
мөн ч という言葉は文章の意味を強める役割を果たす．

үнэхээр, тун ч．
Мөн ч гэдэг үг нь өгүүлбэрт хүч нэмэгдүүлсэн үүргээр орно．

Ж：Хөдөө нутаг мөн ч сайхан даа！
　　ふるさとは実にすてきだなあ！

386　МӨН ЧАДАВ АА　　　　　　　　c.f. –в аа⁴–3．

よく出来たなあ．
(実は出来なかったのに，ひやかしたり，からかって言う)

"Чадсангүй шүү дээ" гэсэн утгыг илтгэх доог хийсэн, басамжилсан өнгө аясаар хэлэх үг．

Ж：Мөн хуушуур хийж чадав аа！
　　ホーショール，うまくできたね！(実は上手にできなかった)

387　МӨРТӨӨ (МӨРТЛӨӨ)　　　　　　c.f. байж．

逆説接続詞．なのに，だけれども，しかし．

байтал, атал, боловч．
　мөр(跡)–т(өгөх орших т. я.)–аа⁴(ерөнхий хамаатуулах)
байтлаа, атлаа 等の語と同じ様に "мөртөө" が "мөртлөө" と言われたり，

書かれたりする場合がある。通常 үйл үг＋-(тал, тэл, тол, төл) なのだが、この語の場合 нэр үг＋-төл になっている。

Байтал, атал, болoвч гэсэн үгтэй ойролцоо утгатай.
Байтлаа, атлаа, гэдэг үгсийн адилтгалаар "мөртөө" гэдгийг "мөртлөө" гэж ярих, бичих тохиолдол байна.
Ер нь үйл үг＋-(тал, тэл, тол, төл) байна.
 (-тал⁴бол үйлийн нөхцөл. Харин "мөр" бол нэр үг.)
Байтал, атал зэрэг үгтэй утга нь ойр учраас хүмүүс мөртөл＋өө байх ёстой шиг буруу ухаараад мөртөө гэдэг үгийг мөртлөө гэж ярьдаг болсон.

Ж：Тэр намайг хараад л байсан мөртөө таньсангүй.
　　彼は私を見ていたのに分からなかった.
Ж：Энэ ажил хэцүү мөртлөө сонирхолтой юм.
　　この仕事は大変だけれども面白いです。

388 мөчөөгөө өгөхгүй

簡単に負けない.

амар, хялбар, дийлэгдэхгүй.

Ж：Би мөчөөгөө өгөхгүй, эцсээ хүртэл үзэлцэнэ.
　　私はそう簡単に負けない, 最後までがんばる.

389 мултрах

1. 免れる.
2. 策をめぐらす, 嘘をつく, うまくだます.

1. ямар нэг бэрхшээлээс зайлах.
2. аргалах, залилах, худал хэлэх.

Ж1：Яаж мултрах аргаа олохгүй байна.
　　どうやって免れるか方法が見つからないです。
Ж2：Битгий мултраад бай. (Битгий худлаа ярь!)
　　嘘をつかないで！

мундаг

390 мундаг

並外れてすごい.

сүрхий, лут, айхтар, чадалтай дориун.

Ж：Мундаг чадалтай хүн.
　　すごく能力がある人.

391 мундах биш　　　　　　　　мундахгүй-г үз.

392 мундахгүй

少なくない，多い．

бишгүй, зөндөө, элбэг, цөөнгүй.

Ж：Хэсэх газар мундахгүй
　　ぶらぶらと出歩く（立ち寄る）先が多い．
Ж：Мундахгүй их ажилтай байна.
　　（仕事が沢山あって）とても忙しい．

393 мундраа хутгах

恥をかく．
мундар という言葉は"恥"という意味がある．
"мундраа хутгах"というのは"恥をかく"といった慣用句．

мундраа тарих, шившгээ хутгах, шившгээ тарих.
Мундар гэдэг нь шившиг гэсэн утгатай үг бөгөөд дээрх хэллэг шившиг болох гэсэн утгатай.

Ж：Шалгалтад унаж ёстой мундраа хутгалаа.
　　試験に落ちて本当に恥をかいた．

394 мурих

ペテンにかける．ひっかける．騙す．
例えば，一緒に泊まろうとホテルまで行って金を取って，そのまま逃げる．

"луйвардах" гэсэн этгээд үг. Энэ үгээс "муриа" гэдэг нэр үг үүснэ.

муу нохойн гэдсэнд шар тос зохихгүй

Биеэ үнэлэгч нар тохиролцож ярилцсан хүнээ луйвардахыг "мурих" гэж хэлдэг.　(сониноос авсан үг.)

395　муу

1. 嫌いな人のことを"муу"という.
2. 親しくて，かわいがっている身内のような人に対して"муу"という.

1. Дургүйцсэн зэвүүрхсэн хүнийг муу гэдэг үгээр хэлдэг.
2. Дотносож энхрийлсэн, өөриймсөг хандсан зүйлд муу гэдэг үгийг ээрэг утгаар хэрэглэдэг.

Ж 1 : Тэр муу яасан бэ ? (тэр муу хүн яасан бэ ?)
　　　あいつどうしたの？
　　　чи муу.　　おまえ.　　тэр муу.　　あいつ.
　　　энэ муу.　　こいつ.　　цаад муу.　　あいつ.
　　　наад муу.　　こいつ.
Ж 2 : муу хүү минь.　　私の息子.
Ж 2 : миний муу ээж.　　私のおかあさん.
Ж 2 : муу найз минь.　　仲良しの友達.
Ж 2 : муу Дорж маань.　　(私達の仲良しの)ドルジ.

396　муу нохойн гэдсэнд шар тос зохихгүй

悪い犬に一番良いものをあげても分からない.
　　　　　　　　　　　　　　　　　　　(мэргэн үг.)
恩恵を受ける器でない. 恩恵を受け止める技量がない.

Хайр хишиг даах заяагүй.
Ямар нэгэн сайн юм өгсөн(авсан) ч гэсэн тогтохгүй, шингэхгүй.

Ж : Олон удаа заасан ч гэсэн сонсохгүй(сураагүй), ийм нэг л хүн "муу нохойн гэдсэнд шар тос зохихгүй" гэгчээр арга байхгүй.
　　何回も教えたが聞かない(勉強しない)，"たちの悪い犬に шар тос をくれてもしょうがない(消化しない)"と言うように仕方がない.
Ж : Тарган хонины мах идсэн биш(чинь), гуд гүйгээд . . .
　　өнөөх "Муу нохойн гэдсэнд шар тос зохихгүй" гэдэг шиг юм болох нь.
　　脂がのったうまい羊肉を食べたところ下痢しちゃった・・・
　　"悪い犬の胃に шар тос が消化しない"と言うが，そうなっちゃった.
　　• шар тос：牛乳を沸かして表面に出来たプロテイン(өрөм)を何回も重ね

муусайн

ているとバターの様になる．かなりの量になった時再び鍋に移して，また沸かし шар тос を採る．残った өрөм に小麦粉と砂糖を入れ хайлмаг を作る．шар тос を1．灯明の油として使う．2．сүүтэй цай に少量入れる．3．шимийн архи を暖めて шар тос を入れて飲む．等々モンゴル人は шар тос をとても大切にする．

397 муусайн

ろくでなし，悪いやつ，こいつ．
ののしる言葉．もとは一種の悪魔の名前だが，現代ではその意味は無くなり"ろくでなし，悪い"といった意味で理解されるようになった．

хараалын үг. Угтаа нэгэн зүйл ад чөтгөрийн нэр боловч эдүгээ тэр утга нь алдагдаж "өөдгүй, муу" гэсэн утгаар ойлгогдох болсон.

Ж：Муусайн юмнууд дандаа надад саад болдог.
　　こいつらはいつも私を邪魔する．

398 муухай

1．悪い，醜い．
2．非常に．

1．үзэмжгүй, аягүй, тоогүй.
2．хэтэрхий, их.

Ж 1：Тэр муухай бичдэг.　　　　　あの人は字が下手だ．
Ж 1：Өнөөдөр тэнгэр муухай байна.　今日は天気が悪い．
Ж 2：муухай гоё.　　　　　　　　非常に良い．
Ж 2：Муухай хурдан бичдэг.　　　非常に速く書きます．
Ж 2：муухай хол.　　　　　　　　すごく遠い．

399 мэдэв үү？

分かった？　分かったの？

Мэдсэн үү？　Ойлгосон уу？

Ж：Эртхэн хоолоо хийгээрэй！ Мэдэв үү？
　　早めにごはんにしてね，分かった？

400 МЭДЭЛТЭЙ

気をつけて，マネージしてと，相手に注意する．

Болгоомжтой, хянуур гэсэн утгатай.
Захиж анхааруулж хэлсэн өгүүлбэрт хэрэглэдэг.

Ж：Тун мэдэлтэй(болгоомжтой) яваарай！
充分気をつけて行って下さい．

401 МЭДЭЭЖ

c.f. мэдээжийн хэрэг.

もちろん，当然のこと，ご存知の通り．

бодоожийн хэрэг, мэдээжийн хэрэг.

Ж：Эцэг эхийн ачийг хариулах нь мэдээжийн хэрэг юм.
両親に恩を返すのは当然のことだ．
Ж：Мэдээж, цагтаа ирнэ.
もちろん，時間通りに来ます．

402 МЭДЭЭЖИЙН ХЭРЭГ

c.f. мэдээж.

分かりきったこと．

Хэнд ч ойлгомжтой, хэний ч мэдэх хэрэг гэсэн утга.

Ж：Мэдээжийн хэрэг, энэнээс болоод Дорж уурлах нь гарцаагүй.
分かりきったことでしょう，このせいでドルジが怒るのは当然でしょう．

403 МЭЛМЭРҮҮЛЭХ

涙を一杯ためる．

нулимс дүүрэх.

Ж：Миний дүү ээждээ загнуулаад мэлмэрүүлэн гарав.
妹は母にしかられて涙を一杯ためて外へ出た．

мэр сэр

404 мэр сэр

1. たまに.
2. ちょっとだけ.

1. хаая, заримдаа.
2. бага сага.

Ж 1 : Энд хаая нэг мэр сэр хүчтэй шуурга шуурдаг.
　　　ここはたまに強い嵐が吹きます.
Ж 2 : Ирснээсээ хойш мэр сэр таньдаг хүнтэй болсон.
　　　ここに来てから少しだけ知人が出来ました.

405 мээм (мөөм)

おっぱい.
хөх を話し言葉では мээм と言う.
мээм というのは古代では母という語.(世界中にママ(マーム), メームという言葉がある.)хөх は人間, 動物に使われるが мээм という語は人間だけに使われる.
Хүүхэд эхийгээ хөхөж байна. (=Хүүхэд мээмээ хөхөж байна. 子供がお母さんのおっぱいを吸っている.)という風に言うが хурга мээмээ хөхөх. тугал мээмээ хөхөх とは言わない. 西モンゴルでは мөөм と言う.

"Хөх" -ийг ярианы хэлэнд мээм гэж хэлдэг.
Мээм гэдэг нь эртний эх, ээж гэсэн үг. (Дэлхий олон хэлэнд мама, маам, мэ-мэ, мээм гэж хэлдэг үг бий.) "Хөх" гэдгийг хүн, мал амьтанд ялгахгүй хэлдэг бол "мээм" гэдгийг зөвхөн хүн дээр ярьдаг. "Хүүхэд эхийгээ хөхөж байна. (=хүүхэд мээмээ хөхөж байна.)" гэж ярьдаг бол "хурга мээмээ хөхөх", "тугал мээмээ хөхөх" гэж ярихгүй. Баруун Монголд "мөөм" гэж хэлнэ.

Н

406 наад
c.f. цаад.

これ.
話し手からみて相手より自分に近くの，又は傍の．

энэ. Яригч хүний зүгээс 2-р биеийн наана юм уу хажууд байгаа.

Ж：Наад номоо аваад яваарай.
この本を持って行きなさい．

407 наад зах нь

少なく見積っても，少なくとも．　　　　　　　　　　дор хаяж –ийг үз.

408 наадахь＝наадхи
c.f. цаадахь.

ここにあるもの．

наад–хь, энэ（чинь）；наана байгаа юм．

二人称に向かって，そこにあるもので何かをしてもらう時．
наадахь, цаадахь 又は наадахь（цаадахь）＋名詞に接尾辞 –аа^4 が付く．
⎡наадхиа（цаадхиа），又は наадахь（цаадахь）＋名詞＋–аа^4（ж：наадхь номоо）の⎤
⎣様に使われ, наадхийг, цаадхийг とは言わない．　　　　　　　　　　　　　　　　⎦
他の場合 "чинь, нь" と一緒に使われる．　　（чинь 参照．）

2–р биеийг наадахь, цаадахь гэдэг үгээр илрэх тухайн объектод чиглэсэн үйлийн эзэн болгож яриxад дээрх төлөөний үгийг эсвэл холбогдох нэр үгийг заавал "–аа^4" нөхцөлтэй хэрэглэдэг.
Бусад үед "чинь, нь" нөхцөлтэй хамт хэрэглэдэг．　　（чинь–ийг үз．）

наадуул

Ж：Наадхиа авахаа мартуузай.
　　これを持って行くのを忘れないで.
　　(наадахийг авахаа мартуузай гэж хэлдэггүй)
Ж：Наадахь чинь хөдөөнөөс ирсэн мах.
　　これは田舎から届いた肉です.

409　наадуул

ここにいる人達.
三人称の複数の人々を二人称に向かって言う時こう言う.

энэ хэд (эн хүн).
3-р биеийн хам олныг 2-р биед хандан хэлэх үг.

Ж：Дорж оо！ Чи наадуулынхаа дэвтрийг шалгачихаарай.
　　ドルジ！　ここにいる人達のノートをチェックして下さい.

410　нааш ир (наашир)

こちらへいらっしゃい.
"нааш"と"ир"は独立していたが話し言葉では次第にくっついて接尾辞の役目をする現象になった.

Тусдаа бие даасан үг ярианы хэлэнд аажимдаа чанараа алдаж дагаврын үүрэг гүйцэтгэдэг болох үзэгдэл байдаг. "Наашир" гэдгийн "ир" гэдэг үг дагавар шиг болж байна.

Ж：Наашир！ Энэ сандлыг аваад гадаа гаргаад тавьчих.
　　こっちへ来て，このいすを外へ出しておいて下さい.

411　найгүй (най байхгүй)

良くない.

өөдгүй, маш тааруухан, зохисгүй.

Ж：Энэ гуанзны хоол гэж бүр най байхгүй юм.
　　この店のメシときたら全く最悪だ. (まずい)
Ж：Ганаа согтохоороо бүр найгүй амьтан.
　　ガナーは酔っ払うと最悪だ.

412 нар баруунаас гарах

あってはならない，どうしても可能性のない事について，比較して言う．

Ямар ч боломжгүй зүйлийн тухай зүйрлэж хэлэх үг.

Ж：(Хэрэв) Дорж тэмцээнд түрүүлбэл нар баруунаас гарах байлгүй.
(もし)ドルジが大会で優勝すれば，太陽は西から昇るでしょう．

413 нарийн

1．細い（書き言葉，話し言葉）．
2．けちな．
3．巧妙な，精巧な，優美な，詳細な．

1．“Өргөн” гэдэг үгийн эсрэг утгатай (жирийн утга).
2．харамч.
3．эрхэм сайн, тансаг.

Ж 1：нарийн хоолой.　細くかん高い声．
Ж 2：нарийн хүн.　けちな人．しまり屋．
Ж 3：нарийн хоол.　手間のかかる料理（бууз, хуушуур など）．
Ж 3：нарийн бичгийн дарга.　秘書．
Ж 3：нарийн асуудал.　微妙な問題．
Ж 3：нарийн сийлбэр.　みごとな彫刻．
Ж 3：нарийн боов.　ケーキ．クッキー．

414 нарийндаа хатсан амьтан
(нарийнаараа хатсан амьтан)

とてもけちな人，吝嗇家を嫌悪して言う．

Маш харамч нарийн хүнийг зэвүүрхэн хэлсэн үг.

Ж：Тэр хүн ёстой нарийндаа хатсан амьтан шүү！
あいつすごくけちな奴なんだよ！

415 насыг барах

年をとる．年をすりへらす，年をすごすといった言葉．
もし“нас барах”となると“死ぬ”というのを婉曲に言うことになる．

ний нуугүй хэлэхэд

"нас элээх", "насыг өнгөрөөх", "амьдралаа өнгөрөөх".
Хэрэв "нас барах" гэвэл үхэхийг зөрүүлсэн үг болно.

Ж：Жолоо барьсаар насыг барлаа даа.
　　一生運転手だったなあ.

416　ний нуугүй хэлэхэд

何もかも全部言うと，はっきり言うと，開けっぴろげに言うと，腹蔵なく言うと，率直に言うと，自分の気持ちを隠し立てなく言うと.

илэн далангүй хэлэхэд.

Ж：Ний нуугүй хэлэхэд цалингаа нэмүүлмээр байна.
　　本当のことを言うと月給を上げて欲しいです.

417　нисэх

試験で2をとる.（落ちる）

шалгалтад "муу" дүн авах.

Ж：Цаад нөхөр чинь хоёр хичээлд нисчихээд байгаа юм.
　　あいつは2つの試験に落ちた.

418　ногоон

アメリカドル.
俗語でアメリカドルを(緑色になぞらえて)"ノゴーン"と言うことがある.

Хар яриан америкийн долларыг "ногоон" хэмээн өнгөөр төлөөлүүлж нэрлэх явдал бий.

Ж：Ченжийн зах дээр ногооныг хэдээр өгч байна вэ？
　　両替所でドルをいくらで取り換えているんだろう？

419　ноён нуруу

落ち着いた，堅実な，しっかりした人.

төлөв төвшин байдал.　Голдуу эрэгтэй хүнд хэрэглэнэ.

Ж：Тэр хүн (ноён) нуруутай хүн.
(төлөв, томоотой хүн, хөнгөмсөг биш хүн.)
あの人はしっかりした考えの人だ．

420 НОЙЛИЙН НОГООН ТЭГ

勉強の出来の悪い子供の事．

Сурлага муутай сурагч хүүхдийг хэлдэг үг.
нойл　　　0 点
тэг　　　　0 点
ногоон　　ものが腐った時かびが生える，その色．

Ж：Энэ нойлийн ногоон тэг юу ч сурахгүй юм.
　　この出来の悪いのは何にも勉強しない．

421 НОЙЛЛОХ

0 点をとる．
ロシア語の ноль（0 という意味）から発生した言葉．

аливаа юманд бүтэлгүйтэх, шалгалтад унах, ямар ч амжилтгүй, нэг ч оноо аваагүй.
Орос хэлний "ноль"=0 "тэг"=0 гэсэн үгээс гаралтай.

Ж：Сүүлчийн асуултанд нойллоод, тэрнээсээ болоод "дунд" авсан.
　　最後の問題で 0 点をとって，その為に（5 段階）"3"をとった．

422 НОЛЬ ОРОХ (No.00 орох)

トイレに入る．
公の建物には部屋毎に番号がついている．
番号の代わりに00とあればトイレのことである．

Албан газарт бие засах газар дугааргүй "00" байдаг.
No.00 өрөөнд очихыг ноль орох гэнэ.

Ж：Би сая ноль орчихоод ирлээ.
　　私さっきトイレに行ってきた．

ном шагайх

423 ном шагайх
c.f. шагайх.

本を読む.

ном унших.

Ж：Юу шагайгаад байгаа юм бэ?
　　（юу уншиж байна вэ?）
　　何を読んでいるの？
Ж：Ном шагайсаар байгаад нүд муудсан.
　　本をずうっと読んでいて目が悪くなった.

424 нохой гаслам халуун

とても暑い，我慢できない程の暑さ.

тэсэхэд бэрх халуун.

Ж：Нохой гаслам халуунд байж суухын аргагүй хэцүү байна.
　　とても暑くて我慢できなくなった.

425 нохой гурав харагдтал уух

（犬が三匹に見える程）ひどく酔っ払う.

их согттол архи уух.

Ж：Хонхны баяраар би нохой гурав харагдтал уусан.
　　卒業式のパーティーで私はひどく酔っ払った.

426 нохой долоо(г)

チクショウ！バカヤロー！
軽蔑したり，くやしがったりして悪口雑言を言う時こう言う.

Басамжлах, харамсах үед хэлэх харааж зүхсэн үг.

Ж：Нохой долоог！ Тэр тийм үг хэлээд байхдаа яах вэ дээ.
　　あんチクショウ！ あいつがそんな事をよく言えたねえ.
Ж：Би таг мартчихжээ. Нохой долоо！
　　すっかり忘れた. チクショウ！

㊷ НОХОЙ ҮГ

1. 嫌な言葉, 悪い気持ちから出る言葉.
2. ゆゆしい言葉, 大切な言葉, 考える必要がある言葉.

1. муу үг, хэцүү үг, муу санаагаар хэлсэн үг, цаад утгаараа сайнгүй үг.
2. ноцтой үг, их чухал үг, заавал анхаарч үзмээр үг, бодууштай үг.

Ж 1 : Найздаа нохой үг хэлэх хэрэггүй.
　　　友達に嫌な言葉を言ってはいけない.
Ж 1 : —Өчигдөр би согтоод яасан бэ？
　　　—Яагаа ч үгүй шахам！
　　　—Шахам гэдэг чинь нохой үг дээ！
　　　—昨日オレ酔っ払ってどうしたかなあ？
　　　—何にもしなかったが・・・
　　　—・・・が, と言うのは嫌な言葉だなあ.
Ж 2 : Монгол хүн "биеэ мэдвэл хүн (болно), бэлчээрээ мэдвэл мал (болно)" гэж ярьдаг. Энэ бол тун нохой үг шүү！
　　　モンゴル人は"身の程を知って一人前になり, 家畜は放牧地がどこに有るかを知って本物の家畜になる"と言う. これは最も意味の深い言葉である.

㊸ НОХОЙ ХАМАРТАА ХҮРЭХЭЭР УСЧ

犬が鼻まで水位がきたら泳ぐ, というように, どうしてもやらなければならない時がきたら出来る.

Цаг нь болохоор чадахгүй юмаа чаддаг гэсэн утгаар хэрэглэдэг.

Ж : Нохой хамартаа хүрэхээр усч гэдэг шиг хэдэн сар ганцаараа байхдаа овоо хоол хийж сурсан.
犬が鼻まで水がきたら泳ぎ出す, というように, 何ヶ月も一人でいて料理が上手になった.

㊹ НОХОЙН ГУЯАР ДАЛЛАХ

簡単に引っかかる.

өөртөө амархан татах.

нохойн дуу ойртох

Ж：Чам шиг эмэгтэйг нохойн гуяар даллахад хэдээрээ ирнэ.
君みたいな女なら簡単に何人でも私のところに来るよ.

430 **нохойн дуу ойртох**   c.f. хаяанд ирэх.

間もなく．その時期が来た．

цаг нь болсон, дөхсөн, ойртсон, хугацаа нь ирсэн.

Ж：Нохойн дуу ойртож байна даа．Удахгүй сургууль төгслөө.
間もなく大学卒業ですね．

431 **нохойн наадам**

簡単に出来る.   хүүхдийн тоглоом-ыг үз.

432 **нохой хэрэг**

複雑な問題，面倒な事，むずかしい事．

хэцүү бэрх асуудалтай юм, хэрэг, явдал.

Ж：Өнөөдрийн бидний яриа нохой хэрэг боллоо шүү．(хэцүү юм боллоо)
今日の私達の話は面倒な事になった．(大変な事になった)

433 **нохойтох**

嫌な性格を表に出す．

эвгүй зан араншин гаргах.

Ж：Чи битгий нохойтоод байгаарай.
君そんな嫌な事をしないで．

434 **ноцолдох**

1. つかみ合う．(書き言葉)
2. 仕事を真剣に取り組む．

1. зодолдох, барилдах．(энгийн утга)

2. Ямар нэг ажлыг махран хийх, оролдох гэж утгатай.

Ж2: Хэдэн өдрийн турш ноцолдож байгаад дугуйгаа засав.
    何日も頑張って自転車を直した.
Ж2: Ноцолдсоор байгаад орчуулж дуусав.
    頑張って翻訳を終えた.

435 нөгөө

例の.
互いに何について話しているかはっきりしていて；
1. 簡単に略して言う場合,
2. 例のアレ, あの, 等他の人から内緒にしたい時こう言う.
   (нөгөө нэг, нөгөө юм, нөгөө хүн)

Харилцагч хүмүүст юуны тухай ярьж байгаа нь тодорхой учраас；
1. цаад юмыг нэрлэхгүйгээр яриагаа товч хурдан болгох,
2. бусдаас яриагаа нууцлах зорилгоор "нөгөө нэг" "өнөөх юм" гэх мэтээр төлөөний үгээр ярьдаг.

Ж1: Аав аа, нөгөө машинаа авах уу?
    パパ, あの(例の)車買うの？
Ж1: Нөгөө хүнтэйгээ заавал яриарай.
    あの人と必ず話して下さいよ.
Ж2: Чи нөгөө юмаа яасан бэ？
    君はあれをどうしたの？
Ж2: Бид хоёрын ярьсан нөгөө нэг юмыг битгий мартаарай.
    二人で話したあの事を忘れないでね.

436 нударга буулгах   буулгах-ыг үз.

437 нударга өгөх

たたく.

дэлсэх, цохих.

Ж: Миний дотор "мөн таарч" гэж бодохоос тархи руугаа нэг (ф) өгөөд хаямаар болов.
   私は"しまった"と思うと頭を一発なぐりたくなった.
   ・話し言葉である言葉を削って言う事があるが, その言葉が無くても有る

нурах

のと同じ様に意味を表す．例えば нударга という語を削っても意味は明確である．φ で表示．

- Ярианы хэлэнд зарим үг, бүтээврийг хэлэхгүй орхивч цаад утга нь хоосноор (байхгүй байсан ч гэсэн) илэрч байдаг. Энэ жишээнд нударга гэдэг үгийг гээж хэлсэн боловч утга нь тодорхой байна.

438 нурах

計画，予定が崩れる．計画がおじゃんになる，パーになる．

бодож төлөвлөсөн ажил тасалдах, сүйрэх.

Ж：Өнөөдөр тог тасраад миний хамаг бодож байсан ажил нурсан.
今日停電だったので私が考えていた全ての仕事がダメになった．

439 нус, цэр мэр хаях

チッチッと手鼻をかんだり，ペッと痰をはく．

нус цэрийг хамаагүй ил хаях.

Ж：Хүмүүс гудамжинд нус, цэр мэр хаяад байвал уушигны сүрьеэ өвчин тарна.
路で手鼻をかんだり，痰をはくので結核菌がはびこる．

440 нусаа хацартаа наах   c.f. бойтоглох.

すごく困る．
この言葉は若い人々の話し言葉に使われることがある．

зовлонтой, бэрхшээлтэй.
Энэ үг нь залуу үеийнхний ярианд тохиолдоно.

Ж：Сургуульд огт хичээл хийгээгүйн харгайгаар одоо ажил дээр гараад ёстой нусаа хацартаа нааж байна.
学校で勉強しなかったので仕事で本当に困っている．

441 нууц амраг (=ныудгай)   c.f. араар (нь) тавих.

愛人．

далдуур ханилсан хүн.

442 нухах

1. こねる。　2. 薬の錠剤をつぶす。（1, 2 通常の意味）
3. 頑張る, 努力する。
4. 殺す。

1. байн байн дарж үнгэх. (энгийн утга)
2. эмийг буталж талхлах. (энгийн утга)
3. ажлыг чармайн оролдох.
4. алах гэдгийг цээрлэн хэлэх үг.

Ж 1 ： гурил нухах.
　　　粉をこねる。
Ж 2 ： Эмийг сайн нухаад усаар даруулж уулгаарай.
　　　薬をよくつぶして水で飲ませて下さい。
Ж 3 ： Найз нь нухсаар байгаад номоо орчуулж дууссан.
　　　僕は頑張って本の翻訳を終えた。
Ж 4 ： Тэд харуулд гарсан дайсны цэргийг нухаад зугтаж амь гарсан гэсэн.
　　　彼等は敵の見張りの兵を殺して生き残った。

443 нүгэлтэй

たいへん, すごい, 本当に。

маш, тун их, хэтэрхий.

Ж ： Манай байрны дарга гэж нүгэлтэй хэнхэг нөхөр байна аа.
　　私達のアパートの管理人って本当に度を超しているんだよ。(度を超してみんなの世話をやくんですよ。)
Ж ： Нүгэлтэй хурдан морь юм.
　　ものすごく速い馬。

444 нүд тайлах

見聞を広める。視野を広める。目が肥える。

их юм үзэх, мэдэх.

нүдийг нь хариулах

Ж：Тэр нүд тайлсан хүн.
　　彼は目が肥えている．
Ж：Гадаад улсад очиж нүд тайллаа.
　　外国へ行って視野を広めた．

445　нүдийг нь хариулах

人の目を盗む．

хүний нүднээс далдуур, хүнд мэдэгдэлгүй.

Ж：Багшийн нүдийг нь хариулж байгаад дэвтрээсээ хуулав.
　　先生の目を盗んでノートを写した．

446　нүдэнд унах

目を奪う．注意をひく．目に入る．気になる．

нүдэнд тусах, нүд булаах.

Ж：Японд очоод хамгийн түрүүнд нүдэнд унасан зүйл бол боловсон үйлчилгээ байлаа.
　　日本に行って最初に目に入ったのは良いサービスだった．

447　нүд(ээ) унагах

目を見張る，驚く．
とても良いものを見て驚いた時このように言う．

шохоорхон шимтэж харах.

Ж：Сайхан хүүхнийг эрчүүд нүдээ унагах шахам хардаг.
　　きれいな女に男達は目を見張る．

448　нүд(ээ) хужирлах

目の保養をする．
これは мал хужирлах から出た言葉らしい．
家畜には хужир (ソーダ) が大切なものであるのと同時にとても好きなものである．人も同様に好きなもの，興味のあるものを見る時，目の保養をすると言う．

Энэ нь мал хужирлах гэсэн үгээс гарсан бололтой.
Мал хужирт дурладаг шиг хүн шохоорхож сонирхсон зүйлээ ханатал үзэхийг нүдээ хужирлах гэж ярьдаг.

Ж：Дорж олон ч газар явж, нүдээ хужирласан хүн дээ.
ドルジは色々なところへ行って目の保養をしてきた人だ.

449 нүүр улайлгах

困らせる，恥をかかせる.

ичээж, эвгүй байдалд оруулах.

Ж：Чи бүр нүүр улайлгаж гүйцлээ.
君は私に恥をかかせた.

450 (таньдаг хүний) нүүр халуун

知人には甘い.
知り合いの人に頼まれれば，いやとは言えない.

Танил хүний хүсэлтийг биелүүлэхээс татгалзахад амаргүй байдаг гэсэн утгатай хэллэг.

Ж：Танилын нүүр халуун гэгчээр би үгүй гэж чадсангүй.
知り合いだから仕方なく，私はノーと言えなかった.

451 нүх(ээ) малтах

c.f. нүх(ээ) олох.

職探しをする．自分の身の置き所を探す.

хүссэн ажил сургуульд орох арга зам хайж, судлах, боловсруулах.

Ж：Хавар төгсөөд яая гэж бодож байна? Эртнээс нүхээ малтахгүй бол болохгүй шүү.
春に卒業してどうしようかと思っています．早くから職を探さないといけないですね.

яая；яа(х)+-я (話し手自身の希望及び第二人称，第三人称と共に何々しようという希望の両方を表す．この場合 юу хийнэ, юу хийе 何をしようか，と近い意味.)

НҮХ(ЭЭ) ОЛОХ

Ж：—Нүхээ малтсан уу？
　　—Болж өгөхгүй байна.（＝Болохгүй байна.）
　　—仕事見つかった？
　　—だめです.

452　**НҮХ(ЭЭ) ОЛОХ**　　　　　　　　c.f. нүх(ээ) малтах.

職探しをする．自分の身の置き所を探す．

ажил, сургуульд орох боломж олох, арга зам олох.

Ж：Японд хоёр гурван жил ажиллах нүх олохыг бодно.
　　日本で2—3年仕事を探すことを考える．
Ж：Аятайхан сургуульд хүүхэд оруулчих нүх олдох уу？
　　良い学校に子供を入れる機会がありますか？

453　**НҮЦГЭЛЭХ**

1．相撲する．　2．裸になる．（書き言葉）
話し言葉では相撲を取る（барилдах），格闘する（ноцолдох）といった意味
である．

Ярианы хэлэнд барилдах, ноцолдох гэсэн утга байдаг.
1．бөхийн барилдаанд оролцох.
2．нүцгэн болох（энгийн утга）.

Ж1：Та наадмаар нүцгэлэх үү？
　　　あなたはナーダムに相撲を取りますか？

454　**НЬ**

1．三人称再帰語尾．（通常）
2．話し言葉で"親しい間柄"の意味で使われることが有る．

1．3-р биед хамаатуулах утгатай нөхцөл.（энгийн утга）
2．Ярианы хэлэнд 2-р биед өөриймсөг дотно харьцах утгаар хэрэглэх
　　явдал бий.

Ж1：Доржийн гэрийнх нь цонх гэрэлтэй байна.
　　　ドルジの家の窓に明かりがついている．

Ж 2：―За, аав нь хүүгээ аваад, явж сайхан юм үзнэ ээ.
　　　(Аав нь хүүдээ хэлж байна.)
　　　―さあ、お父さんは息子を連れて楽しんで来よう。

455　нэг

一回，一時，しばらく，ちょっと，少しという意味で使われることが多い。

Ярианы хэлэнд нэг удаа, түр зуур гэсэн утгаар "нэг" гэж хэлэх тохиолдол элбэг байдаг.

Ж：Чи нэг сайн уншаад үзээрэй.
　　(Чи нэг удаа сайн уншаад үзээрэй.)
　　君は一度良く読んでみて。
Ж：Би нэг гараад ирье.
　　(Би түр зуур гараад ирье)
　　ちょっと外に行ってくる。

456　(асуух төлөөний үг)＋нэг(эн)

疑問代名詞＋нэг(эн)；
下記の例に有る様に誰か，何か，いつか，どれか等々，後ろの語の表す事を，はっきり指さない意味を作る。

Асуух төлөөний үгийн хойно "нэг" гэдэг үгийг оруулан дараачийн үгээр илрэх зүйлийн тодорхой бус, ямар ч байж болохыг заадаг.

Ж：хэн нэг(эн)　誰か．　ямар нэг(эн)　何か．　аль нэг(эн)　どれか．
　　хаа нэг(эн)　どこか．　хэзээ нэг(эн)　いつか．
Ж：Миний гээсэн юмыг хэн нэгэн хүн олоод авсан байх.
　　私が失くした物を誰かが見つけて持って行ったらしい。
Ж：Ямар нэгэн бэрхшээл тохиолдвол хамаагүй надад хэлээрэй.
　　何かつらい事が有ればかまわず私に言って下さい。
Ж：Эндээс аль нэгийг нь сонгож авaaрай.
　　ここからどれか一つ選んで持って行きなさい。
Ж：Дорж хаа нэг газар багш болсон гэсэн.
　　ドルジはどこかで先生をしているという。

457　нэг бол　　　　　　　　　　　　　　c.f. үгүй бол.

或は，それとも。

нэг дор

эсвэл, үгүй бол.

Ж：Та ир, нэг бол би танайд очъё.
　　おいでよ、それとも行こうか。

458　нэг дор

1. 同時に、いっぺんに、一緒に。
2. 同じ場所。

1. зэрэг, нэг цаг үед.
2. хамт, нэг газар оронд.

Ж1：Бат, Лувсан хоёр нэг дор ирцгээсэн.
　　バトとルブサンはいっぺんに入ってきた。
Ж1：1-р сарын 7-нд бичсэн захиа, 14-нд бичсэн захиа нэг дор ирсэн.
　　1月7日に書いた手紙と1月14日に書いた手紙が一緒に届いた。
Ж2：Дулмаа, Туяа хоёр нэг дор амьдардаг.
　　ドルマとトヤは同じところに住んでいる。

459　нэг ёсондоо

つまり、一言で言えば、実は、言い換えれば。

өөрөөр хэлбэл, нэг үгээр хэлбэл.

Ж：Нэг ёсондоо эцгий нь бодохоор охиныг явуулмаар . . .
　　実はお父さんを考えると娘を行かせたいし・・・

460　нэг их

それ程まで、全く。
бүр と近い意味を表す。

Бүр гэдэгтэй ойролцоо утга илтгэнэ.

Ж：Манай шинэ жилийн үдэшлэг гэж нэг их сүртэй юм болсонгүй.
　　新年のパーティーはそれ程盛大ではなかった。

461 нэг л

c.f. нэг л биш.

なんだか.

аль нэг талаараа, ялимгүй, үл мэдэг.

Ж：Энд ирэхээр бүх юм нь нэг л сэтгэлд дотно, сайхан байдаг.
ここに来るとなんだか落ち着いて，親しみを感じる.

462 нэг л биш

いつもと違う，何だかおかしい.
行動，性格がある面でいつもと違っている状態を言う.

энгийн биш；үйл ажил, ааш байдал аль нэг талаар жирийн биш, өөр байх.

Ж：Доржийн царай өнөөдөр нэг л биш байсан.
ドルジの顔が今日は何だかヘンだった.

463 нэг л мэдэхэд

いつの間にか，ふと気がついたら，速いもので.
ずいぶん時間が経ってから突然情況を理解した時言う.
思ったより時間が速く経過しちゃったという時もこう言う.

нэг мэдэхнээ.
Нэлээд хугацаа өнгөрсөн хойно гэнэт учир байдлыг ухаарсан тухай ярихдаа "нэг л мэдэхэд" гэдэг үгийг хэрэглэдэг.
Цаг хурдан өнгөрлөө гэж бодсон үед хэлнэ.

Ж：Нэг л мэдэхэд сургууль төгсөх болжээ.
気がついたら大学を卒業する時期になっていた.
нэг мэдэхнээ, нэг мэдэхэд——хугацаа удаан байж болно.
нэг мэдсэн чинь——богинохон хугацаа (хэдэн цагийн дотор).

464 нэг мөр

いっぺんに，一気に.

"нэг мөсөн"-тэй адил. олон дахихгүй.

нэг тэрэгний хоёр дугуй

Ж : Нэг мөр ажлаа дуусгавал амар.
　　いっぺんに仕事を終えると楽だ.

465　нэг тэрэгний хоёр дугуй　　　c.f. өрөөсөн дугуй.

似た者同士(余り良い意味では使わない).

Адилхан муу хүнийг хэлнэ.

Ж : Тэр хоёр ч нэг тэрэгний хоёр дүгуй даа. Хоёулаа худлаа ярьдаг,
　　ажил ч хийж чаддаггүй.
　　あの二人は似た者同士だね. 二人とも嘘はつくし仕事も出来ない.
　　　　　　　　　　　　　　　　ロシア語では из одного теста.

466　нэг үгээр хэлбэл　　　c.f. нэг ёсондоо.

つまり, 一言で言えば.

өөрөөр хэлбэл.

Ж : Нэг үгээр хэлбэл, би Дорж гуайг аав шигээ хайрладаг.
　　一言で言えば, 私はドルジさんをお父さんの様に愛しています.

467　нэг юм

モンゴル語の話し言葉では代名詞を豊富に使う. その一つの理由には会話の裏に有るものを隠す, あるいは直接言うのを出来るだけ避けるからである. このような言葉が次第に一般的に使われて誰でも分かる慣用句及び意味に使われるようになった. 例えば "нэг юм" という言葉は下記の意味でよく使われる.

Монгол ярианы хэлэнд төлөөний үгийг маш элбэг хэрэглэдэг. Үүний нэг шалтгаан нь цаад ярьж буй зүйлээ нууцлах, эсвэл шууд эвгүй хэлэхээс зайлсхийх явдал юм. Ингэж хэлсэн үг яваандаа нийтээр хэрэглэж ойлгож чадах хэвшсэн үг, утгыг бий болгодог. Тухайлбал "нэг юм" гэдэг үг доорхи утгаар хэвшжээ.

1. сэтгэлтэй хүн.　　恋人.
2. нэг шил архи.　　(瓶入り)アルヒ.
3. 嫌いな人を汚い言葉で "нэг юм" "энэ нэг юм" "тэр нэг юм" と言う時もある.

Дургүйцэж зэвүүрхсэн хүнийг бүдүүлэг ярианы зүйлд "нэг юм", "энэ нэг юм", "тэр нэг юм" гэж ярих тохиолдол байдаг.

Ж 1 : Тэр цаанаа нэг юмтай болжээ.
　　　(Тэр сэтгэлтэй хүнтэй болжээ.)
　　　彼に恋人ができた.
Ж 1 : Чиний нас чинь явчихлаа. Сэтгэлдээ таарсан нэг юм олж амьдралаа бодвол яасан юм бэ?
　　　ずいぶんいい年になった. 相性の良い相手を見つけて結婚を考えたらどう！
Ж 2 : Тэд нэг юм задлаад сууж байна.
　　　彼等はアルヒを呑んでいる.
Ж 3 : Дорж гэж нэг юм согтуу явж байсан.
　　　ドルジの奴酔っ払っていた.
Ж 3 : Энэ нэг юм миний нөхөр байсан.
　　　こいつは私の昔の亭主だった.
　　　文章の状態でどんな意味なのかをモンゴル人は簡単に分かる.
Өгүүлбэрийнх нь байдлаас аль ч утгыг нь монгол хүн төвөггүй ойлгоно.

468　НЭГД НЭГЭНГҮЙ

全部, 一つ一つ詳しく.

бүгдийг дэс дараалан.

Ж : Нэгд нэгэнгүй бүгдийг ярилаа.
　　一つ一つ詳しく話した.
Ж : Өчигдөр болсон үйл явдлын талаар нэгд нэгэнгүй ярьж өглөө.
　　昨日あったことを逐一話してくれた.

469　НЭГЭН БОДЛЫН

一方で考えてみれば.

нэг талаар бодож үзвэл.

Ж : Шөнө ажилладаг жаахан хэцүү боловч нэгэн бодлын зүгээр суугаад байх ч амар юм.
　　夜中に働くのは少し大変だが, 考えてみれば, ただ座っているだけだから楽ですね.

470 нэр нүүр тахлах

評判, 名声を保つ.

нүүр тахлах, нэр тахлах, нэр нүүрийг хамгаалах.

Ж：Манай сургуулийн нэр нүүрийг тахалдаг ганц багш чинь энэ хүн шүү дээ.
私達の学校の評判を高くしているただ一人の先生というのはこの方です.

Ж：Гадаадын зах зээл дээр монголын нэрийг тахалдаг ганц зүйл бол ноолуур юм.
海外市場でモンゴルの評判を保つ唯一のものはカシミヤである.

471 нэрээ гутаах

恥をさらす. 物笑いになる. 名折れとなる.

нэр нүүрээ алдах, нэрээ муутгах.

Ж：Юу гэж дээ！Яаж ч байсан Дорж тэгж нэрээ гутаах хүн биш.
なんで！どんなことがあってもドルジはそうやって名を汚す人じゃない.

472 нээнтэг

口実, 人を非難する口実. 理由, きっかけ.

Ямар нэг буруу, бүтэлгүй явдлыг шалтаг шалтгаан болгон дэлгэх, ашиглахыг нээнтэг гэнэ.

Ж：Нэг алдаа гаргаснаар нээнтэглэж намайг ажлаас халчихав.
一回失敗した為に私をクビにした.

473 нээрэн (нээрээ)

本当に.

үнэн.

"үнэхээр"という言葉の話し言葉化された形. 内モンゴルの方言は

нээрэн (нээрээ)

"үнээр" と言うがハルハ民族の方言は "ү" が抜けて "нээрээ, нээрэн" と言う様になった。

Өвөрлөгчдийн аялгуунд "үнээр" гэж хэлдэг бөгөөд халхын аялгуунд "ү" нь гээгдэж "нээрээ, нээрэн" гэж хэлэлцэх болжээ.
үнэхээрийн → үнээрийн → нээрэн → нээрээ

Ж：—Би тэмцээнд түрүүлсэн шүү.
　　—Нээрэн үү？
　　—私、試合に優勝したわ．
　　—本当?!

O

474 овоо

1. 石，土等が山形になる（山のオボー）．
2. 鉄砲の照準．
3. 動物の頭蓋（てっぺん）．　（1，2，3 通常の意味）
4. かなり良い，良いという意味で話し言葉に使われる．　　c.f. олигтой.
5. かなりという意味で話し言葉に使われる．

1. овоолж босгосон юм. (уулын овоо г. м.)
2. бууны овоо.
3. нохой, мууp зэрэг амьтны овоо. (1, 2, 3 энгийн утга)
4. Зэгсэн, олигтой, сайн, бузгай гэсэн үгстэй ойролцоо утгаар хэрэглэнэ.　　　　　　　　　　　　　　　　　　　　　c.f. олигтой.
5. Нэлээд гэсэн утгаар хэрэглэдэг.

Ж 4：овоо сайн. かなり良い．
Ж 4：Энэ цамц надад овоо зохиж байна.
　　　このシャツは私にかなり似合っている．
Ж 5：Энэ ажлаас овоо хэдэн мөнгө олсон.
　　　この仕事でかなりの収入を得た．

475 огло харайх

急に立ち上がる．

гэнэт босон харайх.

Ж：Тэр хорхойд хатгуулсан юм шиг гэнэт огло босон харайсан.
　　彼は虫に刺された様に急に立ち上がった．

огло：動詞と併用する強意助詞．

476　одоо

話の合間にちょっとはさむ言葉．意味は無い．

Хэлэх үгээ бодох үед хоосон зогсоц хийхгүйн тулд, яриаг шууд яг таг эхлэхгүй шалтгаанаар хэлж зуршсан, элбэг тохиолддог сул үг.

Ж：Энэ одоо хэн бэ？
　　この人は，えーと，誰？

477　одоо ингээд . . .

さあ(こうやって)・・・
何か話す前に言う意味の無い句．

ам нээх сул үг.

Ж：Одоо ингээд хурлаа эхлэе.
　　さあ，会議をはじめましょう．

478　одооноос (одоогоос)

今から，これから．
書き言葉では"одоогоос"と書くが話し言葉では"одооноос"と言う．

Бичгийн хэлэнд "одоогоос" гэж бичдэг. Гэвч ярианы хэлэнд "одооноос" гэж хэлдэг.

Ж：Одоогоос 840 гаруй жилийн өмнө Чингис хаан эснижээ.
　　今から約840年前にチンギスハーンが誕生した．
Ж：Одооноос би юм оёж сурах санаатай.
　　これから私は裁縫を習うつもりです．

479　ойрноос

最近から．近くから．
話し言葉に時間とスペースを表す意味を区別する形が出て次第に書き言葉に入り込んできた．

сүүлийн хэдэн өдрөөс.

ОЛИГТОЙ

Ярианы хэлэнд цаг хугацаа ба орон зай илтгэх утгыг нь ялгах хэлбэр бий болж улмаар бичгийн хэлэнд нэвтэрч эхэлсэн.

Ж：Ойрноос ханиад хүрээд Дорж жаахан бие муу байсан.
　近頃風邪をひいてドルジは少し調子が悪い.
Ж：Ойрноос тэнгэр муудах шинжтэй.
　２，３日のうちに天気が崩れそうです.
　　ойрноос—ойрын үеэс.　近頃から.
　　ойроос—ойр газраас.　近いところから.
Ж：Бид амьтны хүрээлэнд их ойроос заан үзсэн.
　私達は動物園で至近距離で象を見た.
　モンゴル文字に"oyir-a ača"という一つの形しか無い.
　Монгол сонгодог бичгийн хэлэнд "oyir-a ača" гэсэн ганц хэлбэр байдаг.

480　ОЛИГТОЙ　　　　　　　　　　　　　　　　c.f. овоо-4.

しっかりと，かなり，ちゃんと.

өөдтэй, овоо, сайн.

Ж：Олигтой сураагүй бол олны шившиг болно шүү.
　しっかり勉強しないと皆の物笑いになるよ.

481　ОЛОН ДОЛООН ЮМ ЯРИХ

必要不必要かまわずに色々なことを話す.
余計な事を話す.

янз бүрийн юм ярих, хэрэггүй илүү юм ярих, олон таван үгтэй, далан долоон үг ярих.

Ж：Олон долоон юм яриад байхаар ажлаа хий！
　くだらない事ばっかり言ってないで仕事をしなさい.

482　ОЛОН ТАВАН ҮГГҮЙ

余計なことを言わずに. 色々言わずに.

илүү дутуу яриа байхгүй.

Ж：Олон таван үггүй яваад өглөө.
　　余計なことを言わずに行ってしまいました．

483　олон таван юм ярих

余計なことを話す．

дэмий олон юм ярих．

Ж：Олон таван юм яриад байхаар ажлаа хий.
　　余計なことを話してないで仕事をしなさい．

484　олон хавар нэгэндээ

いつか・・・になる．いつかとんでもないことになる．
不注意な誤った行動はいつか不幸のもとになる．

Сэрэмжгүй буруу үйл явдал хэзээ нэг цагт гай болно гэсэн утга．

Ж：Ингэж хамаагүй архи уугаад байвал олон хавар нэгэндээ гэгчээр харамсаад барахгүй юм болно шүү.
　　このようにかまわず酒を呑んでいればいつか後悔しても仕方がないことになるよ．

485　олхиотой

かなり良い，上首尾の．
良い，前向き，成功するという意味がある．現代では書き言葉より話し言葉に多く使われている．この反対の言葉は"олхиогүй"（悪い）である．

Өөдтэй, урагштай, бүтэмжтэй.
Орчин цагийн хэлэнд бичгийнхээс илүү ярианы хэлэнд хэрэглэж байна.
Үүний эсрэг "олхиогүй" гэж хэлнэ.

Ж：Гэр орноо олхиотой авч яваарай.
　　家庭をしっかり守って（生きて行って）下さい．

486　онгироо

鼻が高い．自慢話が好きな人．

Сагсуу, хөөргөн зантайг хэлнэ.

Ж：Тэр онгироо хүн.
　　彼は自慢するのが好きな人.

④⑧⑦　ОНГОН

手を触れない，神聖なという意味．女性について言えば処女．

гар хүрээгүй, эмзэг, нандин. Хэрэв эмэгтэй хүний тухай хэлбэл охин хэвээрээ байгаа гэсэн утга илтгэнэ.

④⑧⑧　ОНДОО

よそ(の)，他の，別の，あの．
өөр (他の), өмнөө (別の), нөгөө (他の)という意味で主に話し言葉で使われる．この言葉は書き言葉では余り使われない．ブリヤードの方言では өөр という言葉を使わない．常に ондоо と言う．

"Өөр", "өмнөө", "нөгөө" гэсэн утга бүхий ихэвчлэн ярианы хэлэнд хэрэглэх үг.
Энэ үгийг бичгийн хэлэнд төдийлөн хэрэглэдэггүй.
Буриадын аялгуунд өөр гэдэг үгийг хэрэглэдэггүй, ямагт ондоо гэж хэлдэг.

Ж：Энэ номыг аваад яваарай гэж хэлсэн чинь тэр ондоог нь аваад явсан.
　　この本を持って行って下さいと言ったのに彼は別のを持って行った．
Ж：Бид хоёроос ондоо хүн ирсэн үү？
　　私達二人以外に他の人は来たの？

④⑧⑨　ОНИГОО

笑い話．
ロシア語の анекдот から онигоо という語が出た．

явган шог яриа.
Орос хэлний "анекдот" гэдэг үгээс "онигоо" гэдэг үг гарсан.

Ж：Бат онигоог сайхан ярьдаг.
　　バトは笑い話を上手に話す．
Ж：Чи битгий хүн онигоонд оруулаад байгаарай.
　　私を笑い話のネタ(種)にしないで！

490　ОНХОЛ ТОНХОЛ

平坦でない土地，道．窪地，小丘のある土地(道)．
でこぼこの道．

тэгш бус, овон товонтой(овгор товгор).

Ж：Доржийнд очиход онхол тонхол замаар явдаг.
　　ドルジの家へ行くにはでこぼこの道を行く．
　　・他にでこぼこ道を донсолгоотой зам，水溜まりがあったり，石ころがごろ
　　　ごろしたりして通行困難な道を бартаатай зам と言う．

491　ОНЦГҮЙ

良くない．

өөдгүй, бүтэлгүй.

Ж：―Чиний хэлснийг биелүүлж чадсангүй.
　　―Өө, яасан онцгүй юм бэ？
　　―君の言ったのを実現出来なかった．
　　―イヤー，それはちょっとネー．(何で出来なかったのかなぁー．)

492　ООЧИР

列．
順番，交代制という意味のロシア語の очередь という言葉のモンゴル化
した発音である．

Ээлж дараалал гэсэн утгатай орос хэлний "очередь" гэдэг үгийн
монголжуу дуудлага.

Ж：Талхны оочир их байлаа.
　　パンを買う(為の)行列が長かった．

орой руу ортол

493 орой руу ортол

良く理解する(頭に入るまで). 良く分かる.

толгойд ортол, тархи толгойд шингэтэл.

Ж：орой руу ортол ойлгох.
　　頭に良く入る.
Ж：орой руу ортол ухааруулах.
　　良く理解させる.
Ж：Орой руу ортол тайлбарласан.
　　良く分かる様に説明した.

494 орос цуу

酢. 　　ロシア醤油と言っているが食酢の事である.

уксус. Угтаа цуу биш, нэгэн зүйл хүчил боловч ярианы хэлэнд орос цуу гэж ярьж хэвшсэн.

Ж：Орос цуу аваарай. Байцааны салад хийе.
　　お酢を買って来て下さい. キャベツのサラダを作りましょう.
　・日本で市販されている食酢と違って, とても濃いので危険. 必ず何倍かに薄めて使う.

495 （үйл үг）+орхи　　　　　　　　　c.f. –аатах[4].

・・・してしまえ.
見捨てる, 置き去りにするという本来の動詞の意味が失われ, "・・・してしまえ"という助動詞の役割で話し言葉によく出てくる. 前にくる動詞の意味を強めるニュアンスを持っている.

Үгийн сангийн утга нь гээгдэж, хэлзүйн утга илтгэн туслах үйл үгийн үүргээр "орхи" гэдэг үг ярианы хэлэнд элбэг тохиолддог. Ингэхдээ өмнөх үйл үгийн утга бүрмөсөн, эрчтэй болох байдлыг илтгэнэ.

Ж：Цаад хүмүүстээ чимээгүй бай гэж хэлээд орхи.
　　（＝хэлээд орхиорой. ＝хэлээтэх）
　　あの人達に"静かにしろ"と言え.

496 **очиж очиж**   c.f. явж явж.

選りに選って．

Олон боломж дотроос хамгийн дургүй, таагүй юм тохиолдоход харамсан зэвүүцэж хэлэх үг.

Ж：Өнөөдрийн шалгалтад очиж очиж ганц мэдэхгүй асуудал надад ирсэн.
今日の試験で，選りに選って一つだけ分からない問題が私に当たった．

Ж：Чи очиж очиж монгол хэлний хичээл дээр муу аваад байхдаа яадаг юм бэ？
選りに選ってモンゴル語の勉強で（5段階で）2をとるなんて全くしょうがないね．

497 **Очирдарь**   c.f. Базарваань.

Ө

498 ӨВГӨН

1. おじいさん. 2. 夫. 3. 友達.

1. настай эрэгтэй хүн.
2. нөхөр гэсэн утга. (энгийн утга)
3. найз гэсэн утга.

Ж 1：өвгөн, эмгэн.
　　　おじいさん，おばあさん.
Ж 2：Манай өвгөн ойрдоо ажил ихтэй.
　　　ウチのダンナは近頃仕事が忙しい.
Ж 3：Өвгөн чинь чамайг зөндөө хүлээлээ.
　　　私は君をずいぶん待った.

499 ӨВЧТЭЙ ЗОЛИГ ВЭ！

何てバカな事をしたんでしょう！　何て馬鹿だろう.

Эрүүл ухаантай биш зан гаргасан үед хэлнэ.

Ж：Хичээлээ тасалдаг ямар өвчтэй золиг вэ！
　　授業をさぼるとは何て馬鹿だろう！

500 ӨГӨХ

нударга өгөх-ийг үз.

501 （ҮЙЛ ҮГ）＋ӨГӨХ

――してあげる.
話し言葉では"もらう"の反対の"あげる"といった意味は無い．その動作を誰かの為にしてあげるという意味をあらわす助動詞の役目をしてい

る.

Үйл үгийн дараа орсон өгөх гэдэг үгэнд авахын эсрэг утга байхгүй. Харин тухайн үйлийг хэн нэгэнд зориулахыг заасан утга илтгэдэг, туслах үйл үгийн үүрэгтэй.

Ж：Би чамд явж өгье. (Би чамд зориулж явъя)
君の為に行ってあげよう.

Ж：Дүүдээ ном уншиж өгсөн.
(Дүүдээ зориулж ном уншсан)
妹に本を読んであげた.

502　ӨДӨРЖИН(ГӨӨ)

一日中.

өдрийн турш, бүхэл өдөр.

Ж：Дорж өдөржингөө утсаар ярьсан.
ドルジは一日中電話で話した.

503　ӨЛӨН УС

朝一番の小水.

унтаж амарсны дараах өглөөний шээс.

Ж：Зарим өвчинд өлөн ус сайн гэдэг.
ある病気には朝一番の小水(を飲むの)が良いと言う.

504　ӨЛӨН ШҮЛС

朝起きてうがいをする前の口の中にある唾液, つば.

өглөө босоод амаа зайлаагүй байх үеийн шүлс.

Ж：Нүүрэнд гарсан юманд өлөн шүлсээ түрхвэл сайн гэдэг.
顔に出来たふきでもの等に өлөн шүлс をつけると良いと言われている.

өлөн элгээ тайлах

505 өлөн элгээ тайлах

朝起きて空腹の時何か食べること．

Өглөө босоод юм идэж уугаагүй үед "өлөн элгээрээ байна" гэж ярьдаг. Өлөн элгээрээ байгаад юм идэхийг "өлөн элгээ тайлах" гэж хэлдэг.

Ж：Өлөн элгээрээ ажилдаа явж болохгүй, биенд муу.
　　Явахаасаа өмнө өлөн элгээ тайлаад яв！
　　起きぬけに空腹のまま仕事に行ってはいけない，体に悪い．
　　出かける前に何か食べて行きなさい．

506 өнгөрөх

1. 時がすぎた．（通常の意味）
2. 不成功に終わった．しまった！

1. Цаг хугацааны хувьд болчихсон, дууссан гэсэн утгатай．(энгийн утга)
2. өнгөрсөн＝дүүрсэн＝(бүтээгүйгээр) дууссан．

Ж 2：Өнгөрөө！ Хичээлээсээ хоцорчихлоо．
　　　しまった！ 授業に遅れちまった．

507 (ажил, ном)＋өндөр үү ?

仕事はうまくいってる？ 研究は進んでる？
挨拶代わりに言う時がある．

Амжилт их үү, амжилт сайн уу？ гэсэн утга．
Мэнд асуух үед хэлдэг үг．

Ж：—Сайн байна уу？
　　—Сайн, та сайн байна уу？
　　—Ажил алба өндөр үү？
　　—Өндөр, өндөр．
　　—お元気ですか？
　　—元気です，お元気ですか？
　　—仕事は順調ですか？
　　—はい．

Ж：—Ажил өндөр үү？
　　—Гайгүй, (зүгээр) явж л байна.
　　—仕事はうまくいってる？
　　—はい, うまくいってます.
Ж：—Ном өндөр үү？
　　—Зүгээрээ, сайн сурч байна.
　　—研究はうまくいってますか？
　　—はい, しっかりやってます.

508 ӨНӨӨ(X)

この, あのといった代名詞.
нөгөө(х) 例の人, мөнөө(х) あれ(の人)という言葉を話し言葉と書き言葉で使うが, "өнөө(х)"というのは話し言葉にだけ使われる. "энэ өдөр"という言葉から "өнөөдөр" という言葉が出てきて, 更に "энэ жил" (今年) というのを "өнөө жил" と話し言葉で言う.
1. 年月について, 「この」という意味.
2. 他の事について, 「あの」といった意味がある.

нөгөө(х)-(энгийн) заах төлөөний үг.
Нөгөө(х), мөнөө(х) гэдэг үгийг яриа ба бичгийн хэлэнд жигдхэн хэрэглэдэг бол (бол-7-ыг үз) "өнөө(х)" гэдгийг гагцхүү ярианы хэлэнд хэрэглэдэг. "Энэ өдөр" –гэдгээс "өнөөдөр" гэдэг үг үүсч улмаар "энэ жил" гэхийг "өнөө жил" гэж ярианы хэлэнд ярьдаг.
1. Жил хугацааны тухайд "энэ" гэсэн утгатай.
2. Бусад тохиолдолд "нөгөө" гэсэн утгатай.

Ж 1：Өнөө жил нутагтаа очно.
　　　今年里帰りします.
Ж 1：өнөө маргааш.
　　　今日明日.
Ж 2：өнөө(х) хүн.
　　　例の人.

509 ӨӨ СЭВ ХАЙХ

言いがかりをつける.　　　　　　　　　ул шагайх-ыг үз.

510 Өө хөө !

あーそう． 気に入らない時に発する感動詞．

Голох, гоморхох, чамлах зэрэг утга илтгэсэн аялга үг.

Ж：Өө хөө！ Ийм хурдан буцах юм уу？
　　あーそう，こんなに早く帰るのか？
Ж：Өө хөө！ Иймхэн жаахан айраг авчирсан юм уу？
　　フーン，たったこれだけ馬乳酒を持って来たの？

511 өөд нь татах

1. 仕事，生活等を向上させる．良い道へ導く．
2. 実際以上に褒める．
3. ひとの物を許可なく盗る．

1. ажил амьдралыг сайжруулах.
2. хүнийг болон өөрийгөө хэтрүүлж магтах.
3. хүний юмыг зөвшөөрөлгүй авах.

Ж 1：Доржийг ажилгүй байхад нь ажилд оруулж өөд нь татсан.
　　　ドルジが仕事が無い時仕事に入れて（就職させて）助けた．
Ж 2：Тэр чамайг өөд нь таташ ярьж байсан.
　　　彼は君の事を褒めそやした．
Ж 3：Намайг согтуу явж байхад 2 залуу миний цагийг өөд нь татчихсан байна лээ.
　　　私が酔っ払った時二人の若者が私の時計を盗った．

512 өрөөсөн дугуй минь　　c.f. нэг тэрэгний хоёр дугуй.

私と同じような人．
"一台の馬車の二つの車輪"と同じ様に出来の悪い二人といった意味で言う．
しかし"私の片方の車輪"と言ったら，"自分と同程度の人"といった意味を表す．

"Нэг тэрэгний хоёр дугуй" гэж хүмүүсийг харилцан адилхан таарсан, бүтэлгүй гэсэн утгаар хэлдэг. Хэрэв "миний өрөөсөн дугуй（өрөөсөн дугуй минь）" гэвэл өөртэйгөө төстэй хэр тааруу юм гэсэн санааг илтгэнэ.

Ж: Тэр миний өрөөсөн дугуй болохоор надтай адилхан бас л нойллосон байх.
彼は私と同程度だから又0点をとっただろう．

513 өртэй

一般的には"借りがある"という意味だが教師，学生の間の隠語になると"再試験をする．追試験をする"になる．

Энгийн утга нь "авсан учраас буцааж өгөх ёстой өглөг байгаа" гэсэн үг.
Багш, оюутны хэлдэг этгээд үгийн утгаар "дахиж өгөх ёстой, нөхөж өгөх ёстой шалгалт бий" гэсэн үг.

Ж: Энэ оюутан надад өртэй.
　　（Энэ оюутан надад шалгалт өгөх ёстой.）
　　この学生は再試を受けることになる．
Ж: Би уран зохиол дээр өртэй.
　　私は文学の追試を受けなければならない．

П

514 паактлах

過失を犯す．事故，災厄をおこす．
ロシア語の"факт"（事実，真実）という語から発生した．

Орос хэлний "факт" гэдэг үгээс үүссэн.
гэм буруутай болох, алдаж осолдох.

Ж：Болд машинтайгаа явж байгаад паакталчихсан байна.
　　ボルドは車で走っていて事故をおこした．

515 пад алга

かまわない，関係ない．

хамаа алга, хамаа байхгүй.

Ж：Чиний амьдрал чинь над пад алга.
　　君の人生は私に関係ない．　　　　　　　　　чинь；чинь-1. 2 -ыг үз.
Ж：Чамд падгүй！
　　あんたに関係ない！

516 пад(ан) хар

真っ黒い，不潔な，汚いという意味をもつ．

Бохир, муу, муухай гэдэг санааг илэрхийлнэ.
тас хар（真っ黒の），хав хар（真っ黒の）等は色について言う場合は пад хар と同じであるが，表現する言葉の様相は違う．

Тас хар, хав хар зэрэг нь пад хартай өнгөний хувьд адил боловч илэрхийлж буй байдлын утга нь өөр. Пад(ан) хар гэхэд тааламжгүй, зохисгүй байгаа санааг илтгэнэ.

Ж：Миний дүү өдөржин гадаа тоглоод хувцас нь падан хар болж.
　　妹は一日中外で遊んだので服は真っ黒に汚れた。

Ж：Хэрээ падан хар өнгөтэй.
　　カラスは真っ黒である。

517 панз үсэргэх

ブローカー．個人的に大きい商売をする．物を売ったり買ったりする．ある場所で物を買い，もう一つの所で売りさばく，又はある人から何かを買い他の人に売る．
(例えばドルジからアンティークの хөөрөг(かぎ煙草入れ)を買ってトヤに売る．又，中国である品物を買って，それをロシアへ持って行って売る．帰りは又ロシアから品物を買ってモンゴルへ持って来てそれを売る．その金を持ってまた中国へ行く．)　　　　　　　　　　　　　　　панз；中国語で販子．

их гарын дамын наймаа хийх.

Ж：Дорж адуу малын панз үсэргэдгээ бүр больсон.
　　ドルジは馬のブローカーをしていたが今はすっかり止めた。

518 пиво гүзээлэх　　　　　　　　　　　　　　　c.f. гүзээлэх.

ビールを多量に飲む．

пиво их хэмжээгээр уух.

Ж：Энэ ч их пиво гүзээлдэг нөхөр шүү.
　　こいつはよくビールを飲むヤツだよ。

519 под гэсэн (＝под хийсэн)

かなり良い．
овоо, сайн, зэгсэн.
又 "тов хийсэн"(すばらしい，立派である)という言葉も同じように使われる．

Мөн "тов хийсэн" гэдэг үгийг үүнтэй адил хэрэглэдэг.

Ж：Под гэсэн зураач болов.
一応認められる画家になった。(画家として生活が出来るようになった。)

520 пока (орос хэл)

さようなら、バイバイ。

чюс (герман хэл), бай бай (англи хэл).
баяртай.
親しい間柄の若者の間の話し言葉で"さようなら"というのを上記のような外国語でしゃれて話すことがある。

Зарим залуучууд ярихдаа сайн таньдаг хүндээ хандаж баяртай гэхийг дээрх гадаад үгээр хэлж чамирхах явдал байдаг.

Ж：За, пока！Маргааш утасдаарай.
　　(чюс！　　———〃———)
　　(бай！　　———〃———)
さようなら！明日電話してね。

521 пөөх！(пээ)

驚いたり、イヤな感じがする時発する感動詞。

гайхаж эвгүйцэх аялга.

Ж：Пээ！Энэ чинь юу вэ？
　　なんだこれは？
Ж：Пээ, тэгсэн үү？Пөөх яанаа！
　　そうだったの、イヤーねえ！

522 пүүдэрдэх

コンパクトのおしろいをつける。顔にパウダーを塗る。
ロシア語の пудра (パウダー) から пүүдэрдэх という動詞が発生して話し言葉で話される。

пудра тавих, нүүрийн оо тавих.
Одоо орос хэлний "пудра" гэдэг үгээс үйл үг үүсгэж пүүдэрдэх гэж голдуу ярьдаг.

Ж：Туяа өглөө бүр пүүдэрддэг.
トヤは毎朝お化粧をする．

523 пүү паа (＝паах)

あーあ．　　嫌いな時に発する感動詞．

жигшиж цээрлэсэн аялга.

Ж：Пүү паа. Ямар муухай үнэр вэ？
あーあ．何てイヤな臭いだろう．

524 пялах

授業をさぼる．　　学生達の隠語．

хичээл пялах＝хичээл таслах.
оюутан, сурагчдын этгээд үг.

Ж：Хагас сайн өдрийн хичээлийг оюутнууд их пялдаг.
土曜日の授業を学生達はよくさぼる．
Ж：Хичээлээ пялсан.
授業をさぼった．

С

525 сав л хийвэл

何かというと．スキがあれば．チャンスがあれば．

боломж л гарвал. Өөр бусад ажил хийж болох байтал юуны түрүүнд дуртай юмаа хийхийг хэлэх үг.

Ж：Дорж сав л хийвэл хөдөө явдаг.
　　ドルジは何かというと田舎へ行く．
Ж：Дулмаа сав л хийвэл уйлдаг.
　　ドルマーは何かというとすぐに泣く．
Ж：Сав л хийвэл гадаа тоглодог.
　　スキがあれば外で遊ぶ．
Ж：Бүтэн сайн өдөр манай нөхөр сав л хийвэл загасанд явдаг.
　　日曜日うちの主人は暇さえあれば魚釣りに出かける．

526 сайндаа（＝сайн л бол）

せいぜい．

их болж，"цаад зах нь"-тай адил.

Ж：Машинаар сайндаа хоёр өдөр явдаг.
　　（＝Машинаар сайн л бол хоёр өдөр явдаг.）
　　車でせいぜい２日で着くでしょう．

527 салахын түүс болох

早く離れたくなる．

салахын хүслэн болох, салахын мөн болох. Ямар нэгэн зүйлээс

залхаж, хурдхан түүнээс салахыг хүсэх утга илэрхийлсэн.

Ж：Энэ сургуулиас хурдхан шиг салахын түүс болж байна.
この学校から早く離れたいところだ.

528 (−x)＋−сан⁴

——したいなあ.
1. асан, байсан, юмсан という言葉の最後の節. 話し言葉では байсан の −сан を前の言葉と一緒に言う場合がある.
2. しかし, 形動詞の未来形 (−x) の後に −сан⁴ が付けば望んだ, 願ったという意味を表す.

1. асан, байсан, юмсан гэдэг үгийн сүүлчийн үе.
   Ярианы хэлэнд "асан" гэдэг үгийн "−сан" гэдгийг нь өмнөх үгтэй нь нийлүүлж хэлэх тохиолдол байна.
2. Хэрэв үйлт нэрийн ирээдүй цагийн (−х)−ээр хэлбэржсэн үгийн дараа "−сан" орвол хүсэмжилсэн, мөрөөдсөн утга илэрхийлж байна.

Ж 1：хэлдэгсэн：—хэлдэг байсан, хэлдэг юмсан.
　　　　言っていた.　　　　　　　　　　　　　　　c.f. −дагсан.
Ж 2：тарихсан：—тарих юмсан.
　　　(＝Газартайсан бол ногоо тарихсан.)
　　　植えたいなあ. (土地が有ったら野菜を植えたいものだ.)

529 −сан⁴ болох

(やった)ふりをする.
この動詞から表れている行動状況を形だけやっているふりをする.

Тухайн үйл үгээр илэрч байгаа үйлдэл байдлыг оромдож, хийсэн дүр үзүүлсэн утгыг заана.

Ж：Зарим оюутан хичээл дээр лекц бичсэн болоод өөр юм хийдэг.
　　学生の中には授業中講義を書いているふりをして全然違う事をしている人もいる.
Ж：Би ажлаа хийсэн болоод л байна.
　　私は, まあ一応仕事に行ってます. (出社していることはしているが・・・)
Ж：Ээж нь хүүгээ унтсан гэж бодсон. Гэтэл хүү унтсан болоод сэрүүн байв.

−сан⁴ нэр зүүх

お母さんは子供が眠っているものと思っていた。しかし子供は眠ったふりをしていた。

Ж：—Сайн унтсан уу?
　　—За, яахав унтсан боллоо.
　　—よく眠りましたか？
　　—そうですねえ、まあまあ眠りました。

530 −сан⁴ нэр зүүх   c.f. −хчаа⁴ аядах.

——したような格好をする、ふりをする。

Ж：Дорж ажилд тусалсан нэр зүүгээд бараг юм хийлцсэнгүй өнгөрсөн.
　　ドルジは仕事を一応手伝ったが、ちゃんと手伝ってはくれなかった。

531 −сан⁴ нэртэй   c.f. −хчаа⁴ аядах.

形だけ・・・をする。

Ж：Би амралтаа авсан нэртэй боловч, ер амарч чадсангүй.
　　一応休みはとったけど、全然休めなかった。

532 −сан⁴ ч гэлээ

—сан ч гэсэн, −сан⁴. Гэвч . . .

・・・だけど。・・・したけど。
最初は出来そうだったが後で出来なくなることを示す。

Эхэндээ боломжтой байсан хэрэг явдал эцэстээ бүтэмжгүй болохыг заана.

Ж：Шалгалтад тэнцсэн ч гэлээ төлбөрийг нь төлж чадаагүй болохоор сургуульд сурч чадсангүй.
　　試験に合格したけれど学費を払えなかったので大学に行けなかった。

533 −сан⁴ шүү болох   c.f. −хчаа⁴ аядах.

形式的に・・・する。
動詞の過去形 −сан⁴+шүү=−хчаа⁴ аядах といった意味になる。

Үйл үгийн өнгөрсөн цагийн "–сан⁴ нөхцөлийн дараа "шүү" орвол "–хчаа⁴ аядах" –тай адил утгыг илэрхийлнэ.

Ж：Хичээлдээ явсан шүү болов.
　　一応(形式的に)学校へ行った．

534　санаа амрах

ほっとする．

Ямарваа сэтгэлийн дарамт, ачааллаас салахыг хэлнэ.

Ж：Шалгалт дуусч санаа амарлаа.
　　試験が終わってほっとした．

535　–сансан⁴   c.f. дагсан⁴.

――だったなあ．こうしたなあ．ああしたなあ．
話し言葉で，又は文学の範囲に使われる．こうしたなあ，ああしたなあと思い出して話す時よく使われる．

Ярианы болон уран зохиолын найруулгад аливаа зүйлийг дурсан ярих үед –сансан⁴ [–сан+–(а)сан] төгсгөлийг олонтоо хэрэглэдэг.

Ж：Намайг жаахан байхад ээж үргэлж үлгэр уншиж өгдөг байсансан.
　　私が小さい頃母がいつも物語を読んでくれていたなあ．
Ж：Тэр жил бид жимсэнд олуулаа явсансан.
　　あの年は皆で果物を採りに行ったっけなあ．

536　согоо

1. 牝(え)の鹿．(通常の意味)
2. 美人の若い女性．

1. эм буга．(энгийн утга)
2. сайхан бүсгүй．

Ж 2：Тэр сайхан согоо дагуулчихсан явж байна.
　　彼は美人を連れて歩いていた．

537 СОЛИОТОЙ

もとは精神異常の,狂気(の)という意味だが,話し言葉ではヘンな,変わった,普通でない,風変わりな,奇妙な,下品なことをする人等を蔑んで言う.

мэдрэл, өвчтэй, тэнэг, мангар, хачин, мэдрэлтэй (мэдрэл муутай гэдгээс гарсан үг), гажигтай, эрваа, ёо ёотой, сээ мээгийн гаатай. Жирийн бус, этгээд, гаж бүдүүлэг байдалтай хүнийг дор үзэж хэлэх үг.

Ж: Өө, тэр чинь дандаа солиотой юм донгосч байдаг золиг байгаа юм. (золиг юм)
   ああ,あいつはいつもヘンなことを言うヤツだ.
Ж: Энэ сонин дээр юу гарсныг хараач! Хэн нь ийм өвчтэй юм бичээ (бичсэн) вэ?
   бичээ；бич＋–аа⁴ (үйлт нэрийн одоо үргэлжлэх цагийн нөхцөл. Гэхдээ өнгөрсөн цаг заасан байна)
   この新聞に何と書いてあるか見てごらん！ 誰がこんな変なことを書いたんだろうか？

538 СОНИН ГАРЧИГЛАХ

新聞にざっと目を通す．新聞の走り読みをする．

Сонин гүйлгэж уншихыг хэлнэ.

Ж: Би өглөө бүр сонин гарчигладаг.
   私は毎朝新聞にざっと目を通します．

539 суга явах (＝суга өсөх)

すくすく伸びる．(地位成績が)ぐんぐん伸びる．
すいすい行く，すくすく伸びる．"суга"というのは副詞．話し言葉では"суга"，"зад"，"тас"，"хуга"等の副詞が書き言葉よりも多く使われる．
   例：хуга татах　(木を)ボキッと折る．
      суга татах　(草の根を)グイッとひっぱる．
      зад цохих　ぶち破る．

сугартал явах, суга өсөх. "суга" гэдэг нь дайвар үг.
Ярианы хэлэнд суга, зад, тас, хуга ... гэх мэтийн дайвар үгсийг

бичгийн хэлнээс илүү хэрэглэдэг.

Ж：Нэр хүнд ч суга явлаа.（Нэр хүндээр ч шалгаран товойлоо）
評判がぱっと上がった．

540　судсыг барих

脈をとる――相手をよく分かっている．（相手はどんな人か，それに合わせて行動する．）

судсыг нь олох, судсыг нь атгах, хүний арга эвийг нь олох, түлхүүрийг нь тааруулах.

Ж：Дорж чинь харин нэг даргын судсыг нь барьж чаддаг хүн дээ.
ドルジは所長のことをよく知っている男だ．

541　сүйд (майд) болох

1．非常に親しい．
2．とても慌てる，大騒ぎする．困惑する．

1．Сүрхий дотносож харьцахыг сүйд майд болох гэдэг.
2．их сандарч тэвдэх.

Ж1：Тэгтлээ нэг их сүйд болдоггүй хүн.
　　（тэгэх＋тал^4＋аа^4）
　　それほど親しくしたりしない人．
Ж2：Ойролцоо гал гараад их багагүй сүйд майд болов.
　　近くで火事があり皆大騒ぎになった．

542　сүйрчээ

しまった！　終わっちゃった！　駄目になった！
өнгөрчээ, баларчээ と同じ意味．

Өнгөрчээ, баларчээ гэдэгтэй адил утгатай.

Ж：Онгоцноос хоцорчихжээ, одоо ч сүйрчээ.
　　飛行機に乗り遅れてしまった．しまった！

543 сүүл барих

遅れをとる.

хоцрох, хамгийн сүүлд орох.

Ж：Энэ удаагийн тэмцээнд хятадын тамирчид сүүл барьж байна.
今回の試合に中国の選手達は遅れをとっている.

544 сүүлрэх   c.f. явалдах.

явалдах という意味の語の隠語.

явалдах.

545 сэрүүдэх

1. 涼しくなる.（通常の意味）
2. 食べ物を食べて身体が冷える.
3. 適さない.

1. сэрүүн болох.（энгийн утга）
2. сэрүүн чанарын хоол унднаас бие дотор сэрүүн болох.
3. таарахгүй, тохиромжгүй.

Ж 1：Наад хувцас чинь жаахан сэрүүдэх юм биш үү？Гадаа хүйтэн байна.
その服では少し寒いんじゃないの. 外は寒いよ.
Ж 2：Настай хүн цагаан будаа үргэлж идвэл сэрүүднэ шүү дээ.
年寄りはいつも白米を食べると冷えるでしょう.
Ж 2：Ямааны мах идээд сэрүүдэж байгаа байх аа.
山羊の肉を食べていると冷えるんじゃないでしょうか.
Ж 3：Чи Доржид ингэж хэлбэл арай сэрүүдсэн юм болно шүү.（＝сэрүүднэ шүү）
君, ドルジにこんなことを言うのは良くないんじゃないの.
・モンゴル人は食べ物を халуун чанартай идээ（身体が温まる食べ物）, сэрүүн чанартай идээ（身体が冷える食べ物）に分ける. 例えば, 冬に馬の肉を食べる（身体を温める）が夏は食べない. 熱が出た時など,（身体を冷やす）茸の汁を飲む. お年寄りに山羊, ラクダの肉は適さない.
身体を温める食べ物；馬肉, タラバガンの肉等.
身体を冷やす食べ物；白米, 山羊の肉, ラクダの肉, 茸等.

- Монголчууд идээний зүйлийг халуун ба сэрүүн чанартай гэж ялган цаг улирал, нас биеийн онцлогтой тохируулахыг боддог.
  Ер нь өвөл адууны мах идэх сайн. Зун адууны мах иддэггүй.
  Дотор халуунд мөөгтэй шөл өгдөг. Настай хүнд ямаа ба тэмээний мах зохимжгүй.
  халуун чанартай идээ ; адууны мах, тарваганы мах.
  сэрүүн чанартай идээ ; цагаан будаа, ямааны мах, тэмээний мах, мөөг.

546 СЭТГЭЛИЙН ТЭЭГ

心に引っかかる. 気になる.

сэтгэл санаа зовоосон асуудал.

Ж：Шалгалтын дүнгээ сонсчихоод явъя. Тэгэхгүй бол сэтгэлийн тээг.
　　試験の結果を聞いて行こう. そうしないと気になる.

547 СЭТГЭЛТЭЙ ХҮН

恋人.

сэтгэлтэй хүн, хайртай хүн.　　恋人.　　　　　нууц амраг. 愛人.

548 СЭТГЭЛЭЭСЭЭ

心から.

үнэн санаанаасаа.

Ж：Туяа юмыг сэтгэлээсээ хийдэг.
　　トヤは心から仕事をする.

T

549 та минь

皆さん．あなた．
та минь の та を短く言う時複数の人に向かって言う．таа минь と聞こえるように母音を長く伸ばすと一人に向かって言っていることになる．

Хэрэв та минь гэж "та" гэдэг үгийг богино эгшгээр "минь" гэдэгтэй нь залган хэлж дуудвал энэ нь "та нар минь !" "хүмүүс ээ" хэмээн олон тооны утгаар хандсан үг болно.

Ж : За, та минь юу гэж бодож байна ?
　　さあ，皆さんどのように考えていますか？
Ж : Та минь ээ！ Туслаарай！ (Хүмүүс ээ！ Туслаарай !)
　　みなさあん！　助けて下さい！
Ж : Та (таа と聞こえる) минь биеэ бодоорой.
　　お体を大切に．

550 тааваараа

自由に，気ままに．

өөрийн дураар.

Ж : Та энд тааваараа сайхан амраарай.
　　ここで自由にくつろいで下さい．

551 таануус

あなた方．

та нар.

Ж：Таануус наад ангиа олигтойхон цэвэрлэхгүй юу！
皆この教室をちゃんと掃除して下さいね！

552 таарч дээ

1. 似合っている．一致している．
2. 役に立たない，一致しない，まだまだ．

1. таарсан, тохирсон．(энгийн утга)
2. тараагүй, өөдтэй биш．

Ж 1：Шинээр оёулсан дээл сайхан таарч дээ．
新しく作らせたデールは良く似合っています．
Ж 2：—Энэ тухай Дорж гуайгаас сайн асуусан．
—Мөн таарч дээ！ Дорж чамд ямар өөдтэй юм хэлж өгөв гэж．
　　　　　　　　　　　　　　　　　　　　　　　c.f. в гэж．
—これについてドルジさんによく聞きました．
—あーダメダメ！（こういう事をドルジに聞くなんて！）ドルジは君にちゃんとした事を教えることは出来ないよ．
Ж 2：Тэр хүн ч мэргэжилдээ тарууxан хүн дээ．
彼は専門家としてはまあまあ（まだまだ）の人ですよ．

553 таван салаа боовоор шагнах

手の平で撲つ，手で叩く．いたずらした子供を手で叩く．

дураараа, сахилгагүй, хэрэг хийсэн хүүхдийг алгадаж шийтгэх．

Ж：Чамайг нэг таван салаа боовоор шагнахгүй бол болохгүй нь ээ．
（Чамайг нэг зодохгүй бол болохгүй нь ээ．）
（平手で一発お見舞いしようか．）
おまえを一回叩かないとダメだね．

554 тавин гурав (53)　　　　　　　　c.f. аавын цээж．

ロシア製のГАЗ-53型トラック．

оросын "ГАЗ-53" маркийн ачааны машин．

Ж：Тэр зогсож байгаа тавин гуравт энэ модыг ачна шүү．
あの停まっているГАЗ-53型トラックにこの木を積んで下さい．

555 тавих

1. 置く．(通常の意味)
2. エクスタシーに達する．

1. "барих" -ын эсрэг утга．(энгийн утга)
2. эр эмийн ажил туйлдаа хүрч ханамжтай болох, дур тавих.

Ж2：Би нэг шөнө нэг л тавьдаг．("хүмүүс" 1998. No.16 сониноос авав)
私は一晩に一回エクスタシーに達する．

556 таг дарах   c.f. хав дарах．

誰にも見つからないようにしまい込む．隠す．秘す．

хав дарах, бүр нууж далдлах．

Ж：Тэр захиаг таг дарсан．
あの手紙を誰にも見つからないようにしまった．

557 таг мартах

すっかり忘れていた．

бүр мартах．

Ж：—Чи гэрийн даалгавар хийсэн үү？
—Таг мартчихжээ．
—宿題やった？
—すっかり忘れちゃった．

558 таг чиг

1. 物音がしない．
2. 音沙汰が無い．

1. огт чимээгүй．
2. сураг мэдээ байхгүй．

Ж1：Утас бүр таг чиг болчихсон．Шугам эвдэрсэн гэнэ．

電話の音が全くしなくなった．線が切れたとの事．
- Ж1：Бат багшийн асуултанд ганц ч хариу өгөлгүй таг чиг суусаар байлаа．
バトは先生の質問に何一つ答えないでじっと黙って座り続けていた．
- Ж2：Хөдөө очоод битгий таг чиг болчихоорой．Захиа ч болох нь оо явуулна шүү．Мэдэв үү！
田舎へ行って音沙汰無しでは駄目だよ．手紙でも良いから送りなさいよ．分かった！
- Ж2：—Ахаас чинь сураг байна уу？
—Сураг таг чиг．
—兄さんから音沙汰がある？
—全く無い．

559 талаар өнгөрөх

無駄になる．

бүтэлгүй болох．

Ж：Миний бодож байсан бүх зүйл талаар өнгөрөв．
　　私の考えていたことは全部無駄になった．

560 （талийгч）＝талийгаач

故人．亡くなった人．

Нас барсан хүнийг хэлнэ．

Ж：Манай талийгаач аав ажилсаг хүн байсан юм．
　　私の亡くなった父は勤勉な人だった．

561 талийх

1. 離れた，過ぎた．
2. 去る，見えなくなる．
3. 亡くなる．

1. холдох, өнгөрөх．
2. явах, одох．
3. нас барах．

танагтай

Ж 1：Гуч талийсан хойно . . .
　　　（Гучин хэдэн настай гэсэн утгатай.）
　　　30歳を過ぎた後・・・(30何歳という意味)
Ж 2：Түүний морь нь талийж өглөө.
　　　（Түүний морь нь яваад алга болсон.）
　　　彼の馬は離れて行っちゃった．
　　　（行ってしまって見えなくなっちゃった．）
Ж 3：Миний ах талийгаад хоёр жил өнгөрч байна.
　　　兄さんが亡くなって2年たった．
Ж 3：Зориг гуай талийгаад дөчин ес хонолоо.
　　　ゾリグさんが亡くなって49日たった．

562　танагтай

まし，――するよりまし．
書き言葉にも少し使われる．

дажгүй.
Бичгийн хэлэнд бага зэрэг хэрэглэнэ.

Ж：Би чиний насан дээр чамаас арай танагтай байлаа.
　　私が君と同じ年の頃には君より幾らかましだった．

563　танхил булбарай

過保護で育った．贅沢な(女)．
主に若い女性を表現する時使う．

залуухан, эрх танхи, хал үзээгүй.

Ж：Тэр танхил булбарай амьтантай амьдрахад хэцүү дээ.
　　あの贅沢で何もしないヤツと同棲するのは大変だよ．

564　тар няр (хийх)

ガチャーン．　（擬声音)何か壊れる音．

юм хагарах дуу чимээ. (авиа дууриах үг)

Ж：Аяга таваг унаж тар няр хийх чимээ гарав.
　　食器が落ちてガチャーンと大きな音がした．

565 тар тур гэх

口喧嘩する．争う．

тар тур хийх, хэрэлдэх (хэрүүл).

Ж：Зарим гэр бүлийн хоёр тар тур гэх нь цөөнгүй.
夫婦の中には口喧嘩をするのが少なくない．

566 тархи хөдлөх

頭をガーンとぶつけたりして，頭がガンガンする．

хүчтэй доргисноос болж толгой өвдөн бие эвгүйцэх.

Ж：Би өчигдөр их эвгүй халтирч унасан．Тэгээд тархи хөдөлчихсөн．
私は昨日ひどく滑って転んだ．それで頭がガンガンしてしまった．

567 тас тавих

出席簿に T を書く．
先生が出席簿に欠席 (таслах) の T を書くこと．学生達の隠語．

Хичээлийн ирцийн бүртгэл дээр тасласан тухай тэмдэглэхийг "тас тавих" гэж оюутнууд нэрлэдэг.
・出席者は И(ирсэн) を書く．

568 татах

1．(酒を)飲む．
2．タバコを吸う．
3．肉を小さく(細かく)刻む．

1．зуу татах (архи уух).
2．тамхи татах.
3．мах жижиглэн хөшиглөх.

Ж 1：Өчигдөр зуу татсан．
　　　　昨日アルヒを飲んだ．
Ж 1：Жаахан юм татсан．
　　　　少々(酒を)飲んだ．

Ж 2：Тамхи татъя.　　タバコを吸おう.
Ж 3：Үхрийн мах татаж бууз хийсэн.
牛肉を細かく刻んでボーズを作った.
・元の意味は"引く，固定する"だが татах という語は色々に使われている．例えば；
引きつる；шөрмөс татах (筋がつる)，хөл татах (足がつる).
良い，又は悪い事に引き入れる；уруу татах (悪い道に引っ張り込む)，өөд татах (向上させる).
гар татах(харамлах, харамч хүний зан) (何かを人にあげようとして，"あ，止めた"と出した手を引っ込める, ケチになる).
бараа татах (品物を持ってくる)〔Ж：Бөөний худалдааны төвөөс дэлгүүрт бараа татав. (=бараа авчрах) 卸売センターから商店へ品物を持って来た.〕
・Хэрэв нэг айл юм уу нэг, хоёр хүн дээр ярихад "хүнсний зүйл цуглуулах" гэж хэлдэг.　家族とか一人，二人で買い物に行く時 "хүнсний зүйл цуглуулах" と言う.
хөлөө татах (外出を少なくする. 伸ばした足を引っ込める)，үнэ татах (値引きする)，хэрэгт татах (逮捕する)，цэрэг татах (徴兵する)，хань татах (友人を求める)，жин татах (重さが有る)，амаа татах (余計なことを言わない)，манан татах (霧がかかる)，солонго татах (虹が出る)，г. м.

569　ТИЙ ТИЙ

寒い，寒い.　　寒い時に口から出る感動詞.

даарч бээрэх үед хэлэх аялга.

Ж：Тий, тий. Яасан хүйтэн өдөр вэ？
ウー寒い，なんて寒い日だろう.

570　ТИЙМ

指示代名詞.
1. そうです. はい.
聞かれた時"はい，そうです"とはっきり返事を返す時.
2. үү？ と一緒に"そうでしょう？"とはっきり確かめる為に聞く時使う.
3. ああ，そうー. ふーん，そうなの.

заах төлөөний үг.
1. Асуусан өгүүлбэрт баталсан, зөвшөөрсөн хариулт болно.

2. "Мөн үү?"-тэй адил утгаар "үү?" асуух сул үгтэй эсвэл "ээ?" -тэй хамт лавлаж асуух өгүүлбэр болно.
3. "(Аа) тийм үү"; Аль нэг мэдээлэл сонссоны дараа яриаг цааш өрнүүлэх, харилцан яриаг эвтэйхэн байлгах үүднээс хэлнэ. Энэ нь цаанаа "би сонсож байна, би мэдэж авлаа" гэсэн утгатай хариулт болно.

Ж 1 : —Танай ээж багш гэл үү?
　　　—Тийм.
　　　—君のお母さんは先生でしたね？
　　　—はい，そうです．
Ж 2 : —Өчигдөр утсаар ярьсан. Тийм үү？（тийм ээ?）
　　　—Тийм ээ. Ярьсан.
　　　—昨日電話したよね？
　　　—ええ，しました．
Ж 3 : —Би өчигдөр Зайсан толгойд очсон.
　　　—(Аа) тийм үү.
　　　—私，昨日ザイサン・トルゴイ(丘)へ行った．
　　　—(ああ)そう．

571　тийм байгаа биз　　　　　　c.f. тэгнэ биз.

そうだろう，ね？
自分で言った言葉を他の人に念を押し，同意を求める時こう言う．

Өөрийн ярьсан үгийг бусдаас бататган асуух үед хэлэх үг. Үзэж мэдэрсэн зүйлийн тухай хэлдэг.

　　　　　　　　　үзэж мэдэрсэн ; үзсэн, харсан, сонссон, амтласан, үнэртсэн г. м.

Ж : Өглөө эрт босвол бие хөнгөн, толгой сэргэлэн байдаг юм. Тийм байгаа биз？
　　朝早く起きれば体も軽いし，頭が冴える．そうだろう，ね？

572　тийм нь ч тийм л дээ

ええ，まあ．それはそうですけれど．

хүлээн зөвшөөрсөн утга. Мөн хүлээн зөвшөөрч байгаа боловч өөрийн гэсэн өөр бодол санаа байгааг илтгэж болно.

Ж : —Энэ их сайн гутал.

—Тийм нь ч тийм л дээ. Гэхдээ миний насанд арай тохиромжгүй юм.
—これはとても良い靴です.
—それはそうですけれど、私の年にはちょっと合わないのです.

573 ТИЙМ Ч . . . БИШ

そんなに・・・じゃない.
人や物について話している時、特別・・・ではないと言う時にこう言う.

Аливаа хүн, амьтан, юмны тухай ярихдаа тухайн юм онцгой, гайхахаар, дээд зэргийн биш гэсэн санааг "тийм ч . . . биш" гэдэг үгээр илэрхийлнэ.

Ж : Тийм ч их ганган биш.
    そんなにおしゃれじゃない.
Ж : Тийм ч хэцүү биш.
    そんなに難しくない.
Ж : Доржийн хар морь тийм ч хурдан биш байх.
    ドルジの黒い馬はそんなに速くないでしょう.

574 ТИЙМ(ЭЭ) ТИЙМ

そうそう、その通り.

лавтай батлан хэлэх үг.

Ж : —Танайх энэ байшинд байдаг бил үү ?
    —Тиймээ тийм.
    —あなた方はこの建物に住んでいるんでしょう？
    —そうそう.

575 ТОВ ТОВ

ハイヒールのコツコツ歩く音.

эмэгтэй хүний туфлийн чимээ.

Ж : Үүдний цаанаас тов тов алхах чимээ сонсогдов.
    ドアの向こうからコツコツと歩く音が聞こえた.

туфль：ロシア語でハイヒール.

576 ТОВ ХИЙСЭН　　　　　　　　　　　c.f. под гэсэн.

かなり良い．

Ж：Сургууль төгсөөд тэр тов хийсэн амьдралтай болжээ.
大学を卒業して彼は生活が良くなった．

577 ТОГ

電気．
ロシア語の ток 電気，電流という語．書き言葉ではいつもモンゴル語で書いているが話し言葉では外来語で тог というのが習慣になった．

Орос хэлний "ток" буюу "цахилгаан гүйдэл" гэсэн үг.
Бичгийн хэлэнд ямагт монголоор бичдэг боловч ярианы хэлэнд харь үгээр хэлж заншсан үгсийн нэг болно.
тог тасрах.　　　停電する．(書き言葉では цахилгаан тасрах)
тог унтрах.　　　電気が消える．
тогонд цохиулах.　感電する．

Ж：Тогонд цохиулаад нас барсан.
感電して亡くなった．

578 ТОГ ТОГ

ノックする音．

аливаа зүйлийг тогших чимээ.

Ж：Тог тог гэсэн хаалга тогших чимээ гарлаа.
トントンとドアをノックする音が聞こえた．

579 ТОГОО НЭРЭХ

1. 泣く．
2. シミンアルヒを(蒸留する)作る．
フェルトを作る，家畜を去勢する，(3 歳, 5 歳の主に男の幼児の)毛髪を切る式を催す，その年の第一回目の飼葉用の草刈りをする，遠くからお客が来る等々，特別の日にシミンアルヒを作る．第一回目のシミンアルヒが上手に出来れば，この年はうまくいくと言う．

тодрох

1. Уйлах гэсэн утгаар хэлнэ.
2. Эсгий хийх, хурга засах, хүүхдийн сэвлэг үргээх, зочин ирэх гэх мэт ямарваа баяр ёслол үйлдэх үед шимийн архи нэрэхийг хэлдэг. Анхны шимийн архи сайн чанга гарвал тэр айл энэ жилдээ өөдрөг байна.

Ж 1： Энэ хүүхэд дандаа тогоо нэрж байх юм. Яасан юм бол доо.
　　　この子はいつも泣いているんですよ。一体どうしたんだろう。
Ж 2： Маргааш тогоогоо нэрнэ. Зочид ч ирнэ байх.
　　　明日シミンアルヒを作ります。お客様がいらっしゃるでしょうから。

580　тодрох

1. 明らかになる。（通常の意味）
2. 仏の転生。（通常の意味）
3. 現在の話し言葉では誰かが他と違って秀でている，才能，能力が目立つ，引き立つ等の時にтодров, тодорлоо等が使われるようになった。

1. тод болох. (энгийн утга)
2. хутагт хувилгааны хойт дүр тодрох. (энгийн утга)
3. Орчин цагийн яриааны хэлэнд хэн нэг хүн бусдаас ялгарч дээш гарах, авьяас чадвар нь ил гарах зэрэгт тодорлоо, тодров гэх мэтээр хэрэглэх болжээ.

Ж 2： Богдын 8 дугаар дүр тодров.
　　　活仏ボグド 8 世が転生した。
Ж 3： Нөгөө манай ангийн Дорж том дарга болоод их тодорч байгаа шүү дээ.
　　　私達のクラスメイトのドルジは偉くなったよ。（目立っている）

581　толгой

人．　人と言うところを"頭"を代用して言う。

Хүн гэхийг толгойгоор төлөөлүүлэн хэлдэг.

Ж： Чи дүүрсэн толгой юм аа！
　　（Чи бүтэлгүй хүн юм аа！)
　　君はバカだね！

дүүрэх：дүүрэх-3-ыг үз.

582 толгой даах

自立して，他人の援助なしで居る様子．

бие дааж бусдын тусламжгүй хийх．

Ж：Толгой даан амьдарч байна．
　　自立して生活している．
Ж：5-6 сартайдаа хүүхэд толгойгоо дааж эхэлдэг．（үндсэн утга）
　　5，6ヶ月の子供は一人で座りはじめる．（通常の意味）

583 толгой өвдөхгүй

物事に慣れる．心配ない．

тухайн ажил үйлд гаршсан, хийж чаддаг, үйлээ барж цөхрөхгүй．

Ж：Толгой өвдөхгүй болсон．
　　心配がなくなった．
Ж：Зурж бичихэд толгой өвдөхгүй болов．
　　簡単に書けるようになりました．

584 толгой хагарах нь！

頭がガンガン割れそうに痛い！

толгой задрах нь, тархи толгой хагарах нь．
Толгой их өвдөх үед хэлдэг．

Ж：Энэ ямар хэцүү ханиад вэ？ Толгой хагарах нь！
　　何てひどい風邪なんだ．頭がガンガンする！

585 толгой хүрэхгүй

能力と知識が足りない．——に（が）弱い．

чадал, мэдлэг дутах．

Ж：Би тооны хичээлд толгой хүрэхгүй боловч хэлэнд авъяастай．
　　私は数学には弱いが語学（の勉強）には強い．

ТОЛГОЙ ЦОХИХ

586 ТОЛГОЙ ЦОХИХ

人並み以上.

бусдаас илүү байх, тэргүүлэх.

Ж：Дорж бол манайдаа л толгой цохьдог оюутан.
　　ドルジはクラスで一番頭の良い学生だ.

587 ТОЛГОЙТОЙ

頭の良い，出来の良い.

ухаантай, чадалтай.

Ж：Отгоны охин толгойтой хүүхэд дээ.
　　オトゴンの娘は頭の良い子だ.

588 ТООГҮЙ

1. 数えきれない.（通常の意味）
2. かわいそうな. 残念.
3. あまり良くない. たいして良くない.

1. тоогүй олон. (энгийн утгатай)
2. хайран гэдэгтэй адил харамсах, өрөвдөх аялга.
3. тааруухан, базаахгүй.

Ж 2：Хөөрхий, тоогүй дээ！
　　 まあ, 何てかわいそうな人なんだ！
Ж 2：Ээ мөн тоогүй, ийм ч юм болох гэж дээ.
　　 (Ээ бас хайран, ийм ч юм болох гэж дээ.)
　　 えー残念, こんなことになっちゃったのか.
Ж 3：Энэ ч тоогүй эд байна даа.
　　 (Энэ ч тааруухан эд байна даа.)
　　 これはあまり良くない物だよ.

589 торохоо байх

ぐずぐずしない. 停滞しない. もの事がすらすらと運ぶ.

саатахгүй, гацахгүй.

Ж：Торох юмгүй сайн уншдаг болжээ.
つっかえないで，すらすらと読めるようになった．

590 **тохох**   бурууг тохох-ыг үз.

591 **төвөг төвөг**   c.f. яршиг.

Ж：—Дэлгүүр ороод явах уу？
—Төвөг төвөг.
—お店に寄って行こうか？
—いいよ，止めとこう．

592 **төвөг удах**   c.f. ажил удах.

迷惑をかける．

садаа болох.

Ж：Төвөг удсанд уучлаарай.
迷惑をかけて申し訳ありません．
Ж：Чи битгий төвөг удаад бай л даа.
迷惑をかけないでよ．

593 **төдхөн（＝төдөлгүй）**

少ししてから，間もなく．

түргэн зуур, даруйхан, дор нь, удалгүй.

Ж：Бат ажилдаа явна гээд гарсан боловч төдхөн эргээд ирсэн.
バトは仕事に行くと言って出かけたがすぐ戻って来た．
Ж：Төдхөн салхи дэгдэж, бороо оров.
間もなく風が吹いて雨が降りました．

594 **туж**

1. ——の間．——に沿って．
2. 至る所で．普遍的に．

туйлах

1. турш.
2. нэлэнхүйдээ.

Ж1：Өдөр туж зах дээр наймаа хийдэг.
　　一日中ザハ(青空市場)で商売をしている.
Ж2：Эндээс цааш туж намагтай газар байгаа.
　　ここから先，至る所に沼がある.

595　туйлах

好き勝手なことをする．我がままをする.

дур мэдэн ашиглаж сүйтгэх.

Ж：Чи мөнгөөр хамаагүй туйлж болохгүй.
　　お金を好き勝手に使ってはいけない.
Ж：Би багаасаа туйлж өссөн хүүхэд.
　　(Би багаасаа их дураараа өссөн хүүхэд.)
　　私は子供の時から我がままに育った.

596　түлэх

恥をかかせる．困らせる.

ичээх, нүүр улайлгах.

Ж：Хүү нь 2-ын дүн авч ээжийнхээ нүүрийг түллээ.
　　息子が(試験で)2をとってお母さんが恥をかいた.
Ж：Чи намайг олон хүний өмнө их түллээ.
　　君は私にみんなの前で恥をかかせた.

597　түмэн зөв

100パーセントその通り．正にその通り.

Аль ч талаас яаж ч бодсон туйлын зөв гэж дэмжсэн утгатай.

Ж：Таны хэлдэг түмэн зөв.
　　(Таны хэлсэн үг 100% зөв байна гэсэн үг.)
　　あなたの言っているのは正にその通りです.

598 ТҮРГЭХЭН

速く．早く．
түргэн という語は話し言葉と書き言葉に同様に使われるが түргэхэн という語は書き言葉にはそれ程使われていない．

Түргэн гэдэг үгийг яриа ба бичгийн хэлэнд жигд хэрэглэдэг атал түргэхэн (түргэн+хэн) гэдэг үгийг бичгийн хэлэнд төдий л хэрэглэдэггүй байна.

Ж：Түргэхэн явж үзээрэй.
　　急いで行って下さい．
Ж：Түргэхэн сургуулиа төгсөх юмсан.
　　早く学校を卒業したいものですね．

599 ТҮС ТАС ЯРИХ

率直に話す．

шууд, шулуун ярих.

Ж：Бие биеэ ойлголцохгүй үед түс тас ярьсан нь дээр.
　　お互いに分かり合えない時，率直に話した方が良い．

600 ТҮҮГЭЭР　　　　　　　　　　тэрүүгээр-ийг үз.

601 ТҮҮНТЭЙ ТҮҮНГҮЙ

あの人がいてもいなくても．

тэрэнтэй тэрэнгүй.

Ж：Түүнтэй түүнгүй энэ ажлыг дуусгах л болно.
　　彼がいても，いなくてもこの仕事を完成させますよ．

602 –ын² ТҮҮС БОЛОХ

切に望む．
動詞＋属格 –ын, –ийн (харьяалахын тийн ялгал)＋түүс болох ＝･･･を切に望む．

тэг тэг (тэг ээ тэг)

үйл үг＋харьяалахын т. я. (-ын. -ийн)＋түүс болох ＝(үйл үг)-ын^2 хүсэл болох.

Ж：Гэрээс гарахын түүс болов.
(Гэрээс гарахыг хүсэв.)
家を出たいと切に望んだ.

603 тэг тэг (тэг ээ тэг)

そうそう．ウンウン．
会話中二人称の考え，決定，望み等を賛成する時言う．"тэг"という一つの語で返事をするより "за тэг"，"тэг ээ тэг"，"тэг тэг" 等二つ重ねて言う．

Харилцан ярианд 2-р биеийн санал, шийдвэр, хүсэлт зэргийг дэмжиж зөвшөөрсөн үг. "Тэг" гэж ганц үгээр хариулахаасаа илүү "за тэг", "тэг ээ тэг", "тэг тэг" гэж 2 үгээр хэлдэг.

Ж：—Би харилаа.
—Тэг тэг.
—私帰る.
—ウン(そうしなさい).

604 тэгнэ биз！(＝тийм биз дээ)　c.f. тийм байгаа биз.

そうだろう!?　念を押して確かめる．

Өөрийн бодол санааг бусдаас бататган асуух үед хэлдэг.

Ж：Өөрийнхөө хэлийг сайн мэдэхгүй бол орчуулга хийж чадахгүй.
Тэгнэ биз дээ！
自分の国の言葉をしっかり知らなければ翻訳は出来ない．そうだろう!?

605 тэгнэ ээ тэр　　　　　　　c.f. тэгэж (л) таарна.

やっぱりそうだった．

"Би тэгэх байх гэж бодож байсан юм" гэсэн санааг илтгэнэ.

Ж：—Тэр хоёр салсан гэнэ ээ.

—Тэгнэ ээ тэр хоорондоо эвгүй байсан юм.
—あの二人は別れたそうですね．
—やっぱりそうだった，二人はうまくいってなかったから．

606 ТЭГСЭН Ч ГЭСЭН . . .

だけど，だが，でも．

тийм боловч гэсэн утга.

Ж：Бат гадаад хэлний сургуульд орсон. Тэгсэн ч гэсэн хөгжмөө орхихгүйгээр шийдсэн.
バトは外国語大学に入学しました．でも音楽を捨てないことに決めた．

607 ТЭГСЭН ЧИНЬ . . .

接続詞　そしたら．すると・・・

өгүүлбэрийн холбоос. Хоёр өгүүлбэрийн хооронд шалтгаан, үр дагаврын харьцааг гаргадаг.

Ж：Би өглөө их яарч сургууль руугаа явсан. Тэгсэн чинь цагаа гэртээ мартчихсан байна лээ.
朝急いで学校に行きました．そしたら時計を家に忘れて来ちゃってました．

608 ТЭГСЭЭР

そのうちに．・・・しているうちに．　　続いている動作．

(тэг(эх)+саар^4)
үргэлжлэх үйлийг төлөөлсөн үг.

Ж：Тэгсээр байгаад сайн орчуулдаг болсон.
そのうちに上手に訳せるようになりました．
Ж：Дорж жаахан балгачихдаг байсан юм. Тэгсээр тэгсээр сүүлдээ нэр хүндгүй болсон доо.
ドルジは少し酒を飲んでいたが，そのうちに尊敬を受けなくなりました．

609 тэгье тэгье

そうですね. ウン, そうしましょう. はい.

За тэгье. Уриалгахнаар зөвшөөрөн дэмжсэн утгатай.

Ж : ―3 цагт ирээрэй.
　　―Тэгье тэгье.
　　―3時に来て下さい.
　　―はい. そうしましょう.

610 тэгэж (л) таарна. (=тэгнэ ээ тэр)

そうだろうと思っていた. やっぱりそうだった.

Тэгнэ байх гэж бодож байсан гэсэн санааг илтгэнэ.

Ж : ―Сонин юм. Өнөөдөр бид хоёр нэг ч загас барьсангүй.
　　―Тэгэж л таарна. Өнөөдөр дэмий гэж би хэлээгүй юү.
　　―不思議だ, 今日は二人とも魚が一匹も釣れなかった.
　　―やっぱりそうだった. 今日は駄目だと私が言わなかったかい.

611 тэгэлгүй яах вэ ? (тэгэхгүй яахав)

もちろんそうです. もちろんそうします.

тийм тийм, тийм байх ёстой, тэгэх хэрэгтэй.
Бүрэн зөвшөөрсөн, эргэлзэх зүйлгүй гэсэн санааг илтгэнэ.

Ж : ―Та надтай хамт явах уу ?
　　―Тэгэлгүй яах вэ ?
　　―私と一緒に行きますか ?
　　―もちろん行くとも.
Ж : ―Маргааш хичээлд очих уу ?
　　―Тэгэлгүй яахав. Очно.
　　―明日授業に出る ?
　　―もちろん出るよ.

612 тэгэснээ

そうして, それなのに.

201　тэгэхгүй бол болохгүй (тэхгүй бол болохгүй)

何か過去の行動について話す時、その後に続くどんな行動が起きたかについて話す場合こう言う。主に三人称に関係したことで話すことが多い。

тэг(эх)–сан⁴ → тэгсэн–аа⁴ (хамаатуулах нөхцөл).
Ямар нэг өнгөрсөн үйлийн тухай яриад түүний дараа залгаад ямар үйл болсон тухай ярихад хэрэглэдэг.

Ж：Дорж өдөр хамт хоол идэхээр тохирсон, тэгэснээ гэнэт сандраад гадагшаа явсан.
　　ドルジは昼間食事を一緒にしようと約束したけれども急に慌てて外に出かけてしまった。

613　ТЭГЭХ

言いにくい言葉の代わりに使う言葉。意味はその場その場でその動作によって相手に通じる。

"Тэгэх" гэдэг үгээр хэлэхэд эвгүй олон үгийг цээрлэж, нууцалж ярьдаг. Үүнд, тодорхой орчин нөхцөлд эр эмийн ажил хийх гэсэн утга илтгэж болно.

Ж：Хоёулаа тэгэх үү？ (＝Хамт унтах уу？)
　　セックスをしようか？

614　ТЭГЭХГҮЙ БОЛ БОЛОХГҮЙ
　　(ТЭХГҮЙ БОЛ БОЛОХГҮЙ)

そうしないといけない。当たり前。

Тэгэж хийхгүй бол болохгүй. Зайлшгүй хийх шаардлагатай. Өөр арга замаар бүтэхгүй.

Ж：—Эрүүл мэндийн даатгал заавал хийлгэх үү？
　　—Тэгэхгүй бол болохгүй, юмыг яаж мэдэх вэ？
　　—健康保険に加入しなくちゃ駄目かしら？
　　—当たり前です。何が起きるか分からないでしょう。
Ж：—Заавал монгол бичгээр бичих юм уу？
　　—Тэгэхгүй бол болохгүй.
　　—モンゴル文字で書かなくちゃ駄目？
　　—そうでなくちゃ駄目。

тэгэхээр (тэхээр)

615 тэгэхээр (тэхээр)

そうすると，そうであれば．
тэгэхээр が話し言葉で тэхээр と言われる．

тэгвэл, хэрэв . . . –бал⁴(–вал⁴), тэгэхээр зэрэг.
"Тэгэхээр" гэдэг үгийг ярианы хэлэнд "тэхээр" гэж дууддаг.

Ж：—Хэрэв нөгөөдөр явцгаавал ямар вэ？
　　　—Тэхээр бас оройтох гээд байна. Маргааш л уг нь зүгээр байна.
　　　—明後日一緒に行ったらどうですか？
　　　—そうすると遅くなってしまうので，明日の方が実は良いです．

616 тэгэхээр зэрэг (тэхээр зэрэг)　　c.f. тэгэхээр.

それから．だから．ですから．

617 тэгэхээр зэрэг, юу шүү дээ (тэхээр зэрэг, юу шүү дээ)

それからこれはね・・・．

"Энэ ийм юм аа" зэрэг ам нээх, бусдыг анхааруулах үүрэгтэй сул үг хэллэгтэй адил.

Ж：Тэгэхээр зэрэг, юу ш дээ . . . угтах үг, чимэх үг гээд байгаа маань хуучны дайвар үгийг хэлж байгаа . . .
　　それからこれはね・・・угтах үг, чимэх үг は以前は副詞と言っていたんだが・・・．

618 тэгэхээр нь (тэхээр нь)

・・・という訳で，だから，ですから．

. . . учраас, тэгэхлээр.

Ж：Багш нарын өрөөнд олон хүн байсан. Тэхээр нь маргааш л асууя гэж бодсон.
　　職員室に沢山の人がいました．ですから私は明日質問しようと思いました．

619 ТЭГЭХЭЭС ТЭГЭХ ГЭЖ

わざと. 故意に.
駄目と言えばなおさらする.自分で知っていながらわざと反対のことをする.

албаар, зориуд.
Болохгүй гэсний эсрэг хийх үйлдэл, өөрөө мэдэж байгаа мөртлөө эсрэгээр хийх үйлдлийн тухай ярихад хэлэх үг.

Ж: Тэгэхээс тэгэх гэж миний уурыг хүргэж байгаа юм.
　　わざと私を怒らせている.

620 ТЭГЭЭД Ч

それに, しかも.
... гүй байсан ч гэсэн, тэгээд бас, ер нь тэгээд.
前に言ったことを後の文章で更に強める時 тэгээд ч と接続詞を使う.

Тэгээд бас, түүнээс гадна гэсэн санаа илтгэнэ.

Ж: Чи миний үгэнд ороод цуваа өмсөөд яв. Тэгээд ч өнөөдөр их салхи шороотой байна.
　　私の言う通りにコートを着て行きなさい. それに今日は風が強く埃っぽいです.
Ж: Доржийг би сайн танина. Учир нь бага байхад нэг сургуульд байсан. Тэгээд ч хамт бөмбөг тоглодог байсан.
　　ドルジのことを良く知っています. なぜかというと小さい時学校で一緒だった. それによくボールで遊びました.

621 ТЭНЧЭЭ　　　　　　　　　　　　　　　　　c.f. энчээ.

そこ, そこらあたり, そっち.

тэнд, тэр хавьцаа.

Ж: Тэнчээ нэг худаг бий.
　　そこに井戸が有る.
Ж: Тэнчээнээс холын юм сайн харагддаг.
　　そこから遠くがよく見えます.

тэр

Ж：Тэнчээнээс ус аваад ир！
そこから水を汲んで来て！

622 тэр   c.f. энэ.

тэр, энэ 等の代名詞の語尾変化は話し言葉では下記の様になる．

"Тэр", "энэ" зэрэг заах төлөөний үгийн тийн ялгалын хэлбэрийг ярианы хэлэнд хэд хэдэн хувилбартай хэрэглэдэг.

ярианы хэл（話し言葉）——бичиг ба ярианы хэл（書き言葉，話し言葉）
тэрийг, тэрнийг, тэрүүнийг —— түүнийг
тэрүүнд, тэрэнд   —— түүнд
тэрүүнээс, тэрнээс   —— түүнээс
тэрүүгээр   —— түүгээр
тэрүүний, тэрний   —— түүний
тэрүүнтэй, тэрэнтэй   —— түүнтэй

623 тэр гэхийн тэмдэггүй (тэмдэг алга)

全然読みとれない．全然分からない．分かる方法が無い．

Таних аргагүй, мэдэгдэхгүй гэсэн утгатай.

Ж：Энэ бичгийг гаргах аргагүй, тэр гэхийн тэмдэг алга.
  この書物は読めない．全然分からない．
Ж：Тэр хүнийг тэр гэхийн тэмдэггүй болгожээ.
  犯人は彼を(殺して)誰だか分からないようにした．

624 тэрнийг   тэр-г үз.

それを．彼を(彼女を)．

түүнийг, тэрүүнийг.

Ж：Надад тэрнийг аваад аль！
  それを取ってちょうだい！

625 тэртэй тэргүй

いずれにしても．どっちみち．どうせ．

түүнтэй түүнгүй, ямар ч байсан, юу ч болсон, тийм юм байсан ч байгаагүй ч.

Ж : Маргааш тэнгэр муухайрах хамаагүй ээ. Тэртэй тэргүй явахаар шийдсэн.
明日天候が悪くなっても構わない、いずれにしても行くことに決めた.

Ж : Тэртэй тэргүй би амьдраад л байх болно.
あの人がいてもいなくても私は生きて行ける.

626 тэрүүгээр

それで(作る). そこを(通る).

түүгээр.

Ж : Тэрүүгээр өнгөрөөд чигээрээ явбал дэлгүүр харагдана.
そこを通ってまっすぐ行けば店が見える.

627 тэх (тх)　　　　　　　　　　　　　　　　c.f. тийм.

そうです、ウンと言って息を呑む音.
話し言葉ではтиймと言う語をтий, тэх, と言う.

Ярианд "тийм" гэдэг үгийг "тий", "тэх" гэж дууддаг.

Ж : —Ах маргааш ирнэ гэсэн үү ?
　　—Тэх. (Тий(м))
　　—兄さん明日来るって？
　　—ウン.

628 тээ ? = тийм ээ ?

質問して、確かめるニュアンスの言葉.

Бататган асуух, лавлах өнгө аяс илтгэнэ.

Ж : —Өнөөдөр сонгонтой. Тээ ?
　　—Тийм, тийм.
　　—今日は選択科目の授業の有る日よね？
　　—ええ、そうよ.

Ж：―Ааваа, та над ном авсан. Тээ.
　　―Тийм ээ, миний хүү.
　　―パパ，僕に本買ってきてくれたよね？
　　―うん，買ってきたよ．

629　тээр

邪魔．

дараа, дарамт, садаа.

Ж：Ачаа тээр болно.
　　荷物が邪魔になる．

630　тээр тэнд

あそこに．ずうっと向こうに．

тээ тэнд, тэртээ, тэр хол газарт.

Ж：Тээр тэнд автобус зогсож байгаа нь харагдав.
　　あそこにバスが停まっているのが見える．

У

631 уван цуван (ирэх)

後から後から．次々に．ぽちぽち．

зэрэг биш, цуварч, хойно хойноос.

Ж：3 цагийн хуралд уван цуван ирсээр 3 цаг хагаст хурал эхлэв.
3時の会議に後から後からポツポツと来たりして結局3時半に始まった．

632 уг нь

もともと，元から．正しくは．実は．本質的に．一般的に．
ер нь, ерөөс, уулаас, зүй нь, зөв нь.
書き言葉で"уг"という語は起源という元の意味の他に発生，初め，始まりといった意味で使われている．しかし話し言葉では"уг нь"は，一般的に（ер нь）正しくは（зүй нь）といった意味で使われている．最近では書き言葉でも"уг нь"という言葉を使うようになった．

Бичгийн хэлэнд "уг" гэдэг үг нь "үндэс язгуур" гэсэн анхдагч утгаасаа гадна "үүсгэл, анх, эх" гэсэн салаа утгатай хэрэглэгддэг. Гэтэл ярианы хэлэнд "уг нь" гэдэг үг "ер нь" "зүй нь" гэсэн утгатай байна. Гэвч сүүлийн үед бичгийн хэлэнд "уг нь" гэдэг үгийг хэрэглэх болжээ.

Ж：Хичээл уг нь гурван цагт эхлэх ёстой.
授業はもともと3時に始まるはずです．
Ж：Уг нь хөх өнгөөр будах ёстой юм.
もともと紺色に染めるべきものです．
Ж：уг шалтгаан = үүсгэл шалтгаан.
もともとの理由＝発生した理由．

Ж：уг нутаг ＝ эх нутаг.
　　もともとの故郷＝故郷.
Ж：угаасаа говийн хүн.　　ゴビに生まれた人.

633　ул шагайх

足の裏をのぞく——あらを探す．言いがかりをつける.

өө сэв хайх, хүний мууг эрэлхийлэх.

Ж：Тэр хүн дандаа хүний ул шагайж явдаг хачин амьтан шүү.
　　あの人はいつも人のあらを探しているへんなやつだよ.

634　улаан гараар

素手で.

нүцгэн гараар.

Ж：Улаан гараар газар малтав.
　　素手で土を掘った.
Ж：улаан гараар зодолдох.
　　素手で殴る.

635　улайрах

1. 夢中になる．全力投球する.
2. 凶暴になる．獣的になる.

1. хамаг хүч, сэтгэлээ зориулан чармайх.
2. улангасах.

Ж1：Тоглоомондоо улайраад ухаан алга.
　　遊びに夢中になって(他の事は)何も考えない.
Ж2：Бух улайрч дайрвал аюултай.
　　雄牛が凶暴になって襲ってくれば危険です.

636　улс

1. 国.　2. 人々(話し言葉).
書き言葉では国，民族，国家という意味だが話し言葉ではその他に人々と

いった意味で使われる.

Бичгийн хэлэнд "улс орон, улс үндэстэн, улс гүрэн" гэдэг утгатай байдаг бол ярианы хэлэнд түүнээс гадна "хүмүүс" гэсэн утгаар хэрэглэдэг.

Ж2: Битгий чанга чанга дуугараад бай! Айл амьтны улс юу ч гэх юм билээ.
大きな声で話さないで！ 隣の人々はどう思うかしら.

Ж2: Өнөөдрийн хуралд танихгүй улс их байсан.
今日の会議で知らない人がかなりいた.

637 унаа

輸送機関. 乗物.

уналга хөсөг.

Ж: —Маргааш хөдөө явна.
　　—Чамд унаа байна уу?
　　—明日田舎へ行く.
　　—車有るの？

638 унах

1. 落ちる. (通常の意味)
2. 罪に巻き込まれる, 刑罰を受ける, 判決が下る. (通常の意味)
3. 自転車, モーターサイクル, 馬, ラクダに乗る. (通常の意味)
4. 試験に落ちる. 試験で2をとる.
5. 相撲で負ける.

1. ойчих. (энгийн утга)
2. хэрэгт холбогдох, ял авах. (энгийн утга)
3. дугуй, мотоцикл, морь, тэмээ унах. (энгийн утга)
4. Шалгалтад үсрэх, шалгалтад ойчих, шалгалтад бүдрэх, шалгалтад годройтох, хоёр дэгээдэх, нойллох, нисэх зэрэг үгээр муу авахыг хэлдэг.
5. барилдаанд ялагдах.

Ж2: хэрэгт унах.
　　　裁判で負ける.

урагшаа гарах

Ж4：Шалгалтад унаж үзээгүй.
　　　試験に落ちたことは無い．
Ж5：Баянмөнх аваргад унасан.
　　　バヤンムンフは横綱に(相撲で)負けた．

639　урагшаа гарах

1．もとの意味は南の方へ行く．(通常の意味)
2．話し言葉では中国へ行く．

1．Урд зүг рүү явах гэсэн үндсэн утгатай．(энгийн утга)
2．Хятад улсад очих гэсэн утга бий．

Ж2：Аав урагшаа явсан. Маргааш онгоцоор ирнэ.
　　　父は中国へ行きました．明日飛行機で帰って来ます．
　　　　　　　　　・хойшоо явсан と言えば "ロシアへ行った" になる．

640　урагшгүй

何かしても成功しない，能力の無い，役立たずの，出来の悪い．

бүтэлгүй, өөдгүй.

Ж：Гайгүй гэж бодсон чинь харин ч нэг урагшгүй хүн байна лээ.
　　出来る人と思っていたがそうではなかった．
Ж：Урагшгүй амьтан！(Ажил нь ерөөсөө бүтэлгүй хүн.)
　　出来の悪いやつだ！

641　урсгах

途絶えずに．ずうーっと止まらないで話す．

зогсохгүй ярих.

Ж：Дорж бөхийн тухай нэг ярихаараа урсгадаг хүн дээ.
　　ドルジは相撲について話し出すと話が止まらない．
Ж：Танака захирал загасчилах тухай нэг ярихаараа урсгадаг.
　　田中所長は魚釣りについて話し出すと話が止まらない．

642 уруу татах

c.f. татах.

悪い道へ誘う。悪いことに引き入れる。

муу юманд татах, дагуулах.

Ж：Хүн битгий уруу тат！
悪いことをそそのかさないで！

反対語は өөд нь татах.

643 ус цас шиг (болох)

外国語を母国語の様にマスターする。上手にペラペラ話す(様になる)。

Гадаад хэл сайн мэддэг, өөрийн эх хэл шиг нэвтрэлцдэг.

Ж：Туяа орос хэлэнд ус цас.
トヤはロシア語がペラペラです。

644 утаснаас уяатай

電話で一日中話す。ずうっと話す。

утаснаас уяатай өнжих, утаснаас салахгүй байх, туж утсаар ярих.

Ж：Захиалга аваад утаснаас уяатай өнөөдрийг барлаа.
電話注文を受けて一日中電話を離れなかった。

645 уухай

1. 弓を射る時，шагай をはじく遊びの時等に発する感動詞。
2. 戦いの時叫ぶ叫び声。うわー。
3. そうだそうだ(もっとヤレ！)うまいぞ(もっとがんばれ)。心が満足している時発する感動詞。
4. あ，そーお，ああそうなのと確かめて聞く感動詞。

1. сур, шагай харвахад хэлэх аялга үг.
2. байлдаан тулаанд довтлон ороход хашгирах аялга. (хурай, уухай)
3. уухайс, ухай даа, овоо доо.
   сэтгэл тааламжтай байгааг илтгэх аялга үг.
4. "Аа, тийм үү?" гэсэн лавлан асуух аялга үг.

ухаандаа   212

Ж 3：Уухай даа, миний хүү овоо юм хийж сурч байна.
　　　良かった！うちの息子がよく勉強している．
Ж 4：Уухай, тийм айхтар хэрэг мандаа юу ?
　　　あらそう、そんなひどい事がおこったの？

646　ухаандаа

例をとれば．言い換えれば．
話し言葉では比較，対象する言葉の前に"例をとれば"といった意味で使
われる．

Ярианы хэлэнд тайлбарлаж харьцуулсан үгийн өмнө "жишээлбэл", "өөрөөр хэлбэл" гэсэн утгаар хэрэглэдэг.

Ж：Нэр төр хөөцөлдөх гэдэг тийм ч хэрэггүй зүйл биш.
　　Үүнд бас хэрэгтэй юм байна. Ухаандаа, би тамирчин байлаа гэхэд
　　улам л нэртэй тамирчин болохыг хүснэ. Тэр хэмжээгээр улам
　　идэвхтэй хөдөлмөрлөж өөрийгөө хөгжүүлэх жишээтэй.
　　名誉にこだわるということはそんなに不必要なものでもない．必要
　　です．例えば私が選手だとすればもっと有名な選手になりたいと望
　　む，その為に更に練習をして自分を高めるということです．

647　ухаантай юм

・・・のつもり．・・・のようなもの．
表面的に，うわべだけやる．終わりまでやらなかった不成功な物事をこう
言う．

. . . шүү юм, . . . шиг санаатай юм.
Оромдож, дөхүүлсэн, бүтэл муутай зүйлийг ингэж хэлнэ.

Ж：Шүлэг бичсэн ухаантай юм.
　　（Шүлэг шүү юм бичсэн. Шүлэг шиг юм бичсэн. Тааруухан шүлэг
　　бичсэн хэмээх санаа.）
　　詩を書いたつもり．
Ж：—Шинэ түүхийн сайн ном гарсан байна.
　　—Уг нь би бичсэн ухаантай юм.
　　—現代史の良い本が出ていますね．
　　—一応書くには書いてみたんですがねー．

648 **учиртай**

1. 訳のある．理由のある．（通常の意味）
2. 人並み以上の．

1. шалтгаантай, учир бүхий. (энгийн утга)
2. энгийн биш, жирийн биш.

Ж 1：учиртай үг. (цаана учир шалтгаан байгаа үг.)
　　　訳のある言葉．
Ж 2：учиртай төрсөн хүний үр.
　　　(сайхан төрсөн, бусдаас онцгой төрсөн хүн)
　　　人並み以上の，とてもきれいな女(人並み以上の男)．

649 **уях**

うんざりする(程待たせる)．

залхтал удах, хүлээлгэх.

Ж：Дорж ирэхгүй хамаг ажил уячихлаа.
　　ドルジを待って何も出来なかった．
Ж：Энэ хоёр бөх нэг нэгийгээ уяад нэлээд удсан.
　　　　　　　　　　　　　　　　　　уяад；уя(х)+аад⁴
　　力士は組んだままずいぶん時間が経った．

Y

650 үг олдож үхэр холдов

話をしている間に牛が遠くへ行っちゃった→お喋りをしていると後で仕事がつかえる.

Яриа ихдэж, ажил алдагдлаа гэсэн үг.

Ж：Үг олдож үхэр холдов, гэртээ харья.
　　お喋りをしていると後で仕事がつっかえる, さあ家へ帰ろう.

651 үг сөггүй

何も言わずに. 何も説明しないで.

Үг дуугүй, юу ч хэлээгүй гэсэн утгатай хоршоо үг.

Ж：Тэр үг сөггүй уйлаад унав.
　　（тэр үг сөггүй уйлаад эхлэв.）
　　彼女は何も言わずに泣き出した.
Ж：Үг сөггүй инээсэн.
　　訳も言わずに笑い出した.

652 үгүй бол   c.f. нэг бол.

或は. そうでないなら.

эсвэл, эсхүл.

Ж：Чи хөдөө яв！ Үгүй бол ажил олж хий！
　　田舎へ行きなさい！ 行かないなら仕事を見つけてしなさい.

653 үгүй ер!

フン！ったくー！　憤慨した時言う．

эгдүүцэх аялга. Ихэвчлэн үгийнхээ өмнө хэлдэг.

Ж：Үгүй ер！Юу ч чадахгүй мөртлөө онгироо гэдгийг нь！
　フン！何も出来ないくせに威張ってる！

654 үгүй, мөн

すごく・・・, 非常に・・・, びっくりした！驚いた．
反対の意味と賛成の意味を持つ үгүй と мөн の 2 つの語を合わせて使う時，極めて，すごく，とても，非常にといった意味を持つ．又，驚いた！びっくりした！といった二重の意味を持つ．

Үгүйсгэсэн, батласан эсрэг утгатай энэ 2 үгийн нийлэмж нь дэндүү, тун, маш, нэн гэсэн утгаар хачирхаж гайхах санааг давхар илтгэнэ.

Ж：Үгүй, мөн сэргэлэн хүүхэд юм！
　（маш сэргэлэн хүүхэд）
　イヤー驚いた，すごく頭の良い子だね！
Ж：Үгүй, мөн ийм муухай хэрэг хийх гэж дээ.
　イヤーこんなひどいことをするなんて．

655 үгүй хөө

対話で，ある人は何か言おうとする前に "үгүй (хөө)" と意味の無い言葉を言うことがある．これは否定の意味は無い． "за", "тэгэхээр", "одоо", "үгүй хөө" 等が日本語のえーと，うーん等と同じ様な意味あいで使われる．この言葉にははっきりした語彙の意味は無く，話を聞かせる，注意をひく，自分の言おうとしていることを考える時間を稼ぐ時に使われる．

Харилцан яриандаа зарим хүн өгүүлбэрийн эхэнд "Үгүй хөө" сул үг оруулах нь байна. Энэ үг үгүйсгэх утга байхгүй. "За, тэгэхээр", "одоо", "үгүй хөө" гэх мэтээр япон хэлний "えーと, うーん" гэдэг үгтэй адил утгаар хэрэглэнэ. Энэ үгс нь тодорхой үгийн сангийн утга байхгүй боловч яриаг сонсгох, анхаарал татах, өөрийн хэлэх үгийг бодох хугацаа гаргах зэрэг үүрэгтэй байж болно.

Ж：Үгүй хөө, энэ тухай дараа ярья.

үгүй энэ чинь юу вэ？

うーん，これについては後で話そう．

656　үгүй энэ чинь юу вэ？

驚いた，何だろう？　えーっどうして？

гайхсан санааг илэрхийлэх тогтвортой хам хэллэг.

Ж：Үгүй энэ чинь юу вэ？ Энэ хүн миний малгайг өмсчихөж.
　　えーっどうして？　この人私の帽子かぶっている？

657　үзэлцэх

闘う，喧嘩をする．相撲をとる．

тэмцэлдэх, зодолдох, хэрэлдэх.

Ж：Түүнтэй ач тач үзэлцэнэ.
　　彼と互角で闘う．
Ж：Дүү нь ахтайгаа ач тач үзэлцэв.
　　弟は兄と良い勝負で(五分五分)相撲をとった．

658　үзэх

1．見る．(通常の意味)　　2．学ぶ，読む．
3．励む．　　4．試す，取り組む．

1．харах．(энгийн утга)
2．сурах, унших.
3．ямар нэг зүйлийг оролдох чармайх.
4．ноцолдох.

Ж2：гадаад хэл үзэх.
　　　外国語を学ぶ．
Ж2：Өдөржингөө ном үзсэн.
　　　一日中本を読んだ．
Ж3：Би энэ ном орчуулах гэж үзээд л байна.
　　　私はこの本を翻訳しようと努力している．
Ж4：Бид олон тэмцээнд хүчээ үзсэн.
　　　我々は沢山の試合で力を試した．

659 үзэхээ байх

1. 相手にするのを止める.
2. 嫌う, 軽蔑する. 憎む.

1. үзэхээ болих, тоож үзэхийг болих. ... гэж бодохгүй байх.
2. үзэн ядах, дайсан мэт санах.

Ж 1 : Болд намайг найз гэж үзэхээ байжээ.
　　　ボルドは私と友達でいるのを止めた.
Ж 2 : Тэр биднийг үзэхээ байгаад удаж байна.
　　　彼が私達を憎むようになって久しい.

660 (нэг) үзээд алдах　　　　　　　c.f. азаа үзэх.

試してやってみる.

туршиж үзэх, оролдож үзэх.
аливаа юмыг бүтээх гэж азаа үзэн оролдох.

Ж : За, дүүрсэн хэрэг, үзээд алдая.
　　まあいいやしょうがない, ひとつやってみるか.
Ж : Энэ хоёр салаа замын, үүгээр нь ороод үзээд алдая.
　　この２本の分かれ道の, この道を行ってみよう.
Ж : Шалгалт өгөөд үзээд алдая.
　　試験を受けてみよう.

661 үйлээ барах

窮地に陥る. 苦しむ.
つらい事, 困難なことを越えようとする時どうにも方法が無くなって窮
地に陥ることを言う.

Бэрхшээлтэй хэрэг явдлыг давах, хэцүүхэн ажлыг бүтээх зэрэгт
аргаа барах, цөхрөхийг хэлнэ.

Ж : Зураг зурах гэж үйлээ барав.
　　絵を描こうとして苦しんだ.

662 үлгэн салган

1. 知力，感覚，健康，体力が衰えた様子．
2. どうにかこうにか．

1. ухаан мэдрэл ба тамир тэнхээ муутай.
2. арай гэж, дөнгөж дангаж.

Ж1：Энэ хүн багадаа хүнд өвчин тусаад ийм үлгэн салган болсон юм гэсэн.
この人は小さい時重い病気にかかったので，こんなに弱くなったんだそうだ．
Ж2：Энэ үлгэн салган явж байж нэг юм сургуулиа төгссөн.
（＝Энэ арай гэж нэг юм сургуулиа төгссөн.）
このどうにかこうにかやってきた生徒は学校を卒業した．

663 үнэ тэнгэрт хадах

物価が高騰する．

үнэ хэтэрхий их болох.

Ж：Барааны үнэ тэнгэрт хадаж байна.
物価が高騰している．
Ж：Тэнгэрт хадсан үнэтэй гутал байна.
すごく値段の高い靴です．

664 үрийн шингэн

精液．

665 үсрэх

1. 試験で(5段階の)2を取る．試験に落ちる．
2. 不倫をする．

1. шалгалтад муу авах, шалгалтад унах.
2. нөхрөөс гадна хүнтэй явах, сүүлрэх.

Ж1：Одоо дахиж үсэрвэл сургуулиас хасагдана.
又試験に落ちたら退学になる．

Ж 2： Оюунаа нөгөө залуутай үсэрчээ гэж хүмүүс ярина.
オヨンナはあの若者と不倫したと人は言うだろう．

666　үсээ зулгаах

苦労する．

махаа идэх, зовж зүдрэх.

Ж： Шалгалт эхлэх гээд ёстой үсээ зулгааж байна.
試験が始まるというので本当に苦労している．

667　үхсэн заяандаа...（үйл үг）–гүй

c.f. заяандаа.

死んでも・・・しない．絶対に・・・しない．

668　үхсэн хойноо

絶対！
話し手が相手を嫌ったり，軽蔑したり，怒ったりした時罵って言う言葉．

Энэ хэллэг яригч хүний дургүйцэх, жигших, уурлах, басамжлах зэрэг сэтгэлийн хөдөлгөөнийг илэрхийлнэ.

Ж： Үхсэн хойноо！ Би хэзээ ч түүнтэй суухгүй.
絶対！私あいつとは結婚しない．

669　үхтэл （ээ）

死ぬほど．難儀な時などに，死ぬほど・・・と大げさに言う．

үх(эх) + –тал^4
Алив бэрх төвөгтэй хэрэг явдлын ихийг хэлэхдээ үхтэл (ээ) гэж хэтрүүлэн хэлдэг.

Ж： үхтлээ ичих （=маш ичих）.
死ぬほど恥ずかしい．
Ж： үхтэл айх （=их айх, бараг үхчихмээр айх）.
すごく恐い．
Ж： үхтэл ядрах （=туйлын их ядрах）.

үхэхээс бусдыг үзсэн

　　　　すごく疲れる.
　Ж：үхтэл дурлах.
　　　　死ぬほど恋する.

⑥⑦⓪　үхэхээс бусдыг үзсэн

この年になるまで人生の色々なことを経験したという意味の言葉.

Хүний амьдарлын жаргал зовлон бүхнийг үзэж туулсан, их юм үзсэн гэдэг утгатай.

Ж：Дорж гуай ч чухамдаа үхэхээс бусдыг үзсэн толгой доо！
　　ドルジさんは本当に(死ぬこと以外)全てを経験した人だね.

X

671 . . . –х нь яав даа . . . –хгүй яав даа –г үз.

672 –х юм биш

――するもんじゃない．――ものでは無い．

Хэрэггүй, болохгүй, чадахгүй зүйл гэсэн санааг илтгэнэ.

Ж：Цастай үед энэ уулын замаар явах юм биш.
雪が積もっている時，この山の道を行くものじゃない．

Ж：Чиний чадах юм биш.
君に出来るものじゃない．

673 ха хөж

牛，ラクダを立ち上がらせる時かける掛け声．

тэмээ үхрийг босгох, туух дуу.

674 хаа

1. хаана という疑問詞の話し言葉での形．　どこ．
2. はるか遠く．

1. "хаана" гэдэг асуух үгийн ярианы хэлэн дэх хувилбар.
2. Алс, хол гэдэг санааг илтгэнэ.

Ж1：Хаа явж байгаа бол？
どこにいるんでしょうねえ．

Ж1：Хаа ч явсан нутаг санагддаг.
どこに行っても故郷が思い出される．

хаа байх вэ ?

Ж 2 : Намайг л гэж хаа холоос иржээ.
　　　 私の為に遠くから来た.
Ж 2 : Хаа байгаа Ховд руу энэ их ачааг ганцаараа авч явж чадах юм уу ?
　　　 遠くのホブド県へこんなに沢山の荷物を一人で持っていけますか.

675　хаа байх вэ ?

どうしちゃったの？

Хаа газар холдох вэ ?

Ж : Дорж юухан хээхэнд гуйхад хөдөлдөггүй ч хаа байх вэ ? (Одоо тэр зан байхгүй болсон.)
　　 ドルジはちょっと頼んでも少しも動かなかったのにどうしちゃったの (今はよく働いている).

676　хаа бол хаа　　　　　　　　　　　хаа сайгүй–г үз.

どこでも，どこにでも.

хаана л бол хаана, хаана ч, аль ч газар байж болох.

Ж : Улаанбаатарт хаа бол хаа баар байдаг.
　　 ウランバートルではどこにでもバーが有る.

677　хаа нэг(эн)　　　c.f. (асуух төлөөний үг)+нэг(эн)–ийг үз.

678　хаа нэгтээ

どこかで.
аль нэг газар.
書き言葉で энэ, тэр という場所を示した2つの言葉に接尾辞 –тээ が付き энэтээ, тэртээ となれば, 話し言葉にももちろん хаа нэгтээ と言う時 нэг の後に –тээ がつながる.

Бичгийн хэлэнд "энэтээ, тэртээ" гэдэг орон зай заасан хоёр үгэнд "–тээ" төгсгөл байдаг бол ярианы хэлэнд мөн "хаа нэгтээ" гэхэд "нэг" гэдэг үгийн дараа "–тээ" төгсгөл залгадаг.

Ж : Хаа нэгтээгээс чимээ гарна.

(Аль нэг газраас чимээ гарна)
どこからか音がする．

Ж：Хаа нэгтээ зүс үзсэн царай шиг．
　　どこかで見た顔ね．

679　хаа сайгүй（＝хаа л бол хаа）　　c.f. хаа хаагүй．

あっちこっち．至る所．

энд тэндгүй, энд тэнд, газар бүрт．

Ж：Хаа сайгүй хүн олны бодол ийм байна．
　　どこでも皆の考えはこうである．
Ж：Хаа сайгүй номын дэлгүүр байгаа．
　　あっちこっちに本屋が有る．

680　хаа хаагүй

あっちこっちどこでも．各所に．

хаа сайгүй, энд тэндгүй, энд тэнд, газар бүрт．

Ж：Хаа хаагүй л явж үзлээ．Ийм ном зарж байгаа газар алга．
　　あっちこっちまわったがこの本を売ってる所は無かった．
Ж：Энэ цэцэг хаа хаагүй ургадаг юм．
　　(Энэ цэцэг хаа сайгүй ургадаг юм．)
　　この花はどこにでも咲いている．

681　хаанаас (даа)

とんでもない，何を言うの．
絶対にそうじゃないという思いを相手に説明する時に使う言葉．

яалаа гэж, юу гэж (дээ), үгүй дээ．
Харилцагч этгээдэд огт тийм биш хэмээн үзэл, бодол, санаа байдлыг тайлбарлан хэлэхэд хэрэглэх үг.

Ж：Хаанаас даа．Би хэзээ ч худал хэлэхгүй．
　　とんでもない，私はいつだって嘘はつかない．
Ж：Дорж хаанаас тэгж худлаа хэлэх вэ？
　　ドルジは絶対にそんな嘘は言いません．

хаанаасаа хаалгач нь

Ж：Хаанаас даа！ Дорж эхнэрээсээ салах ёсгүй.
とんでもない，ドルジが離婚するはずがない.

・Хаанаас даа！ Яалаа гэж дээ！ Юу гэж дээ！といった単一的な使い方だけでなく通常の文の中に下記に有るようなバリエーションを作る. つまり形動詞の未来形の –х の後で"юм бэ", "вэ", "дээ"等の小詞を入れた構成で使われる.
Хаанаас даа！ Яалаа гэж дээ！ Юу гэж дээ！ хэмээн дангаар нь аялга өгүүлбэрээр хэлэхээс гадна энгийн өгүүлбэрт
  яалаа гэж ... –хав дээ (–х дээ).
  юу гэж ... –хэв дээ.
  хаанаас ... –х вэ дээ.
  яасан гэж ... –х вэ？
  яалаа гэж ... –х юм (бэ).
  юу гэж ... –х юм (бэ).
  хаанаас ... –х юм (бэ).
гэж үйлт нэрийн ирээдүй цагийн "–х" –тэй үгийн дараа "юм бэ", "вэ", "дээ" зэрэг сул үгийг оруулж хэрэглэдэг.

Ж：—Энэ номыг авсан уу？
—Яалаа гэж энэ номыг би ава<u>х вэ</u>？
—この本持って行った？
—いいえ，持って行かないよ.

Ж：Хаанаас(даа)！ Би яалаа гэж чамайг муу хэлэ<u>х юм бэ</u>？
とんでもない！ 私はどんなことがあっても君の悪口を言わない.

682 хаанаасаа хаалгач нь

汗より門番　（慣用句）.
例えば；学長は出来ないが秘書には出来ることが有る.何かしようとする時,位の高い人よりも位は低いが実際に仕事に携わっている人の方が小回りがきいて色々助けてくれるということ.
 ・汗：昔の中国の北方民族(モンゴル)の酋長の呼び名. Ж：成吉思汗(チンギスカン).
       [хаан–аас⁴–аа⁴ (ерөнхий хамаатуулах нөхцөл)]

Ямар нэгэн ажил амжуулахад том эрх мэдэлтэй дарга нараас илүү доод тушаалын хүмүүс нь илүү туслана гэсэн санааг илэрхийлсэн үг.

Ж：Хаанаасаа хаалгач нь гэгчээр жижүүр Дамба гуай их туслалаа.
 "汗より門番"と言うように当番のダンバさんが手伝ってくれた.

683 хаанах вэ ?

Хаашаа явах вэ ?, Хаа явах вэ ? を話し言葉で Хаанах вэ ? になる.

Хаашаа явах вэ ?

Ж：(Энэ автобус) хаанах вэ ?
　　(＝Хаа явдаг автобус вэ ?)
　　どこ行き(のバス)？　このバスどこへ行くの？

684 －хаас^4 (даа^4)

—хаас^4 (биш) дээ＝－хаас^4 даа^4.
——するしかないね.
好き嫌いに拘わらずこの行為をするしかなくなった, という気持ちを表す状況語.

Дуртай дургүй ч тухайн үйлийг хийхээс өөр аргагүй болсон санааг хэлэх баймж үг.

Ж：Юу ч гэсэн буцаад л явж эрэхээс биш.
　　とにかく戻って探すしかないね.
Ж：Чи татгалзаж байвал би ганцаараа л явахаас.
　　君が断るなら私は一人で行くしかない.
Ж：Орой болох нь, эртхэн шиг гэртээ харихаас даа.
　　遅くなるから, そろそろ家へ帰るしかない.
Ж：Маргааш би ирэхээс дээ.
　　(Маргааш би ирэхээс биш дээ.)
　　私, 明日来なくちゃね. (来るしかないね.)
Ж：Тэгэхээс дээ.
　　(Аргагүй, дурамжхан байгаа үед хэлнэ.)
　　そうするしかないね. (渋々と, いやいやながら言う時こう言う.)

685 хаачих вэ ?

1. どこへ行くか？
2. [. . . хгүй＋－хаачих вэ.] となると
　　[・・・を出来ない筈ないでしょ——当然できる.] という意味になる.

1. Хаана очих вэ ?
2. Болохгүй өөр яах вэ ? Чадалгүй яах вэ ?

хааш нь тэр вэ ?

Ж 1 ： Хурал тараад хаачих вэ.
　　　会議が終わってどこへ行こうか.
Ж 2 ： —Чи хуушуур хийж чадах уу ?
　　　—Хийж чадахгүй хаачих вэ !
　　　—ホーショールを作れますか ?
　　　—当然できますよ.

686　хааш нь тэр вэ ?

どこへ？（電話をかけたり，手紙を書いた先を聞く）

хааш нь＝хаашаа.

Ж ： —Би захиа явуулсан.
　　　—Хааш нь тэр вэ ?
　　　—私，手紙を出した.
　　　—どこへ？

687　хааш яйш

チャランポラン，いいかげん，ちゃんとしてない.

хамаагүй болгоомжгүй, нямбай биш.

Ж ： Энэ Гомбо хааш яйш хүн дээ.
　　　このゴンボはチャランポランな人ですね.
Ж ： Ширээн дээр хааш яйш тавьсан хэдэн ном байна.
　　　机の上に乱雑に置いた数冊の本がある.

688　хаашдаа

結局，どっちにしても.

тэртэй тэргүй.

Ж ： Хурлаас хоцорчихлоо, хаашдаа өнгөрсөн ! Харья даа.
　　　会議に遅れちゃった，もういい，無理だ！帰ろう.
Ж ： Хаашдаа явах учраас бэлдсэн нь дээр.
　　　どっちにしても行くのですから準備した方が良いです.

689　хав дарах　　　　　　　　　　　таг дарах-ыг үз.

690 хагас сайн (өдөр)

土曜日．

Бямба гариг．

Ж：Хагас, бүтэн сайнд амралгүй хичээл хийв．
土(曜日)，日(曜日)も休まず勉強した．

691 хажуулдах

ちょっと横になる．寝る．

түр зуур унтах, хэвтэх．

Ж：За түр хажуулдая даа．
ちょっと横になろう．

692 хайран

惜しむべき，もったいない．残念だなあ．

харамсахад хэлэх аялга үг．

Ж：Хайран цагаа дэмий алдлаа．
大切な時間を無駄にしちゃった．
Ж：Хайран амьдралаа ингэж сүйтгэх гэж дээ．
大切な人生をこんなにメチャクチャにするなんて．

693 хайрла

…して下さい，お願いします．神仏，王様にお願いする言葉．

Гуйж хүсэх утга илэрхийлсэн "өгөөч" гэдэгтэй ойр үг．

Ж：Бурхан минь！ Миний хүүг өвчингүй болгож хайрла．
神様！ 息子の病気を治して下さい，お願いします．

694 хал балгүй

無害．過ちの無い．キズをつけない．安全な．

халаах

гай болохгүй, балаггүй.

Ж: Хал балгүй ажлаа дуусгая.
　　安全(無事)に仕事を終わらせよう．
Ж: Чи бид хоёр найз！ Хоорондоо хал балгүй явъя.
　　友達同士，お互いにキズをつけないで行こう．
　　(友達から融資の話などをしかけて来た時等こう言う．)

695　халаах

恥をかかせる．

ичээх, ичгүүртэй болгох.

Ж: Чи намайг мөн халаав аа. (Чи намайг бүр ичээсэн шүү.)
　　(君は)私によくも恥をかかせたな．

696　халаг！

ああ(ため息)．(残念)．(かわいそう)．
辛い時などに思わず口から出る詞．年配の人がよく言う．

Халаглаж харамсах, өрөвдөх зэргээр уулга алдахад хэлдэг. Голдуу настайчуул хэлнэ.

Ж: Халаг！　　ああ，とても残念！
Ж: Ээ, халаг！ Ээ халаг！ Нялх амьтан даарчихаж.
　　あーかわいそう，この子はこんなに冷えている．

697　халтар хултар

ほんの少しだけ．やっとこすっとこ．やっと．

Бага зэрэг, тааруухан, муухан мэдэх, чадахыг "халтар хултар" гэж ярьдаг.

Ж: Хятадаар халтар хултар ярьдаг.
　　中国語でほんの少しだけ話します．
Ж: Би монгол бичгээр халтар хултар ч бичиж чадахгүй.
　　私はモンゴル文字でほんの少しも書くことができない．
Ж: Би орос хэл халтар хултар гадарладаг.

私はロシア語は一応分かる．
Ж：Англи хэлээр халтар хултар бичдэг．
英語を少しだけ書きます．

698 халтарладаг

少しだけ書く，やっと書ける．

Муухан бичдэг гэсэн утга илтгэнэ．

Ж：Бичиг сайн мэдэхгүй учраас зөвхөн нэрээ халтарладаг юм．
字をよく知らないので名前だけやっと書けます．

699 халти мөлт   хальт хульт -ыг үз．

700 халуун бүл

仲間同士．家族（夫婦，子供だけ）．

Нэг санаатай, бие биедээ тусалдаг нөхөрсөг хамт олон, эсвэл нэг гэр бүлийг "халуун бүл" гэнэ．

Ж：Халуун бүлээрээ ууланд гарч амарсан．
仲間同士で山へ遊びに行った．
Ж：Хүүхдүүд тусдаа гараад халуун бүлээрээ цуглах нь ховор．
子供たちが別居したので家族みんなで集まるのは少ない．

701 халуурах

元の意味は"熱が出る"だが話し言葉では酒を飲んで，もう一杯と望み，酒に強く執着することを言う．若者がよく使う．

Архи уусан хүн дахин архи уухыг хүсэх, архинд шунахыг "архинд халуурах" гэж ярьдаг．Их төлөв залуучууд хэрэглэдэг．

Ж：Тэд халуурч дахин нэг шил архи уугаад явсан．
彼等はもう一杯，と更に（酒を）一瓶飲んで行った．

702 халцгай（＝халхай）

あっちっち！

хальт хульт (=халти мөлт)

いきなり熱いものにさわっちゃった時に発する感動詞.

Гэнэт халуун юманд хүрэх үед ийм аялга хэлдэг.

Ж：Халцгай, халцгай. Яасан халуун юм бэ？
　　アッチッチ！ 何て熱いの.

703　хальт хульт (=халти мөлт)

いいかげん. 何かする際充分では無い. はんぱな.

Аливаа үйлийн дутуу зэрэмдэг, хааш яйш болохыг "хальт хульт" гэнэ.

Ж：Энэ ажлыг ингэж хальт хульт хийж болохгүй.
　　この仕事をこんなにいいかげんにしてはいけない.
Ж：Би японоор халти мөлт ярьдаг.
　　私は日本語を少しだけ(充分でない)話す.

704　хамаа алга

関係ない. かまわない. 知ったこっちゃない.

хамаагүй, падгүй, холбогдолгүй.

Ж：Түүний яаж явах нь над хамаа алга.
　　彼がどうやって行くか私には関係ない.

705　хамаагүй

1．関係ない.　　　　2．大丈夫，平気です.
3．無駄な，意味のない.
4．不用心，不注意に.　5．すごく. はるかに.

1．хамаарах юмгүй, холбогдолгүй.
2．гайгүй, зүгээр.
3．дэмий, утга учиргүй.
4．болгоомжгүй.
5．хэтэрхий, их, илүү.

Ж１：Энэ ажил чамд хамаагүй.
　　この仕事は君に関係ない.

Ж 2 : —Ачаа чинь хүнд байна уу ?
　　　—Зүгээр, хамаагүй ээ.
　　　—荷物，重いですか？
　　　—大丈夫，平気です．
Ж 3 : Хамаагүй юм ярьсаар байгаад хамаг цаг алдчихлаа.
　　　つまらない話をしていて大切な時間を無駄にしちゃった．
Ж 4 : Улс төрийн талаар хамаагүй юм донгосчихлоо.
　　　政治について，かまわず(不用心)しゃべってしまった．
Ж 5 : Энэ палааж хамаагүй сайн.
　　　このワンピースはとても良い．

706　... ч хамаагүй

…でもかまわず．

... ч гэсэн, ... байсан ч, ... боловч.

Ж : Өвөл ч хамаагүй хөдөө явмаар байна.
　　冬でもかまわず田舎へ行きたい．

707　хамгийн гол нь

最も大事なことは．第一のことは．最も大切なのは．

хамгийн чухал, эн тэргүүний асуудал.

Ж : Хамгийн гол нь өдөр бүр хичээлээ үзэх хэрэгтэй.
　　最も大切なことは毎日勉強することです．

708　хамжааргагүй

メチャクチャ，かまわずに．

замбараагүй.

Ж : Хамжааргагүй идэж болохгүй.
　　ムチャクチャ食べてはいけません．
Ж : Хамжааргагүй үг ярьж болохгүй.
　　かまわずにものを言ってはいけない．

–хан[4]

709 –хан[4]

–хан[4]は文章の中でその言葉の意味，特質を強調する。
–хан[4]は強調するのと同時に下記に有るような意味を出す。
1. 形容詞の意味を強める。
2. 代名詞，数詞，名詞の語幹に付いてマイナーな意味を出す。
3. 名詞の語幹に付いて，小さくて可愛い，愛らしいという意味を出す。
   （子供の話し言葉に良く出てくる。）
4. 時間的にその言葉より短く感じているのを表す。

"–хан[4]" нь өгүүлэгчийн зүгээс тухайн үгээр илрэх утга, шинж чанарыг илүү онцгойлон үзэж буй үнэлгээг илтгэнэ.
"–хан[4]" нь онцолсон үгийг заахын зэрэгцээ мөн дараах утга үүрэгтэй.
1. Тэмдэг нэрийн утгад хүч нэмэгдүүлэх үүрэгтэй.
2. Төлөөний үг, тооний нэр үгийн үндсэнд залгаж голж чамласан утга илтгэж болно.
3. Жинхэнэ нэрийн үндсэнд залгаж өхөөрдөж багасгасан утга илтгэнэ. (хүүхдийн яриандэлбэг.)
4. Цагийн утгатай үг болон түүний тодотгол үгэнд залган холбогдох үйл харьцангуй ойрмог болсныг үнэлсэн утгатай.

Ж 1 : Хатуухан ярих хэрэгтэй.
    少しきつく言う必要がある。
Ж 2 : Өнөөдөртөө уушиг гүзээхэн төдийгөөр л аргална.
    今日は臓物(肺，胃腸)で料理を作ることを考えます。
Ж 2 : Цуглаанд гучаадхан хүн ирсэн.
    ミーティングにたったの30人ぐらい来た。
Ж 2 : Хэдхэн төгрөгийн цалин авч байгаа юм байх.
    たいした給料をもらっていないらしい。
                                          юм байх；伝え聞いた，・・・らしい。
Ж 3 : цэцэгхэн(小さくて可愛い花). морьхон(可愛い小さい馬).
    бөмбөгхөн(かわいい毬(#)), гацуурхан(かわいい針もみの木)г. м.
Ж 4 : Өчигдөрхөн цас орсон.
    つい昨日雪が降った。
Ж 4 : Хоёрхон жилийн өмнө энэ хавьд нэг ч байшин байхгүй байсан.
    つい2年前まではこの辺は一軒も建物が無かった。

・特に強調したい "–хан[4]" 接尾辞が付いた若干の語の中間に長母音を入れて言う（下記に有る）。
・Онцлон чухалчилж байгаатай холбогдон зарим "–хан[4]" дагавартай үгийн дунд урт эгшиг оруулж хэлдэг. Үүнд,

```
бэлэн–хэн = бэлхэн → бэлээхэн.（準備した）
том–хон = томхон → томоохон.（かなり大きい）
бага–хан = багахан → багаахан.（かなり小さい）
нэг–хэн = нэгхэн → нэгээхэн.（一部分）
олон–хон = олхон → олоохон.（大部分, 相当多く）
их–хэн = иххэн → ихээхэн.（かなりの, ずいぶんの, かなり大きい）
```
Ж：Бэлээхэн толь байгаа.
辞書があるのに（ひとに聞かないで引いてみたら）.

Ж：Бэлээхэн хоол байна, орон байна。 Яагаад болдоггүй юм бэ？
食べる物も家も有るのに，何が不満なの？（どうしてこんなことをするの？）

Ж：Монголчуудын нэгээхэн хэсэг нь тааруухан амьдралтай.
一部のモンゴル人は生活に困っています.

Ж：Дээхэн тавиарай.　　上の方に置いて下さい.

Ж：Дээхэн үед нэг үер болсон.　　昔洪水が起きた.

Ж：Ихээхэн цаг зарж байж хоёр гурван хуудас（юм）бичсэн.
かなりの時間を使って 2 — 3 枚のものを書いた.

・長母音が入らない語は沢山ある.
цөөн–хөн → цөөхөн（少ない, 数少ない）, нам–хан → намхан（低い）,
дээр–хэн → дээхэн（дээрхэн）（上の方, 昔）.　　г. м.

710 хар

1. 黒い色.　　2. 単一の, 混ぜ物のない.　　3. 普通の.
4. 悪い. 毒の有る.　　5. 俗人(坊さんでない).
6. 男性.　　7. хараар となると VISA なし不法滞在という意味になる.

1. өнгө заасан утга.
2. дан, цэвэр, хольцгүй гэсэн утга.
3. жирийн, энгийн гэсэн утга.
4. муу, хортой гэсэн утга.
5. лам биш, сахил санваарүй.
6. эрэгтэй.
7. Хэрэв "хараар" гэвэл визгүй, хууль бусаар байх гэсэн утгатай.

Ж 1：хар өнгөтэй гутал.
　　黒い(色の)靴.

Ж 2：хар цай.（сүүгүй цай）
　　ミルクの入ってないお茶.

Ж 2：хар шөл.（дан махан шөл）

хар аяндаа

　　　　　肉だけ入っているスープ.
　　Ж3： хар ярианы үг. (албан ёсны бус жирийн яриа)
　　　　　俗語（公式ではない日常会話）.
　　Ж4： Хар золиг чинь яагаад удаад байгаа юм бэ?
　　　　　あいつ、何でそんなにぐずぐずしているんだろう?
　　Ж4： хар санаатай хүн.　　腹黒い人.
　　Ж4： хар тамхи.　　麻薬.
　　Ж4： Хулгай хар мөртэй гэдэг.
　　　　　（悪いことが）一度有ることは二度有ると言う.
　　Ж5： Хар болсон (лам байхаа больсон).
　　　　　還俗した.
　　Ж6： харчуул (эрэгтэйчүүд).　　男達.
　　Ж6： хар хүү (залуу).　　若い男性.
　　Ж7： хараараа ажил хийх.
　　　　　VISAの期限が切れたままで不法就労する.

711　хар аяндаа

自然に、ひとりでに、その内に.

өөрөө, зөндөө, аяндаа, яваандаа.

　　Ж： Хар аяндаа бүтнэ.
　　　　(цэвэр өөрөө, бусдын оролцоогүй бүтнэ)
　　　　その内、自然にうまくいく.

712　хар болох

還俗する. お坊さんが俗人になること.

лам байсан хүн ард болох.

　　Ж： 1930-аад онд ихэнх лам хар болсон.
　　　　1930年代に多くのラマ僧が還俗した.

713　хар толгой

一人で. たったひとりで.

ганцаар, өөрөө.

Ж：Хар толгойгooроо хариуцна.
　　自分ひとりで責任をもつ．
Ж：Хар толгойгooроо мэдье.
　　自分で決めよう．
Ж：Хар толгойдоо гомдох．(өөртөө гомдох)
　　自分自身に腹が立つ．

714　хар хүн

1．主人，夫．　　2．俗人．

1．нөхөр, эр хүн.
2．лам биш, сахил санваар хүртээгүй энгийн хүн.

Ж1：Туяагийн хар хүн нь саяхан шинэ ажилд орсон.
　　トヤのご主人は最近新しい仕事に就いた．
Ж2：Энэ өвгөн залуудаа лам явж байгаад 40-өөд оны үед хар болсон гэсэн.
　　この老人は若い時に坊さんの修行をしていたが1940年代に還俗したそうです．

715　хар юм

奴(やつ)．
男の人を嫌って言う言葉．

Эрэгтэй хүнийг муучилж дургүйцсэн өнгөөр хэлсэн үг.

Ж：Энэ өрвийсэн хар юмыг хараач.
　　こいつを見てよ．　　　　　　(өрвийсэн：髪の毛がボサボサした)

716　хараастай

目を開けたまま．見てるまま．
(хар(ах) -аас -тай)
хараатай, харж байгаа чигээрээ.
書き言葉の эвхээс (эвх(эх) -ээс), дэлгээс (дэлгэ(х)-ээс)というのと同じように хараас という言葉ができた．хараастай という言葉は話し言葉にのみ使われる．
　　эвхэх（折りたたむという意味の動詞）．　　эвхээс（（名詞）ひだ，折り目）．
　　дэлгэх（開ける，広げる）．　　дэлгээс（開く）．

харж үзэх

Бичгийн хэлний эвхээс (эвх(эх) –ээс), дэлгээс (дэлгэ(х)–ээс) зэрэг үгийн жишгээр хараас гэдэг үг үүсчээ.
Хараастай гэдэг үгийг зөвхөн ярианы хэлэнд хэрэглэдэг.

   үйл үндэс＋нэр үг бүтээх дагавар＋тэмдэг нэр бүтээх дагавар

хар(ах)	–аас	–тай
эвх(эх)	–ээс	–тэй
дэлгэ(х)	–ээс	–тэй

                                                          дагавар；шинэ үг бүтээнэ

Ж：Ах маань эмнэлэгт цонхоор хараастай намайг үдэв.
    兄は病院の窓から私を見送った．
Ж：Нүдээ хараастай нас барсан.
    目を開けたまま亡くなった．

717 харж үзэх

面倒をみる．支持する．

туслаж дэмжих үүднээс анхаарч үзэх.

Ж：Оюутан гэж харж үзээд унааны хөнгөлөлт үзүүллээ.
    学生なので運賃の学割をしてもらった．

718 харин

しかし．でも．…が．それにしても．かえって．

гэвч, гэтэл.

Ж：Ах хөдөө явна. Харин би явахгүй.
    兄は田舎へ行きますが私は行かない．
Ж：Харин нэлээд сайн болжээ.
    それにしても，かなりよく出来たね．

719 харин тийм (ээ)

そうですね．   同意した時言う言葉．

Батлан дэмжих санаа илтгэнэ.

Ж：―Хүүхдээ дагуулаад явах уу？

—Харин тийм.
　　　—子供連れて行く？
　　　—そうしよう．

720　**харин ээ**

どうしようかな．困ったなあ．そうねえー．えーと．

Шийдвэр гаргаж чадахгүй, тээнэгэлзэж байгаа үед хэлдэг.

　Ж：—Маргааш номын санд очих уу？
　　　—Харин ээ, яадаг юм бил ээ.
　　　—明日図書館に行く？
　　　—そうねえ，どうしようかな．

721　**хариугүй**

直ちに，すぐに．

Одоохон, юу юугүй, цаг нь тулсан гэсэн утга илтгэнэ.

　Ж：Хариугүй бороо орох нь ээ.
　　　間もなく雨が降りそうね．

722　**(еэ) харлаа (ээ харла)**　c.f. хөөрхий. чааваас. зайлуул.

あー，困ったなー．ああ困るなあ．
残念に思って発する言葉．

Чамлах, харамсах санааг илтгэнэ.

　Ж：Хутгатай гараар мах өгөхөд өвөө；
　　　—Еэ харлаа, хүү минь！Хутгатай гараар хүнд мах өгдөггүй,
　　　заавал хутгаа тавиад махаа өгөөрэй гэв.
　　　ナイフを持ったまま肉を差し出したところ，おじいさんが
　　　—おいおい坊や，ナイフを持ったままの手で人に肉をあげないで，ナ
　　　イフを置いて，肉を差し上げるものだよ，と言った．

723　**харласан дотор**

　1. 気持ちが辛くて胸が痛む．

хармаа

2．腹黒い．

1．Зовлон шаналгаанаас болж өр эмтэрсэн．
2．өөдгүй сэтгэлтэй, хар санаатай．

Ж1：Түүнийг бодохоос дотор харлах юм．
　　　あの子を思うと胸が痛む．
Ж2：Харласан дотортой, хүний үнэргүй амьтан юм аа．
　　　腹黒い人非人だ．（ろくでなしだ．）

724　хармаа

ポケット．
халаас, карман(орос үг)．
もともとはロシア語の карман からモンゴル語化されて хармаа になった．モンゴル語は халаас と言う．
・モンゴル服（デール）にはポケットが無い．ポケットの代わりになるのが懐である．懐に何か入れることを өвөртөө хийх, өвөртлөх と言う．

Орос хэлний "карман" –аас гарсан үг．монгол хэлээр "халаас" гэнэ．

Ж：Дорж хармаандаа гараа хийчихээд зогсож байна．
　　ドルジはポケットに手を突っこんで立っています．

725　хармаа суйлах

スリをはたらく．ポケットから掏る．

халааснаас хулгай хийх．

Ж：Автобусанд хармаанаасаа мөнгөө суйлуулчихлаа．
　　バスの中でポケットから金を掏られた．
　　　　　　　　　　　　　　　・хармаагаа суйлуулах（掏られる）

726　харсан биз？（＝хараа биз？）

見たでしょう？
この語を解明すれば：хар(ах)＋–аа^4（形動詞の現在形）になる．–аа^4 は現在形の接尾辞であるが，それを話し言葉では過去形の意味で使うことが多い．

Энэ үгийг задалбал : хар(ах)–аа⁴ (үйлт нэрийн одоо цаг) болно. "–аа⁴" нь одоо цагийн нөхцөл боловч түүнийг ярианы хэлэнд өнгөрсөн цагийн утгаар хэрэглэх тохиолдол элбэг.

Ж : Өчигдөр телевизороор бөх хараа биз ?
(————〃———— харсан биз ?)
昨日テレビで相撲を見たでしょう.

727 . . . (–аа⁴) хат даа

そうかなあ.
. . . ч гэж дээ.
前に誰かが言った言葉に対して, 前出の動詞に –аа⁴ хат даа と言ってその動詞の反対の気持ちを表す.

Аливааг голж үгүйсгэсэн утга илтгэнэ.

Ж : —Тэр хүн сайн хүн шүү.
—Сайн хүнээ ч хат даа, чамайг эмнэлэгт байхад нэг ч удаа эргэж ирээгүй шүү дээ.
—彼は良い人ですよ.
—そうかなあ, 君が入院中彼は一度も見舞いに来なかったじゃない.

728 хатгах

そそのかす. 扇動する.

бусдыг өдөөх, хатган өдөөх, өөрийн санаа хүслийг бусдаар хийлгэхийг оролдох, ятгах.

Ж : Найз маань намайг хатган шүүмжлэл хэлүүлэв.
友達は私(をそそのかして)に批判させた.
Ж : Доржийг хатгаад бүгдээрээ салхинд гаръя.
ドルジを誘って(扇動して)皆でピクニックに行こう.

729 хатуу гар

1. 厳しい, 難しい.
2. けち.

1. чанга, бэрх.

хая даран

2. харамч, нарийн.

Ж 1：Би хойт ээжийн хатуу гараар өссөн.
　　　私は厳しい継母に育てられた．
Ж 2：Дорж бол хатуу гартай хүн.
　　　ドルジはけちな人だ．

730　хая даран

隣．

ойрхон, хөрш, зэргэлдээ.

Ж：Хая даран буужээ.
　　（Маш ойр айл буужээ.）
　　隣に移動してきた．隣に引っ越して来た．
Ж：Хая даран тоглож өссөн.
　　（Айл зэргэлдээ тоглож өссөн）
　　隣の子と一緒に遊んで育った．

731　хаянд ирэх　　　　　　　　c.f. нохойн дуу ойртох.

近い．近づく．

ойртох, цаг нь ирэх.

Ж：Улсын шалгалт хаянд ирлээ.
　　国家試験(卒業試験)の時期が近づいて来た．

732　(үйл үг)＋хаях

・・・してしまう．
動詞の意味を一層強める助動詞．

Энэ туслах үйл үг нь тухайн үйл бүрмөсөн болсныг заана.

Ж：Ном дэвтэр холиод хаячихсан байна.
　　本とノートを混ぜこぜにしてしまったのです．

733 –хгүй яв даа (. . . –х нь яв даа)

・・・すれば良かったのになあ. ・・・したら良かった.

харамсахад хэлэх өгүүлбэрийн төгсгөл.

Ж：Би эр хүн болж төрөх нь яв даа！
Би эр хүн болж төрөхгүй яв даа！
(私)男に生まれていれば良かったなあ.

734 –хгүй яахав

—лгүй яахав-ыг үз.

735 хийсэн болох

c.f. –сан болох.

1. やったように見せる.　　2. 形式的にする.

1. хийсэн дүр үзүүлэх.
2. оромдож хийх, хийсэн нэр зүүх.

736 хир бараг

大体, あまり, 普通.

энгийн, ерийн, хирийн, барагтай бол.

Ж：Дорж хир баргийн юмнаас айхгүй.
ドルジは大体において物事を怖がらない.
Ж：Дорж хир баргийн архинд согтоггүй.
ドルジは並の量のアルヒじゃ酔っ払わない.

737 хир зэрэг

どれぐらい.
物事の数量とか現状について聞く時こう言う.

хэд(ий) орчим.
тухайн хэрэг юмын тоо хэмжээ, байдлыг асуух төлөөний үг.

Ж：Энэ хувцас хир зэрэг үнэтэй вэ？
この服はいくらぐらい？

738 хирнээ

・・・なのに.

мөртөө, байтал.

Ж: Тэр их идсэн хирнээ цадаагүй.
彼は沢山食べたのにお腹が一杯にならなかった.

739 –хнаа⁴ (–х нь)

・・・していたら・・・だった.
話し言葉で"-хнаа⁴"で終わる例えば"мэдэхнээ","бодохноо","санахнаа"等の言葉は,行動がある状態でうまくいかなかった後で振り返って納得する時に主に使われる.(–х)は未来形であるが,この場合過去の意味で使われる."–сан⁴ бол . . .","–хад⁴"と近い意味がある.

Ярианы хэлэнд тохиолдох "–хнаа⁴" төгсгөлтэй "мэдэхнээ","бодохноо","санахнаа" гэх мэт үгийг гол төлөв ажил үйлс ямар нэг байдлаар бүтэлгүй болсон хойно эргэж ухаарах өнгө аясыг илтгэхэд хэрэглэдэг. (–х) бол ирээдүй цагийн нөхцөл боловч ийм тохиолдолд өнгөрсөн цагийн утгаар хэлдэг.
"–сан⁴ бол . . .", "–хад⁴" –тэй ойролцоо утгаар ойлгож болно.

Ж: Мэдэхнээ би үүнийг бүр эртнээс хийж эхлэх ёстой байж.
(Мэдсэн бол би үүнийг бүр эртнээс хийж эхлэх ёстой байжээ.)
分かっていたら私はこれをずっと前からするべきだった.
Ж: Ярьж суусаар байтал нэг мэдэхнээ(=мэдэхэд) цаг явчихсан байсан.
お喋りしていて,ふと気が付いたら時間が過ぎてしまっていた.
Ж: Нэг мэдэх нь, мань хүн ачаагаа аваад явсан байсан.
ふと気が付いたらあの人は(あの人の)荷物を持って行っちゃっていた.

мань хүн ; мань хүн–ийг үз.

740 ХОВ ЖИВ

悪い噂.

ам дамжин муучилсан үг.

Ж : Би хов жив ярьдаг хүнд дургүй.
　　ひとの噂をする人は嫌いです.
Ж : Манай ээж хов ярих муухай гэж дандаа хэлдэг.
　　母はひとの噂をするのはみっともないといつも言っている.

741　(ээ) хог !

ごみ(хог), がらくた(новш), 悪党(монди гэж)等々, 大した意味も無いが罵倒する言葉が話し言葉では非常に多く使われる. 声音(こわ)によって"憤慨している", "ため息をつく(халаг)", "くしゃみをした後(хог!)"等々色々言われる.

новш !, (Ээ) золиг(оо) !, монди гэж !, (Ээ) цус гэж !, (Ээ) нохой !, (Ээ) харла !, хог !
Эдгээр нь ярианы хэлэнд хамгийн их гардаг хараалын үг юм. Үүнд хэлэх аялга их хамаатай.

1. しゃくにさわった時, 憤慨した時に言う.
2. ののしる意味もさりながら, 遺憾に思って思わず"あーあ!"と口をついで発する意味の無い罵声.

1. Эгдүүцэн зэвүүцсэн санааг хэлнэ.
2. Хараалын гэхээсээ илүү халаглах, уулга алдах зэрэгт хэлэх аялга үг шиг хэрэглэдэг.

Ж 1 : Дорж оо ! Чи муу өөдгүй хог !
　　ドルジ, おまえは屑野郎だ !
Ж 1 : Чи ёстой өөдгүй новш !
　　おまえは全く人間の屑だ.
Ж 2 : Оюунаа чанга найтааснаа "Ээ хог !" гэж амандаа үглэв.
　　オヨンナは大きなくしゃみをすると"あーあ"と口の中でつぶやいた.

742　хог дээр үсрэх

とても困る.

баларч сүйрэх.

Ж : Хүмүүс юм хийгээд өг гэвэл хийх хэцүү хийхгүй хэцүү болно.
　　Би хог дээр үсэрнэ. Чадахгүй.
　　何かしてくれと頼まれると, しない訳にもいかないし, しても困った

хоёр дэгээдэх

ことになる。後で困るから私は出来ません。
Ж：Хэрэв хүн мэдвэл бид гурав хог дээр үсэрнэ.
もし知られたら私達3人は困るからね。
Ж：Алдаа гаргавал би хог дээр үсэрнэ.
失敗したら私は困る。

743 хоёр дэгээдэх

成績で"2"を取る。
学生達の間で話される。モンゴルでは5段階で2を3回取ると進級出来ない。2という字は魚の釣り針のような形をしているところからこの言葉が出来た。一般に дэгээдэх という語は枷(かせ)、ひもで結ばれる、捕まえられる等マイナーな意味を表す時使われる。

Оюутан сурагчидын дунд муу дүн авахыг ингэж хэлдэг.
Хоёрын тоо дэгээ шиг хэлбэртэй учраас ийм үг гарсан байна. Ер нь дэгээдэх гэдэг үйл үг нь дөнгө, уягдах, баригдах гэх зэрэг сөрөг утгыг илэрхийлэхэд хэрэглэгдэнэ.

Ж：Хоёр дэгээдээд дахин шалгалт өгөх боллоо.
2を取って、もう1度試験を受けることになった。

744 хойлогтох

弱々しい性格をさらす。風采の上がらないのろま。パッとしない。メランコリックから出た言葉。もじもじする。

унжгар сул зан байдал гаргах, доожоогүй будлиу байх.
"Меланхолик" гэдэг үгээс гаралтай.

Ж：Доржийг эхнэр нь "Чи дандаа хойлогтож байдаг" гэж загнадаг.
ドルジのことを奥さんは"あなた、いつもぼんやりしていて"と文句を言う。
Ж：Дорж олон хүний өмнө гарвал нүүр нь улайчихаад юм хэлж чадахгүй хойлогтоод байдаг.
ドルジは人前に出ると顔が赤くなって何にも言えず、もじもじしてしまう。

745 (үйлт нэр) –аас[4] хойш

［形動詞］――ので。［形動詞］――だから。

"[үйлт нэр] учраас" гэдэг шалтгаан заасан утга илэрч болно.
хэлээгүйгээс хойш. −хэлээгүй учр(аас).
言わなかったので.
чадаагүйгээс хойш. −чадаагүй учир.
出来なかったので
мэдсэнээс хойш. −мэдсэн учир.
分かったので.

Ж：Сургуульд орж чадаагүйгээс хойш ажил хийхээс өөр аргагүй.
大学に入学できなかったのだから，仕事をするしかない.

746 хойш суух　　　　　　　　　　c.f. биеэ оторлох.

物事に消極的である.

Ж：Ажлаас хойш суудаг хүн манай компанид цөөнгүй байдаг.
仕事を後回しにする人がウチの会社には少なくない.

747 хойшоо гарах

(ロシアと)モンゴルとの国境を出る. ロシアに入る.

Оросын хилээр гарах, Орост очих.

Ж：Дорж үргэлж хойшоо гарч наймаа хийдэг.
ドルジはいつもロシアへ行って商売をしている.

748 хойшоо явах

ロシアへ行く.

Орост очих.

Ж：Дорж олон улсын хуралд оролцохоор хойшоо явсан.
ドルジは国際会議に参加する為，ロシアへ行った.

749 холион бантан болгох

混乱させる. ごたごたを起す.

холион бантан хийх, бантан хутгах, хутгаж будлиантуулах.

холион бантан хийх

Ж : Дорж орчуулж байна гээд холион бантан болгожээ.
ドルジが訳したがメチャクチャにしちゃいました.
Ж : Концертын хөтлөгч жүжигчний нэрийг андуурч холион бантангий нь хутгав.
司会者が俳優の名前を間違えたので大騒ぎになった.
Ж : Би "омүсүби" хийх гэж ёстой холион бантангий нь хутгав.
私, おむすびを作ろうとしたんだけど, クチャクチャになっちゃった.

750 холион бантан хийх   холион бантан болгох-ыг үз.

751 холион бантан хутгах   c.f. холион бантан болгох.

ごたごたを起す. 目茶苦茶になること.
モンゴル式ワンタンスープをスプーンでかき混ぜる. ——物事がごたごた, メチャクチャになることを言う.

• бантан шөл : モンゴル式ワンタンスープ   бантан алгадах-ыг үз.

752 холиох

メチャクチャである.

аливаа ажлыг буруу зөрүү хийх.

Ж : Чи монгол бичгээр бичнэ гэж мөн холиох юм аа.
君がモンゴル文字で書くなんてまったくメチャクチャだね.

753 хонгор минь !

英語の dear, darling 等と同じ意味に使われる.   最愛の, 親愛の.

энхрийлэн дотночилж хандсан үг.

Ж : Хонгор хүү минь ! Ээжийнхээ хэлснийг битгий мартаарай.
(最愛の)息子よ！ ママの言ったことを忘れないでね.
Ж : Хонгор Исао минь, би чамд хайртай.
(私の大切な)功さん, アイラブユー.

754 (гоё) хоол   гоё-ыг үз.

755 хоол хороож яваа (хүн)

暮らしを立てる．給料をもらっている．生活の面倒を見てもらう．

амь зууж яваа．

Ж：Би 20 жил энэ газраас хоол хороож яваа шүү．
私は20年間ここで給料をもらって暮らしを立てているんです．

Ж：Би 30 хүрсэн ч аав ээжийнхээ хоолноос хороож явна．
私は30歳になっても両親に生活の面倒を見てもらっている．

756 хоосон амлах (хоосон ам гарах)

空約束．

худал амлах．

Ж：Сонгуульд нэр дэвшигчид хоосон амладаг．
選挙で立候補者は空約束をする．

757 хоосон үг

実の無い言葉．中身の無い言葉．

худал дэмий үг．

Ж：Тэр дандаа хоосон үг ярьж явдаг．
彼はいつも中身の無いことばっかり言っている．

758 хоосон хонох　　　　　　　　c.f. мацаг барих．

食べ物が無くて夕食を食べないで寝ること．肉の無い軽食，例えばパン，米だけを食べて寝る時も хоосон хонолоо と言う人もいる．自分の意志でする断食(мацаг барих)とは違う．

Хоолны хольц (мах, гурил, будаа) байхгүй тул оройн хоол идэхгүй хонохыг хэлнэ．
Махгүй хөнгөн хооллоод (зөвхөн будаа, талх г. м.) унтсан тохиолдолд ч "хоосон хонолоо" гэж ярих хүн байдаг．

Ж：Махгүй тул хоосон хонов．

肉が無かったので何も食べないで寝た．

759 хорин дөрөв (24)　　　　　　　　c.f. аавын цээж.

ロシア製 ГАЗ-24, ГАЗ-3129型乗用車を省略して言う．
ГАЗ-24を旧型24, ГАЗ-3129を新型24と分けて言う．

Оросын "ГАЗ-24", "ГАЗ-3129" маркийн суудлын хөнгөн тэргийг хураангуйлан хорин дөрөв гэж нэрлэж заншсан байна. "ГАЗ-24"–ийг хуучин хорин дөрөв, "ГАЗ-3129"–ийг шинэ хорин дөрөв гэж ялгаж хэлдэг.

Ж：Гомбо "хуучин хорин дөрөв" барьж байгаа.
　　ゴンボは旧型の24を運転している．
Ж：Шинэ хорин дөрөв зууд хэд идэх вэ？（Үүнийг бичгийн хэлээр；ГАЗ-3129 машин 100 km–т хэдэн литр бензин зарцуулдаг вэ？ гэж өгүүлнэ.）
　　新型の24は100kmでどの位ガソリンを消費するか？

760 хорин нэг (21)　　　　　　　　c.f. аавын цээж.

ロシア製ボルガ ГАЗ-21型乗用車．
ГАЗ というのは "ゴーリキー市の自動車工場" の略．

оросын "Волга ГАЗ-21" маркийн суудлын хөнгөн тэрэг.
ГАЗ гэдэг нь "Горьковский Авто Завод (Горький хотын машины үйлдвэр)" гэдэг үгийн товчлол юм.

Ж：Одоо хорин нэг цөөрчээ．Хааяа л тааралдах юм．
　　現在は24は少なくなった．たまに見る．

761 хормойн ажил

セックスをする．

эр эмийн ажил.

762 хорхой хүрэх (=хорхой хөдлөх)

食欲がわく．夢中になる．主に食べ物について言う．

арааны шүлс асгарах. Их шохоорхож хүсэхийг хэлнэ. Ихэвчлэн идэх, уух зүйлийн тухайд ярьдаг.

Ж：Хорхой хүрмээр яасан сайхан үнэртэй хоол вэ？
　　食欲がわきそうな，何ておいしそうな臭いがする料理だろう．
Ж：―Чи битгий хорхой хүргээд бай！ Амттай юм яриад шүлс гоожчихлоо.
　　―私の好きな食べ物の話をしないで！　つばが出てきた．

763 хорхойтой

――の虫，――が大好き．

их дуртай.

Ж：Номын хорхойтой.　　本の虫．
Ж：Шатарт хорхойтой.　　チェスの虫，チェスが大好き．

764 хоршоо

店．
話し言葉で，まれに店という意味で言われる．

Ярианы хэлэнд хааяа дэлгүүр гэсэн утгаар хэлэгддэг.

Ж：Хоршоогоор оръё.　　店に入ろうか．

765 хохь чинь！　　　　　　　c.f. болж болж (хохь чинь).

だから言ったじゃないか．

766 хөгшин

1. 年寄り(老人)．
2. 年寄りが自分の奥さんのことを хөгшин と呼ぶ．奥さんは夫のことを өвгөн と呼ぶ．若い夫婦の間でもお互いを хөгшин, өвгөн と言う場合があるがこの言葉の使い方を間違えている．

ХӨГШИН ХОНИНЫ НАСГҮЙ

   3. 友達というのと近い意味でも使われている.

1. Настай хүн гэсэн утгатай.
2. Настай хүн гэргийгээ хөгшин гэж дууддаг. Гэргий нь нөхрөө өвгөн гэж дуудна. Зарим залуу гэр бүл бас бие биеэ хөгшин, өвгөн гэх мэтээр ярьдаг. Гэвч энэ нь буруу яриа юм.
3. Найз гэдэгтэй ойролцоо утгаар хэрэглэдэг.

Ж 1 : Монголчууд хөгшчүүлээ хүндэлдэг сайхан заншилтай.
      モンゴル人はお年寄りを尊敬する良い習慣がある.
Ж 2 : Манай хөгшний хийсэн хоолыг идээрэй.
      うちのカミさんが作った料理をどうぞ.
Ж 3 : Хөгшин чинь маргааш хөдөө явлаа.
      (Найз нь ─────── // ───────)
      (君の友達の) 私は明日田舎へ行きます.

767　ХӨГШИН ХОНИНЫ НАСГҮЙ

年をとって長く生きないという意味.

удаан амьдрахгүй гэсэн утга.

Ж : Би хөгшин хонины насгүй болсон хүн. Чи амьдралаа хурдан төвхнүүлэх хэрэгтэй.
   私は年をとったので(そう長くは生きられないので)おまえは早く身を固めなさい.

768　ХӨЛ БОЛОХ

大騒ぎになる. 混乱する.

үймээн болох, хүний хөл хөдөлгөөн их болох.

Ж : Даргыг ирэхийн өмнө хөл болж их цэвэрлэгээ хийв.
   所長が来る前に大騒ぎして大掃除した.

769　ХӨЛ ХӨДӨЛГӨӨНТЭЙ

賑やか.

хөл ихтэй, хөдөлгөөнтэй.

Ж : Улаанбаатар хот хэдэн жилийн өмнө нам гүм байсан. Одоо (их) хөл хөдөлгөөнтэй болжээ. (Олон хүн, олон машин техниктэй болсон гэсэн утгатай.)
ウランバートルの街は何年か前は静かだった．現在は賑やかになった．

770 ХӨЛ ХҮНД

бие давхар, бие шалтгаантай-г үз.

771 ХӨЛ ХҮНДРЭХ

妊娠する．

жирэмсэн болох, бие давхар болох, бие шалтгаантай болох.

772 ХӨӨГӨӨ ЧИРЭХ (ХӨГӨӨ ЧИРЭХ)

恥をかく．

ичгүүртэй юм хийх, муугаа үзүүлэх.

Ж : Зочинд шүүрхий махтай хуушуур өгч хөөгөө чирэв.
お客様に半生の(肉の)ホーショールを差し上げて恥をかいた．

773 ХӨӨДӨХ

人の顔に泥を塗る．名を汚す．

сүйтгэх, уршиг садаа болох, хор хүргэх, муу болгох, гутаах.

Ж : Эцэг эхнийхээ нэрийг хөөдсөн амьтан.
親の顔に泥を塗ったヤツ．
Ж : Миний нэр битгий хөөдөөд бай!
私の名前を汚さないで！

774 ХӨӨНИЙ

1. 厄介な．面倒な．　　2. 悪い．

хөөтэй.

1. Өөдгүй, гайтай гэсэн утгатай.

(ээ) хөөрхий (＝ай хөөрхий)

2. Хөө—хар өнгөтэй—муу утгыг заадаг.

Ж 1：Ёстой нэг хөөний намаг шиг ажил.
　　　(Үнэхээр төвөгтэй ажил.)
　　　本当に厄介な仕事です．
Ж 2：Тэр нэг хөөтэй дотортой юм явчихжээ.
　　　(Тэр нэг өөдгүй санаатай хүн явчихжээ.)
　　　あの腹黒いヤツは行っちゃったね．

775 (ээ) хөөрхий (＝ай хөөрхий)

　　　　　　　　　　　　c.f. зайлуул. харлаа. чааваас.

1. ああ，かわいそう．残念．
2. 馬鹿にするニュアンスを持つ．

1. өрөвдөлтэй харамсалтай.
2. Доогтой байгаа сэтгэлийн өнгийг илэрхийлнэ.

Ж 1：Ээ хөөрхий！ Ийм сайхан залуу хүн өдий насандаа ингэж өвчинд баригдах гэж！
　　　ああかわいそうに，こんなに若いのに病気になるなんて．
Ж 2：Ээ хөөрхий！ Иймхэн ч юм орчуулж чадахгүй байх гэж дээ.
　　　何だこんなものも訳せないなんて．

776　хөөрхий амьтан

1. ああ，かわいそう．
2. 人を見下げて，嫌いというニュアンスが有る．

1. өрөвдөж хайрласан утга.
2. дор үзсэн, дургүйцсэн өнгө аясаар хэн нэгнийг хэлэх үг.

Ж 1：Хөөрхий амьтан！ Их зовлон амсаж байгаа.
　　　かわいそうに！　とても苦しんでいる．
Ж 2：Хөөрхий амьтан！ Өөрийгөө их хөөрхөн гэж бодож байгаа даа.
　　　何てやつ！　自分のことを可愛いと思っているんだ．

777　хөх зүү хөндлөн барьдаггүй

裁縫は出来ない．

"Юм оёж чадахгүй" гэсэн утгатай хэвшмэл хэллэг.

Ж：Би хөх зүү хөндлөн барьж сураагүй хүн.
　　私は裁縫が出来ない.

778　хөхөө шиг сайхан донгоддог

口先でうまい事を言う.

худлаа амлах, худлаа магтах.

Ж：Дорж дандаа хөхөө шиг сайхан донгоддог.
　　ドルジはいつもうまい事を言っている.

779　-хсан⁴ бол？（=-х гэсэн бэ？）

・・・して頂けますか，・・・するのですか.
-хсан⁴бол？（．．．-х+-сан⁴ бол）という疑問詞は自分より立場の高い（目上の）人に対して言う尊敬語.

-хсан⁴ бол？（．．．-х+-сан⁴ бол）гэдэг асуух хэлбэр нь өөрөөс дээд албан тушаалын хүнд хандах хүндэтгэсэн хэлбэр юм.

Ж：Та юу гэж тушаахсан бол？
　　（Та юу гэж тушаах гэсэн бэ？）
　　ご用命は？
Ж：Та энэ асуудлыг нэг сайн тунгааж үзэхсэн болов уу？
　　この問題をよく考えて頂けますか？

780　хувьдаа（=аминдаа）

自分，個人.

биедээ, өөртөө, өөрөө.
өөрийн биеийг төлөөлөн заах утга.

Ж：Та хувьдаа юу бодож байна？
　　（Та өөрөө юу бодож байна？）
　　貴方自身はどう考えていますか？
Ж：Дорж хувьдаа байшин бариулсан.
　　（Дорж өөртөө байшин бариулсан.）

хугаа хуга

ドルジは自分で家を建てた．（作らせた）

781 хугаа хуга

名声，評判が落ちる．台無しになる．
副詞は話し言葉にはよく使われる．もし書き言葉に使われれば副詞の後には必ず動詞が必要とされる．しかし話し言葉では文章の終わりにつくこともある．若者がよく使う．

Дайвар үгийг ярианы хэлэнд илүү хэрэглэдэг. Хэрэв бичгийн хэлэнд хэрэглэвэл хойно нь заавал үйл үг байх шаардлагатай. Гэтэл ярианы хэлэнд өгүүлбэрийн эцэст ч тохиолдож болдог. Ихэвчлэн залуучууд хэрэглэдэг.

Ж：Алдар нэр ч хугаа хуга！
（Алдар нэр ч хугарсан.）
評判が落ちた！
Нэр хугарахаар яс хугар.　　　（цэцэн үг.）
評判が折れる（落ちる）より骨が折れた方がよい．

782 хужаа

話し言葉で，中国という意味．ナンギアド語（中国語）の漂泊者，移民という言葉から発生した．

Ярианы хэлний хятад гэсэн утгатай үг.
Хуо цяо (цагаач) гэдэг нангиад үгээс гаралтай.

Ж：хужаагийн эрлийз.（＝хятадын эрлийз.）
中国人との混血児．
Ж：хужаа гутал.（＝хятадад хийсэн гутал.）
中国製の靴．
Ж：хужаа санаа.（＝хятад санаа, дотуур тамир.）
悪意，意地悪，功利的．

783 хужрыг нь тунгаах

"岩塩（хужир）を水に溶かして上澄みと沈殿物に分ける"のと同じように物事を是と非に区別する．分ける．

учрыг нь олох, ялгаж таньж мэдэх.

Ж : За, чи энэ талаар учрыг нь олж, хужрыг нь тунгаах хэрэгтэй
байна.
さあ、君はこれについて訳を考えて善し悪しを判断しなさい。

784 **хуйхлах**

すごく恥ずかしい。

ихэд ичээх.

Ж : Дорж худал мэдэмхийрэх гээд өөрөө хуйхлуулж дууслаа.
ドルジは知ったかぶりをして困った。

785 **хулхидах**

だます。
хулхи というのは鼓膜である。空言、うまい事を言う等を хулхинд нь
цэцэг ургуулах (鼓膜に花を咲かせる) と言い、これから хулхидах という
隠語が発生した。

хуурч мэхлэх, гол гаргах.　　　　　　　　　　(гол гаргах-ыг үз.)
"Хулхи" гэж чихний хэнгэргийг хэлдэг. Хоосон худал, сайхан юм
ярихыг "хулхинд цэцэг ургуулах" гэдэг бөгөөд эндээс "хулхидах"
гэдэг этгээд үг үүсчээ.

Ж : Чи битгий хулхидаад байгаарай.
君、嘘を言わないで。

786 **хулхинд нь цэцэг ургуулах**
(этгээд хэллэг)　　　　　　　　　　c.f. хулхидах-ыг үз.

787 **хумслах**

小さな物を盗む。ちょっと盗む。チョロまかす。
爪でつまむ、爪で取るといった意味だが話し言葉では盗むといった意味で
使われる。

бага сага хулгай хийх.
Хумсаар чимхэх, хумсаар авах гэсэн шууд утгатай боловчярианд
хулгай хийх гэсэн шилжсэн утгаар хэрэглэдэг.

(хундагатай архийг) дохьчихъё

Ж : юм хумсалдаг хүүхэд.
　　物をチョロまかす子供.
　　Хумсалсаар хумсалсаар хулгайч
　　Хуурсаар хуурсаар худалч.　　　　　　　　　(мэргэн үг.)
　　爪で少しずつ摘まんで摘まんでドロボーになり
　　騙して騙して嘘つきの人になる.

788　(хундагатай архийг) дохьчихъё

さあ，酒を飲もう．杯を干そう．

Архи ууя гэсэн үг.

Ж : За, наадхиа нэг дохьчихооч.
　　さあ，ぐっと飲んでくれ．

дохь＋−чих＋−аач[4].

789　хусах

解雇する．クビにする．

халах, ажлаас өөрчлөх.

Ж : Гашуун уснаас болоод ажлаас хусагдсан.
　　酒を飲んだせいでクビになった．

790　хуурай

義・・・．　　血縁関係が無いのに身内のようになる．

Ямар ч төрлийн холбоогүй атлаа төрсөн мэт элгэмсэж ойр болсон гэсэн утга.

Ж : хуурай аав, ээж.
　　他人同士だが親子のような関係．
Ж : хуурай ах дүү (эгч дүү).
　　義兄弟．"血縁関係が有る兄弟"のような他人同士．
　　Төрсөн мэт ойр дотно ах дүү болсныг хэлнэ.
Ж : хуурай эгч (дүү)．　　義姉妹(ぎきょうだい)．
Ж : хуурай хүүхэд.
　　(他人の子だが)家になついた子．

Төрсөнтэй адил ойр дотно болсон хүүхэд.
Ж：Манай хуурай хүүхэд зун ирж амарна.
うちの子供(本当は他人の子)は夏に来て休みます。

791 ХҮН МУУТАЙ

人柄が悪い，人道的でない。

хүний мөс муу, хүнлэг сэтгэл тааруухан.

Ж：Доржийг хүн муутай гэдэг.
ドルジのことを人柄が悪いという。
　　　　　　　　• үүний эсрэг хүн сайтай гэж мөн ярьдаг.
　　　　　　　　　この反対の言葉は人柄が良い(хүн сайтай)である。

792 ХҮНДРҮҮЛЭХ　　　　　　　　　c.f. шовгор мовгор.

賄賂(わいろ)を贈る。お礼をする。

хахуулиар гар цайлгах, шовгордох(шовгор өгөх), шан өгөх.

Ж：Сайн хүндрүүлж чадвал энэ бүтэхгүй ажил биш ээ.
沢山お礼をすればこれは出来ない事でもない。

793 ХҮНДЭЭ ХӨНГӨНӨӨС ӨГӨХ

些細な事に口を挟んで評判を落とす。つまらないことに口を挟んで評判を落とす。

ялихгүй бага зүйлд хошуу дүрж нэрээ хугалах.
(ялихгүй юмнаас нэрээ хугалах.)

Ж：Та ч их хүндээ хөнгөнөөс өгөх юм даа.
つまらない事に口を挟んで，評判を落としたね。

794 ХҮНИЙ АМААР БУДАА ИДЭХ　　　будаа идэх-ийг үз.

795 ХҮҮЕ (ХӨӨЕ！)

おーい！　人を呼ぶ時発する間投詞。

хүүхдийн ам хаах

дуудах аялга үг.

Ж：Хөөе！Хоол болчихлоо, ирж идээрэй.
オーイ，ご飯できたよ，来て食べなさい．

Ж：Хүүе, яадаг билээ. Та минь ээ！Усанд хүн живж байна.
オーイどうしよう．みんなー！人が溺れているよー．

796 хүүхдийн ам хаах

子供に菓子，アメ，等のプレゼントをあげる．

хүүхдэд чихэр жимс, бэлэг өгөх.

Ж：Би хөдөө явахдаа хүүхдийн ам хаах жаал зугаа юм авч явдаг.
私は田舎に行く時，子供に土産を少々持って行きます．

797 хүүхдийн тоглоом

簡単に出来る．
簡単で楽に出来ることを話し言葉ではこう言う．

нохойн хэрэг, нохойн наадам.
Амархан, хялбархан хийх ажлыг ярианы хэлэнд хүүхдийн тоглоом гэдэг хэлц үгээр илэрхийлдэг.

Ж：Наад зураг чинь Доржийн хувьд хүүхдийн тоглоом.
(Наад зураг чинь Доржийн хувьд нохойн хэрэг.)
(─────── 〃 ─────── нохойн наадам.)
この絵はドルジには簡単に描けます．

798 −хчаа(н)⁴ аядах
(−х ч шиг аядах → −хчаа(н)⁴ аядах)

嫌々ながら・・・．
−хчаа(н)⁴ болох, −сан⁴ болох, . . . шүү² болох, −сан⁴ нэр зүүх.

気が向かずに嫌々ながら何かするという時，動詞の語幹に −хчаа(н)⁴ аядах (−хчаа(н)⁴ болох) を付けて表す．
−хчаа(н)⁴ という接尾辞は話し言葉にのみ使われる．

Тухайн үйл хөдлөлд дурамжхан хандаж, оромдож, тааруухан хийх

гэсэн утгыг илтгэхдээ үйл үгийн үндсийн дараа "-хчаа(н)⁴ аядах (-хчаа(н)⁴ болох)" гэж залган хэрэглэдэг.
-хчаа(н)⁴ гэдэг үгийн төгсгөл бол зөвхөн ярианы хэлэнд байдаг.

Ж：дуугарахчаа аядах.
　　（дуу гарах ч шиг аядах, дуугарсан шиг болох）
　　何か口の中で言ったがはっきり聞こえない.
Ж：Тэгьс гэж сулхан дуугарахчаа болов.
　　はい，と低い声でやっと言った（つぶやいた.）
Ж：ажил хийхчээ аядах. （仕事を仕方なくしている.）
　　=ажил хийхчээ болох.
　　=Ажил хийсэн нэртэй. （形だけ仕事をした.）
　　=ажил оромдох. （一応形式的にやった.）
　　=хийсэн шүү болох.
　　=ажил хийсэн нэр зүүх. （仕事をしたような格好をする. フリをする.）

799　хэг ёг хийх　　　　　　　　　　c.f. эг маг гэх.

ギクシャクする. 取り付く島も無い. 話す言葉も無く. 気まずいまま.

эг маг хийх, эв дүй муутай цөөн үгээр ярих.

Ж：Хэг ёг гээд хэлэх үггүй жаахан суулаа.
　　話す言葉も無く（気まずいまま）しばらく居た.
Ж：Өвгөн гуай ёоз муутай, хэг ёг гээд бид хэл ам нийлсэнгүй.
　　老人は機嫌が悪く，私達は話し合わなかった.

800　хэд гурван бор юм

多少のお金.

хэдэн төгрөг.

Ж：Хэд гурван бор юмны бараа харуулах болоогүй юу？
　　給料はまだかな？
Ж：Хөдөө явахдаа хэд гурван бор юм авч явах хэрэгтэй.
　　田舎へ行く時，多少の金は持って行った方が良い.
　　　　　　　　　　　　жаахан мөнгө
　　　　　　　　　　　　бор өнгөтэй мөнгө；100, 50 төгрөг
　　　　　　　　　　　　улаан өнгөтэй мөнгө；10 төгрөг

801　ХЭЗЭЭ НЭГ(ЭН) . . .　　c.f.（асуух төлөөний үг）+нэг(эн).

いつか.　　　　　　　　　　　　　　　c.f. олон хавар нэгэндээ.
かつて.　　　　　　　　　　　　　（урьд хэзээ нэг цаг；өнгөрсөн аль нэг цагт.）
過去に・・・有った，又は未来に・・・有るだろうという意味を表す.

Өнгөрсөн ба ирээдүйн аль нэг цаг үед байсан эсвэл байж болох гэсэн утга илтгэнэ.

Ж：Санаж явбал хэзээ нэгэн өдөр зорьсондоо хүрнэ.
　　いつも思っていればいつの日か夢は果たせる.
Ж：Хэзээ нэг цагт уулзана гэж боддог.
　　いつか会いたいと思っている.
Ж：Урьд хэзээ нэг цагт энд том нуур байсан гэж сонссон.
　　かつてここに大きな湖が有ったと聞いた.

802　ХЭЗЭЭ ХОЙНО

過ぎた後で.

бүр хойно, бүр сүүлд.

Ж：Энэ явдлыг би хэзээ хойно хоёр жилийн дараа сая л мэдлээ.
　　このことを私は2年後の最近知った.

803　ХЭЗЭЭ ХЭЗЭЭГҮЙ

もうすぐ，もうじき.

тун удахгүй, өнөө маргаашгүй.

Ж：Батын эхнэр хэзээ хэзээгүй төрөх болчихжээ.
　　バトの奥さんはもうじき出産します.

804　ХЭЗЭЭ ЯЗААНЫ

以前から，古くから，昔から.

хэдийний, аль эртний.

Ж：Дорж бид нар хэзээ язааны танил.

ドルジと私達は昔からの知り合いです。

805 ХЭЗЭЭ ЯМАГТ

いつも。

цаг бүр, цаг үргэлж.

Ж：Хэзээ ямагт шударга бай！
いつも正直でいなさい。

806 хэл ам авалцах

音沙汰が有る。連絡が有る。

хэл сураг, хэл чимээ болох.

Ж：Хэл ам авалцсан уу？
連絡取れましたか？

807 хэл ам болох

もめる。不和になる。悪口を言われる。文句が出る。

хэрүүл зарга хийх, хов жив болох.

Ж：Бидний худал хэлснийг багш мэдвэл сургууль даяар хэл ам болно шүү。
私達が嘘を言ったことが先生にバレたら学校中の噂になるよ。

Ж：Дорж анх тохирсон мөртлөө одоо болохоор мөнгө нэмэж авах ёстой гээд шүүхээр хэл ам болоод яваад байна.
ドルジは最初合意して決めたのに，未だに追加金をもらいたいと訴訟してもめている。

Ж：Оюутнууд хэл ам болоод байна.
学生達は文句を言っている。

808 ХЭЛ АМ ТАТЛАХ   c.f. энээ тэрээ гэх.

なんだかんだ言う。

хэл ам хийх, хэл ам болох.

хэл ам хийх

Ж：Битгий хэл ам татлаад байгаарай.
（Миний чихэнд битгий элдвийн юм сонсгоорой.）
なんだかんだと私の耳に入れないで下さい．

809 хэл ам хийх　　　　　　　　　c.f. хэл ам татлах.

なんだかんだと言う．苦情を言う．

хэл ам болох, хэл ам татлах.

Ж：Нэгэнт та хохиролгүй болсон тул хэл ам хийх хэрэггүй.
すでにあなたは損害を賠償してもらったんだから，なんだかんだと言う必要が無い．

810 хэл амтай

うるさい．がたがた言いたがる．訴訟好き．

олон үгтэй, заргач.

Ж：Тэр их хэл амтай хүн.
彼女はうるさい人です．

811 хэн мэддэг юм (бэ ?)

知らない．どうして私が知っているの？知ってる訳ないじゃないか．プリプリ怒った時こんな風に言う．

（＝Би яаж мэдэх вэ？＝Мэдэхгүй．）
Би яагаад мэдэх ёстой юм гэсэн утгатай.
Уцаарлаж дургүйцсэн үед голдуу хэлнэ.

Ж：Хэн мэддэг юм (бэ)？ Наадхиа өөр хүнээс асуу！
何で私が知っているのよ(知らないよ)．その事は他の人に聞いてよ．

812 ХЭН МЭДЛЭЭ

知らない，誰が知るもんか．
хэн мэдэх вэ？と同じだが，過ぎた事について話す時こう言う．

"Хэн мэдэх вэ？" -тэй адил боловч болж өнгөрсөн зүйлийн тухайд хэлэлцдэг.

Ж：─Ямар нь ийм юм хийчхээ вэ?
     хийчхээ；үйлт нэрийн одоо үргэлжилж байгаа цагийн нөхцөл.
 ─Хэн мэдлээ. Өчигдөр лав ийм юм болоогүй.
 ─誰がこんなことをしたの？
 ─知らない，昨日確かにこんなことは起きてなかった．

813 ХЭН МЭДЭХ ВЭ？（МЭДЭХГҮЙ）

知らない．誰が知るか．元は疑問文であるが話し言葉では主に"私は知らない，他の誰が知っているのかも知らない"という気持ちを表す．

Угтаа асуух өгүүлбэр боловч, ярианы хэлэнд ихэвчлэн "Би мэдэхгүй, өөр ямар хүн мэдэж байгааг ч мэдэхгүй" гэсэн санааг илтгэдэг.

Ж：─Багш хаашаа явсан юм бол?
  ─Хэн мэдэх вэ！
 ─先生はどこへ行ったのかな？
 ─知らない．

814 ХЭН НЭГ(ЭН) (асуух төлөөний үг)＋нэг(эн)-ийг үз.

815 ХЭН ЭЭ！

ねえー．あのー．ねえ，ちょっと！
"хэн"は疑問代名詞だが，話し言葉ではよく知っている人に声をかける時こう言う場合がある．うんと親しい人，目上の人，先輩などには言わない．

"Хэн" гэдэг нь асуух төлөөний үг боловч, ярианд жирийн таних хүний нэрийг хэлэхгүй "Хэн ээ!" гэж дуудах нь тохиолддог. Гэхдээ дотно сайн танил, ахмад настай хүнийг "Хэн ээ!" гэж дуудахгүй.

Ж：Хэн ээ！Наад номоо аваад өгөөч.
  ねえ！ちょっと！その本取って！
 ・Танихгүй хүнийг "Хүн гуай!" гэж дуудах нь бий.
  目上の人，年上の知らない人に хүн гуай と呼ぶ時もある．

816 ХЭНХЭГ

度を越した．マニアック．狂気じみたという言葉と近い．

хэр баргийн (юм, хүн)

илүү идэвхтэй. солиотой гэдэгтэй ойролцоо.

Ж：Ном их уншдаг хүнийг номын хэнхэг гэж хэлдэг.
本を沢山読む人のことを本のマニアックと言う.

маньяк：ロシア語. 狂人. マニア.

817　хэр баргийн (юм, хүн)　　　хир бараг –ийг үз.

818　хэрэв заяа　　　　　　　　c.f. хэрэвзээ.

もし.

хэрэв, хэрвээ.

Ж：Хэрэв заяа тэр ирэхгүй бол амьдралаа бодъё.
もしも彼が来なかったら自分の生き方を考えよう.

819　хэрэвзээ　　　　　　　　　c.f. хэрэв заяа.

もしかして, もしかすると.

Хэрэв заяа гэдгээс авиа ижилсэж хэрэвзээ гэдэг холбоос бий болсон.
"Хэрвээ" гэдэгтэй адил утгатай.

Ж：Бид хэрэвзээ очихгүй бол тэд ирнэ шүү.
私達がもし行かなければ彼等が来ますよ.

820　хээ

へーえ, フーン.
軽蔑したり, ひやかすとき発する.

Гайхан жигшсэн, тохуурхсан зэрэг өнгө аяс илтгэнэ.

Ж：Хээ, яасан муухай юм ярина вэ？
へーえ, 何てイヤなことを話しているの.

821　хээвнэг

一徹な, 心を動かさない. 平気でいる. 知らん顔している.
хэв нэг という言葉が徐々に хээвнэг になった.

Хэв нэг гэдэг холбоо үг аажимдаа хээвнэг гэсэн дан үг шиг болжээ. Зан байдал хэвээрээ өөрчлөгдөхгүй, тоомжиргүй гэсэн утга илтгэнэ.

Ж：Багшид загнуулаад хээвнэг зогсож байна.
先生に叱られているのに平気で立っている．

Ж：Тэр мөнгөө төлөлгүй хээвнэг яваад өгөв.
彼は金を払わないで知らん顔して行ってしまった．

822 хээгүй

かまわない．飾り気の無い．

хамаагүй．

Ж：Дорж гуай ч их хээгүй хүн юм.
ドルジさんはまったく飾り気の無い人だ．

823 хээцэс

評価しない．支持しない． 過小評価して馬鹿にした時言う感動詞．

Ойшоож үзэхгүй, дэмжихгүй бөгөөд басамжлан тохуурхсан үед хэлэх аялга．

Ж：Хээцэс, чиний тэр дарга болдог ч үлгэр байх аа.
イヤー，君が上司になるなんて考えられないわ．（物語みたいじゃないか）

824 хялайлгахгүй

少しも・・・してあげない．

жаахан ч өгөхгүй, үзүүлэхгүй гэсэн утга．

Ж：Чамд сохор зоос ч хялайлгахгүй．（жаахан мөнгө ч өгөхгүй）
（―Өгүүлэгч этгээд хэтрүүлж хэлж байна．）
君には１円さえもあげない．
（―話し手はオーバーに言っている．）
　　　　　　　　　　хялайх；横目でチラッと見る（үндсэн утга）

Ц

825 цаад
c.f. наад.

それ．話し手から見て相手の向こう側の．
時には"奥に．隠れた"といった意味を表す．

тэр．яригч хүний зүгээс үзвэл сонсогч хүний цаана байгаа．
Мөн зарим үед "далд" гэсэн утга илтгэж болно．

Ж：Цаад дэлгүүртээ орж үзэв үү？
　　向こうの店に入ってみた？
Ж：Энэ үгийн цаад утгыг нь ойлгож байна уу？
　　この言葉の裏にある意味が分かっていますか？
Ж：—Хайран хүн！Залуугаараа нас барлаа．
　　—Энэ лав улс төрийн аллага байх аа．
　　—Тэгвэл цаад эзэн нь хэн юм бол？
　　—惜しい人！若いのに亡くなった．
　　　（若いのに惜しい人を亡くした）
　　—これはきっと政治的暗殺だろう．
　　—じゃあ黒幕は誰だろう？

826 цаад зах нь

多くても，せいぜい． 　　сайндаа, их болж –ийг үз.

827 цаадахь＝цаадхи
c.f. цаад. наадахь.

そこに有るもの．向こうに有るもの．

цаад–хь, цаана байгаа юм, тэр (чинь) 　　–чинь–ийг үз.

Ж：Цаадхиа аваад өг.

(цаана байгаа юмаа аваад өг.)
そっちに有るのを取ってくれ.
(цаадахийг аваад өг гэж хэлдэггүй)　　–наадахь–ийг үз.
Ж：Цаадахиа хараач.
(Цаадахь машинаа хараач.)
あそこに有るのを(車を)見てごらん.
Ж：Цаадахийг чинь би сайн танина.
あの人を私はよく知っている.
Ж：Цаадахь чинь бүр санаа зовж байна.
あの人はとても心配している.
Ж：Цаадахь нь зөв санаатай хүн.
あの人は心の正しい人だ.

828 цаадуул

あの人達.

цаад хүмүүс. тэр хүмүүс.

Ж：Цаадуулдаа маргааш хуралтай гэж хэлээрэй.
あの人達に明日会議が有ると言って下さい.

829 цагаан будаа

書き言葉では тутрага(米, 稲)と言う. 話し言葉では цагаан будаа と言う. 徐々に書き言葉にも浸透して今では新聞にも цагаан будаа と書かれている.

"Тутрага" гэдэг үг байсан байтал ярианы хэлэнд "цагаан будаа" гэж ярьдаг болсон. "Цагаан будаа" гэдэг үг яваандаа бичгийн хэлэнд ч нэвтэрч орсон.

Ж：Хүүхдүүд сүүтэй цагаан будаанд дуртай.
子供達は米を牛乳で煮たスープが好きです.

830 цайрах

1. 白くなる.（通常の意味）
2. (данс と一緒で) 破産する. 倒産する. 赤字になる.
3. (өр と一緒で) 負債が無くなる.

царцаа ногоон

1. цагаан болох. (энгийн утга)
2. (данс) цайрах – мөнгөгүй болох, дампуурах.
3. (өр) цайрах – өргүй болох.

Ж 2：Хоёр ч банкны данс цайрсан.
　　　二つの銀行が倒産した。
Ж 3：Миний өр одоо цайрсан.
　　　私は負債が無くなった。

831　царцаа ногоон

АН2-Антонов 2.
複葉プロペラ飛行機．緑色で小型複葉プロペラ飛行機．
バッタ（飛蝗）の名前で通っている．

Ногоон өнгө болон жижиг бие, чанга дуутайгаар нь царцаатай адилтгаж өгсөн АН-2 онгоцны нэр.

Ж：Царцаа ногоон онгоцоор хөдөө шуудан зөөдөг.
　　АН2で田舎へ郵便物を運びます．

832　цонхлох（цонхтой）

授業が無い（休講になる）．
1. 授業と授業の間に穴があく．（ので時間割表を見ると窓の様である．）
2. 有るべき授業が何かの理由で無い．

1. хичээлийн хуваарьт бичигдсэн хоёр хичээлийн дунд гарсан сул, хичээлгүй цаг.
2. орох ёстой хичээл орохгүй өнгөрөх.

Ж 1：Цонхтой байдаг цагаар бид нар цайнд явсан.
　　　授業が無いのでその間に私達は食事に行った．
Ж 2：Багш ирээгүй ч юм уу, анги байхгүй зэрэг шалтгаанаар хичээл цонхлох тохиолдол олон.
　　　先生がいらっしゃらない，或は教室が足りない等の理由で休講になる場合が沢山有る．
Ж 2：Өнөөдөр 2-р цаг цонхолсон.
　　　今日は2時間目の授業が無かった．

833 цор цор гэх

反抗する．
小さい子供が喧嘩することを цор цор гэх と言う．

Бага хүүхэд хэрэлдэхийг цор цор гэх гэж хэлдэг.

Ж：Энэ чинь том хүний өөдөөс цор цор гэх нь.
　　こいつは大人に向かって口答えする．
Ж：Чи битгий цор цор гээд бай！
　　（言い訳をしている子供に）黙りなさい！

834 цохьчихъё

アルヒを飲んじまおう．

архи ууя.

Ж：Гурвуулаа ганц шил архи цохьчихъё.
　　3人で1本飲もう．

835 цөг　　　　　　　　　　　　c.f. амаа тат.

おいおい（何を言うの），黙んなさい！
失礼な事とか，言ってはいけない事を言った時，年寄りの人から цөг と言われる．

чимээгүй бай, дуугүй бай, бүү ярь.
Ямар нэг ёсгүй юм уу, ярьж болохгүй зүйлийн тухай хэлэхэд настай хүн "цөг" гэдэг.

Ж：―Эмээ！ Дандаа бурханд мөргөх юм. Хэрэг болдог юм уу？
　　―Цөг！
　　―おばあちゃん，いつも拝んでいるけど御利益があるの？
　　―何を言うの！

836 цөхрөнгөө барах

絶望する．失望する．窮地に陥る．
цөхрөн というのは цөхрөх（疲労困ぱいに達する，窮地に陥る），арга ядах
（仕方がない，どうしようもなくなって困る事を言う）といった心理を示す

цухуйлгах

語である．цөхрөнгөө барах と言えば全ての可能性が絶たれた事を言う．

аргаа барах.
"Цөхрөн" гэдэг нь цөхрөх, арга ядах сэтгэлийг заасан үг. Цөхрөнгөө барах гэвэл бүх зүтгэл, найдвар тасарсныг хэлнэ.

Ж：Бид цөхрөнгөө барлаа. Эмчилгээ байхгүй гэнэ.
　　私達は絶望した．不治の病なんだって．

837 цухуйлгах

ちょっとだけ．ちらっと言う．

цухалзуулах.
Аливаа хэрэг явдлын талаар цухас дурдахыг цухуйлгах гэнэ.

Ж：Энэ тухай Доржид цухуйлгах гэснээ болив.
　　このことをドルジにちょっと話そうとしたが止めた．

Ч

838 ...ч болов   c.f. бол-4, ...ч гэсэн.

——でも，——ても．
疑問代名詞の後に"ч болов"という言葉が入る時，"どんな場合でもこれをする"という決心を表す．

Асуух төлөөний үгийн хойно "ч болов" гэдэг үг оруулж аль ч тохиолдолд тухайн үйлийг хийнэ гэж шийдсэн санааг илтгэнэ.

Ж：Хаа ч болов хамаагүй, эндээс л явж үзье.
　　何処へでもかまわない，ここを出ていこう．
Ж：Юу ч болов энэ номыг аваад явъя.
　　必要になるかもしれないからこの本を持って行こう．
Ж：—Дорж гэртээ байгаа болов уу ?
　　—Юу ч болов очоод үзье.
　　—ドルジは家に居るのかな？
　　—とにかく行ってみよう．

839 ...ч болох нь оо (...ч болохноо)

——でも，せめて．せめて・・・でも．

...ч болов, ...ч болсон, ...ч гэсэн.
Үгүй ядахад, бүр болохгүй байвал, дор хаяж тийм ийм юм хийх гэсэн утга илтгэхэд туслана.

Ж：Утсаар ярьж чадахгүй гэхэд захиа ч болох нь оо явуулбал зүгээрсэн.
　　電話をかけられないと言うが，せめて手紙でもよこして欲しい．

                 таг чиг ч нь ч болох нь оо の入った文章を載せた.
                 зүгээрсэн ; зүгээр юмсан. сан[4]-1-ийг үз.

... ч гэсэн

Ж：—1000 төгрөг зээлүүлээч.
　　—Байхгүй.
　　—Тэгвэл 500 төгрөг ч болох нь оо, байхгүй юу?
　　—1000トグリク貸して？
　　—無い．
　　—それじゃあ500トグリクでもいいから，無いの？
Ж：—Удахгүй явлаа.
　　—Кофе ч болох нь оо уу л даа.
　　—もう帰る．
　　—(せめて)コーヒーでも飲んで行きなさいよ．
Ж：—Ам ангаад ..., уух юм юу байна?
　　　　　　　　　(＝уух юм юу байна вэ？)
　　—Одоо цай болно. Хөргөгчнөөс буцалсан ус ч болохноо аваад
　　 уухгүй юу даа.
　　—のどが乾いた・・・飲み物何が有りますか？
　　—今お茶が出来る．冷蔵庫の湯冷ましでも飲んだら？

840　... ч гэсэн

1. ——も．
2. 疑問代名詞(ямар, юу, хэн, хаана, аль, хэзээ, хэд)の後につき"どんな場合でも違いが無い"といった意味を表す．

　　　　　　　　　　　　c.f. юу ч гэсэн-2. юу ч болов-2.

1. бас, мөн адил гэсэн утга.
2. Асуух төлөөний үг(ямар, юу, хэн, хаана, аль, хэзээ, хэд)-ийн
   дараа орж "бүх нөхцөл, тохиолдолд ялгаагүй" гэсэн утга илтгэнэ.

　　　　　　　　　　　　c.f. юу ч гэсэн-2. юу ч болов-2.

Ж1：Би ч гэсэн тэгэж бодсон.
　　 私もそう思った．
Ж2：Хэн ч гэсэн сайн амьдрахыг хүсдэг．(＝хэн бүхэн)
　　 誰でも良い生活を望んでいる．

841　... ч дээ

・・・か．(なあんだ，)・・・か．

Эдгээр сул үгийн нийлэмж өгүүлбэрийн эцэст орж тухайн өгүүлбэрээр
илэрч буй зүйлийг өгүүлэгчээс голж басамжилсан санааг илтгэнэ.

Ж：Энэ ресторан ч дээ. Тийм ч сайн хоолтой газар биш.
　　このレストランか，ここの料理はあまりおいしくないよ．

Ж：Доржийн англиар ярих ч дээ, мэдэхгүй. Заримдаа буруу хэлээд байдаг юм.
　　ドルジの英語か，分からないなあ．間違えて言う時もあるよ．

842　．．．(нь) ч юу юм бэ, ．．．,

　　(＝．．．(нь) ч юу вэ, ．．．)

それはどうかな，そうでもないよ．

"Арай ч тийм биш" гэсэн утга илтгэнэ.

Ж：—Би ийм дэлэм урт загас барьсан.
　　—Дэлэм нь ч юу юм бэ, тохой хиртэй урт загас байсан.
　　(Тэр ч юу юм бэ, ийм урт загас байхгүй.)
　　(Арай ч дэлэм биш гэсэн утга.)
　　—僕はこんなに大きい魚を釣った．
　　—そうでもないだろう，半分ぐらいの(大きさの)魚だった．
　　・мухар дэлэм；手を握って両手を広げた長さの半分，80センチ．
　　 үзүүр дэлэм；指の先端まで————〃———— 86センチ．
　　 тохой；肘(ヒジ)までの長さ．(мухар) 32—34センチ，指の先端まで (үзүүр) 40—42センチ．

Ж：—Өнөөдөр лав 40 хэм хүйтэн байх аа.
　　—Дөч нь ч юу вэ, нэг, гуч гарам л байгаа.
　　—今日はきっとマイナス40度でしょう．
　　—マイナス40度じゃないでしょう，マイナス30度ちょっとぐらいじゃないの．
　　・テレビの天気予報で．．．хэм хүйтэн байна．と言えばマイナス度を言い，．．．хэм дулаан байна．又は．．．хэм халуун байна．と言えばプラスの度を言う．マイナスとかプラスとか言わない．

843　(еэ) чааваас！　　　　　c.f. зайлуул. харлаа. хөөрхий.

あー残念！かわいそうに．なあんだ．
1. 本当に残念に思ったり，かわいそうに思ったりする時，自然に口から出てくる言葉．
2. 何かに不満で相手を見下げて言う言葉．

1. халаглаж харамсах болон өрөвдөх аялга.
　 Уулга алдахад хэлдэг.

чадан ядан

2. Аливаа хэрэг байдал санаанд тохирохгүй байгаа, доог хийж буй өнгийг илэрхийлнэ.

Ж1：Еэ чааваас, унаанаасаа хоцорчихжээ！
　　ああー残念、乗り遅れてしまった！
Ж1：Еэ чааваас даа чааваас！Ээмгээ алга болгочихлоо.
　　あー残念！イヤリングを失くしちゃった.
Ж1：Чааваас даа. Энэ хөгшин мөн ч ядарч явна даа.
　　かわいそうに．このおばあさん本当に苦労しているね.
Ж2：Чааваас даа, ийимхэн юмыг чадахгүй байх гэж дээ.
　　なんだ，こんなことも出来ないのか.

844 чадан ядан　　　　　　　　　арай гэж –ийг үз.

845 чадах

意地悪をする．お返しをする.
通常の意味は"出来る"だが，話し言葉では上記の意味になる.

Энгийн утга нь "ямар нэг үйл ажлыг гүйцэтгэж дийлэх" гэсэн утгатай. Гэвч ярианы хэлэнд бусдыг хясаж хяхах, мэхлэх гэсэн утга илэрч болно.

Ж：Та нарыг ганц чадъя.
　　（前に何か意地悪をされた）お返しをしてやろう.

846 чадлаараа（＝байдаг чадлараа）

一生懸命.

бүх хүчээрээ, чадлынхаа хирээр.

Ж：Би байдаг чадлаараа өргөөд ч даахгүй хүнд юм.
　　一生懸命持ち上げても持ち上がらない重い物です.

847 чалх

精力.

чадал гэсэн үг. Эр хүний бэлгийн чадавхийн тухай ярьдаг.

Ж：Хүн орхоодойн ханд чалх сайжруулдаг.
朝鮮人参のエキスは精力が強くなる.

848 чарайх（＝чардайх） гүрийх-ийг үз.

我慢する.

849 ... чиг（＝ч）

ч という助詞が話し言葉で変化して чиг と言われる.

"ч" гэдэг сул үг ярианы хэлэнд "чиг" гэсэн хувилбартай байдаг.

Ж：Одоо чиг ондоо болж дээ.
（Одоо ч өөр болжээ.）
今は変わりましたね.

Ж：Хэн чиг байсан би айхгүй.
誰がいたって私怖くない.

850 чигтээ

そのまま. 変わらず.

чигээрээ, хэвээрээ, янзаараа.

Ж：Би тэр үед Болдод гомдоод тэр чигтээ явъя гэж бодож байлаа.
私はその時ボルドにがっかりして，そのまま行ってしまおうと思っていた.

851 чигээрээ

1. 変わり無く.
2. まっすぐ.

1. хэвээрээ, янзаараа, чигтээ.
2. эргэлт буцалтгүй.

Ж1：Дорж байгаа чигээрээ л байдаг.
（Дорж байгаа янзаараа л байдаг.）
ドルジはいつもと変わらずです.

Ж2：Тэр чигээрээ шулуухан яваарай.

そのまままっすぐ行って下さい．

852 ЧИНЬ

二人称に対して話す時 чинь という再帰語尾を使う．元の意味は чиний (あなたの)だが，話し言葉では二人称に関係なく使われる．
Уг нь 2-р биед хамаатуулах чиний гэсэн нөхцөл, гэвч ярианы хэлэнд энэ утгаас нь гадуур хэрэглэж тохиолддог.

1. 二人称再帰語尾．あなたの．
2. 話し言葉では，強調，重要視した言葉をはっきりさせる役目を持つ．そして，親しい間柄でないニュアンスも重ねて表す場合もある．(もし親しい間柄ならば，чи минь となる)
3. "бол の жишээ 5" に有る "···は" と近い意味合いで使われる．
4. 話している考えを堅固にする意味で，文の最後に юм と一緒に使われる習慣がある．この場合，主に前の文章を後に続く文章と関係づける役割を持つ．
5. 自分自身に関係のあることについて．···のに，···けれど．

1. 2-р биед хамаатуулах үндсэн утгатай нөхцөл.
2. Ярианы хэлэнд онцлон чухалчилсан үгийг тодотгох үүрэгтэй. Ингэхдээ зарим үед өөриймсөг бус өнгө аястай хандах баймж утгыг давхар илтгэнэ.   (Их дотно бол "чи минь" гэнэ.)
3. Аливаа юмыг тодорхойлон илтгэж "бол-5" гэдэг үгтэй ойролцоо утгаар хэрэглэгдэнэ.
4. Хэлж байгаа санаагаа бататган лавшруулах утгаар "чинь" нөхцөлийг "юм" гэдэг үгийн хойно өгүүлбэрийн эцэст оруулан хэрэглэх ёс бий. Энэ тохиолдолд "чинь" нөхцөл нь ихэвчлэн өмнөх өгүүлбэрийг дараагийн өгүүлбэртэй холбох үүрэгтэй байна.
5. Өөрийн биед хамаатуулсан утгаар хэрэглэдэг.

Ж 1 : Бие чинь яаж байна вэ?
　　　あなたの身体の具合はいかがですか？
Ж 2 : Энэ чинь одоо юу вэ?
　　　これは一体何ですか？
Ж 2 : Энэ захиаг таныг явахлаар чинь өгнө. (явах үед)
　　　(үйл явдлыг онцолсон утгатай)
　　　この手紙をあなたが帰る時あげます．
Ж 2 : Өглөө босоход чинь халуун ус байсан уу?
　　　(Чамайг босоход халуун ус байсан уу?)
　　　(цагийг онцолсон утгатай)

Ж 2 : Чи чинь хөдөө явахаа больж байгаа юм уу？
君は田舎に行くのを止めたの？
Ж 2 : Наадахь чинь хөдөөнөөс ирсэн мах.
これは田舎から届いた肉です．
- цаадахь чинь　　あーそれはね．
- наадахь чинь　　あーこれはね．
- энэ чинь　　これはね．
- тэр чинь　　それはね．

Ж 3 : Намар болно гэдэг чинь мах, ногооны үнэ хямдарна гэсэн үг.
秋になるということは肉，野菜の値段が安くなるということです．
Ж 3 : Тэр харагдаж байгаа чинь Доржийн гэр шүү дээ.
あそこに見えるのがドルジの家ですよ．
Ж 4 : Дарханд миний таних хүн байхгүй юм чинь．Тийшээ очвол дэмий биш үү？
ダルハンには私の知人がいないもので．あっちに行くのは止めた方が良くないかなあ？
Ж 4 : Энэ номыг би өөрөө худалдаж авсан юм чинь.
この本は自分で買ったものなのです．
Ж 5 : Айсандаа болоод хашгирсан чинь хэн ч дуугарсангүй.
（хашгирахад минь）
（өөрийн биед хамаатуулсан утгатай）
怖くなって大声で叫んだけれど誰も騒がなかった．
　айсандаа : ай(х) −сан（өнгөрсөн цаг）−д（өгөх оршихын т/я）
　−аа（ерөнхий хамаатуулах т/я. −аа⁴）
Ж 5 : Утас дуугарахад очоод авсан чинь хэн ч хариу өгсөнгүй.
（өөрөө авсан）
電話が鳴ってとったけれど誰も電話口に出なかった．

853 чирэх

1. 物を引きずる．
2. （何らかの行動を）引きずる．とらわれる，拘る．離れられない．

1. юмыг татаж явах.
2. салахгүй.

Ж 2 : 3 чирсээр сургуулиа төгсөв.
　　（3−аас салахгүй байсаар сургууль төгсөв.）
　　やっと"3"で卒業した．
　　（3を引きずって．3から離れられずに．）

854 —чих

・・・ちゃった．・・・してしまった．
完全に動作が終わっちゃった．という意味．
[動詞の語幹 –ч, –ж+орхи]
合成接尾辞 –ж, –ч+орхи から –чих という接尾辞が出来た．
元は –аатах と同じ，話し言葉にだけ使われていたものが現在では書き言葉にも使われる．動作が完全に終わった事を表す．

Бүрмөсөн үйлдэх байдлыг заана.
[үйл үгийн үндэс –ч, –ж+орхи] гэдэг нийлэмжийн нөхцөл үйлийн зэрэгцэх нөхцөл "–ж", "–ч", ба "орхи" гэдэг үгээс "–чих" гэдэг нөхцөл бий болжээ. Энэ нь уг нь "–аатах"–ийн адил зөвхөн ярианы хэлний хүрээнд хэрэглэж байгаад одоо бичгийн хэлэнд ч түгээмэл нэвтэрчээ.

Ж：Аль эрт явчихсан.
（Аль эрт явж орхисон.）
すでに行っちゃった．

855 чих тавих

聞耳を立てる．注意する．気をつける．

сураг чимээ хүлээх, асууж сурах.

Ж：—Тэр хөдөөнөөс хэзээ ирэх бол？
—Чих тавьж байгаарай！Би уулзмаар байна.
—彼はいつ田舎から来るのかな．
—気をつけていて！私会いたいから．

856 —чихав（＝чихав (д)аа^4）

[–чих –в –(д)аа^4]
これから先起こる事について警告，注意する意味を持つ接尾辞．–в は動詞の過去形であるがここでは未来形の意味になる．

Тухайн үйлийг сануулан болгоомжлуулсан утгатай өгүүлбэрийн төгсгөл. "–в" нь үйлийн өнгөрсөн цагийн нөхцөл боловч энд ирээдүй цагийн утгатай болсон.

Ж：Муу замтай газар хамаагүй хурдтай давхиж байгаад машинаа эвдчихэв ээ！
道の悪いところで，かまわずスピードをあげて突っ走ると車が壊れてしまうよ！
Ж：Хальтирчихав даа！ Болгоомжтой яв！
滑るよ！ 気をつけて．

857 –чих(а)ваа⁴？（＝чихаав？）

——ちゃったの？
完全に終わっている行動について質問する時言う接尾辞．
下記の様に2つに解明されるが意味は同じ．

[–чих –аа⁴＋вэ？＝–чихаа вэ？＝–чихаав？]
[–чих –аа⁴＋вэ？＝–чихаа вэ？＝–чихваа⁴？]

2 янз. утга нь адил.
бүрмөсөн болсон үйлийн тухай асуух өгүүлбэрийн төгсгөл．

Ж：Чи сая юу идчихвээ？
（＝Чи сая юу идчихсэн бэ？）
君はさっき何を食べたの？
Ж：Чи хаашаа явчихваа？
（Чи хаашаа явчихаа вэ？）
どこへ行ってたの？
Ж：Ээж хаашаа явчихваа？
ママどこへ行っちゃったの？

858 чоно махнаас гарах   c.f. нар баруунаас гарах.

狼が肉を食べない．——太陽が西から昇るのと同じで，あるべき筈が無いという時使う．

859 чөтгөр ав

くそっ．しまった．畜生．ののしる言葉．
ロシア語の черт возьми という言葉がモンゴル語になったようである．

хараалын үг. Орос хэлний "черт возьми" гэдэг үгийн орчуулгаар монгол хэлэнд нэвтэрсэн бололтой．

чулуудах

Ж：Чөтгөр ав чамайг！ Би чамд үзүүлээд өгнө өө！
　　くそっ！　今に見ていろ！(やっつけてやる.)

860　чулуудах

1. 投げる．
投げるという意味で話し言葉に使われる．"石を投げる"ことを
чулуудах と言っていたが，その内に"投げる"といった意味を表す様
になった．
2. ходоод руу чулуудах と言えば食べる，чих рүү чулуудах と言えば
聞かせる，ニュースを指す．

1. Шидэх гэсэн утгаар ярианы хэлэнд хэрэглэдэг.
Чулуу хаях, шидэхийг чулуудах гэж байсан бол сүүлдээ ер нь
"шидэх" гэсэн утга илэрхийлдэг болжээ.
2. Хэрэв ходоод руу чулуудах гэвэл идэх, чих рүү чулуудах гэвэл
сонсгох гэсэн утга болно.

Ж 1：Хүнд юм өгөхдөө чулуудаж өгч болохгүй.
　　ひとに物を渡す時，投げて渡してはいけない．
Ж 2：Чих рүү чулуудчих юм байна уу？
　　何かニュース無いの？
Ж 2：Ходоод руу чулуудах юм байна уу？
　　何か食べ物無いの？

861　чуу чай　　　　　　　　　　　　　　　　арай-г үз.

862　чухам

全く．一体．ちょうど．
1. 書き言葉では本当の，真実のといった意味である．
2. 話し言葉では全く，実は，確かに，ちょうどといった意味で豊富に使
われる．

1. Үндсэн утга нь бичгийн хэлэнд "жинхэнэ, үнэн" гэсэн утгатай.
2. Ярианы хэлэнд "яг, үнэндээ, ёстой" гэх мэт утгаар элбэг
хэрэглэнэ.

Ж 2：Тэр үед сандраад чухам юу хэлснээ санахгүй байна.
　　その時あわてちゃって実は何を言ったのか全く思い出せない．

863 чухам аа чухам

本当にねえ，そうだよねえ．その通りだねえ，なるほど．
相手の考えをその通りと言う時こう言う．

ёстой ёстой, үнэн үнэн.
Ярилцаж байгаа хүнийхээ саналыг бүрэн дэмжсэн санааг илэрхийлнэ.

Ж：Чухам аа чухам, би бас ингэж боддог юм.
　　なるほど，私もそう思います．

864 чухам яах гэж

一体何で．実は何の為に．

үнэндээ яах гэж.

Ж：Чухам яах гэж ийм юм хийсэн юм бэ？
　　一体何の為にこんなことをしたの？

865 чүү чамай   арай гэж-ийг үз.

866 чюс   c.f. пока.

バイバイ．（ドイツ語）
若い人達の間でバイバイと言う時 чюс と言う場合もある．

Герман хэлний баяртай гэсэн утгатай үг.

Ш

867 шагайлгах

家に入れる.

гэрээрээ шагайлгах＝хүн гэртээ оруулах.

Ж：Найз нөхөд, төрөл төрөгсдий чинь шагайлгана аа гонж шүү！
あなたの友達や親戚を家に入れないわよ.

868 шагайх（шагаах）

1. 覗き見る.（通常の意味）
2. 書物を読む.

1. цухуйж харах.（энгийн утга）
2. ном, бичиг унших.

Ж 1：Хаалгаар шагайгаад байхаар ороод ир.
　　　覗かないで入って来て.
Ж 2：цаас шагайх.　　　紙に書いてある物を読む.
　　　бичиг шагайх.　　　文書を読む.
　　　ном шагайх.　　　本を読む.
Ж 2：Миний дүү өдөржин ном шагайдаг.
　　　弟は一日中本を読んでいる.

869 шаггүй

良い. かなり良い.
шаггүй と шаг хийсэн は形の上では反対語だが意味は同じである.

сайн, дориун.

"шаггүй"; "шаг хийсэн" гэдэгтэй эсрэг хэлбэртэй боловч утга нь адил үг.

Ж：Бүр шаггүй шүлэг бичнэ гээч！
（Бүр шаг хийсэн шүлэг бичнэ гээч！）
かなり上手に詩を書くんですよ．

870 шал

全く．
огт, бүр.
"шал" дайвар үг (чимэх үг) は次に掛かる言葉の意味を強める役目がある．悪い意味を持つ言葉の前に付く．

"Шал" гэдэг нь дайвар үг (чимэг үг). Холбогдох үгийнхээ утгыг эрчимжүүлэх үүрэгтэй. Муу талын чанар шинж заасан үгэнд холбогддог.

Ж：Чи битгий шал худлаа юм яриад бай.　嘘っぱちを言わないで．
Ж：шал худлаа. (огт худлаа, бүр худлаа.)　まっ赤な嘘．
Ж：шал дэмий. (ямар ч хэрэггүй.)　全く要らない．
Ж：шал заваан. (их муухай.)　すごく汚い．
Ж：шал өөр. (бүр өөр.)　全く違う．
Ж：шал ондоо.　全く違う．
Ж：шал тэнэг. (бүр тэнэг.)　全くのバカ．

871 шалиагүй

ほんのちょっと．取るに足りない．

их сүртэй явдал болоогүй, их биш, жаахан.

Ж：—Би хэдэн цаг унтсан бэ？
　　—Шалиагүй, 2 цаг л унтсан.
　　—私，何時間眠った？
　　—ほんのちょっと，2時間しか眠らなかった．

872 шалихгүй   c.f. базаахгүй.

あまり良くない．ちょっとした．少ない．くだらない．

шар хүн

тааруухан, муухан, бага, цөөн.

Ж：Шалихгүй асуудлаас болж ажлаасаа хөөгдөв.
ちょっとした問題でクビにされた．

873 шар хүн c.f. хар хүн.

ラマ教の僧．宗教上の聖誓を受けた人．得度した人．

лам хүн（сахил санваар авсан（хүртсэн）хүн.）
　　　　　　　　　　　　　　　　　一般の人を хар хүн と言う．

874 (ёстой) шараа болох

とても恥ずかしいことになる．きまりが悪い．
物を焼くという言葉から転じて出来た言葉．顔を焼く，顔が焼ける，顔が赤くなる，恥ずかしいという意味になる．нүүр шарах とは言わないが шараа болох と言う．

ичмээр байна аа.
Юм шарах гэдэг үгийн шилжсэн утга. Нүүр шарах, нүүр түлэгдэх, нүүр улайх зэрэг нь ичихийг хэлсэн үг.
Нүүр шарах гэж ярьдаггүй боловч шараа болох гэж ярьдаг.

Ж：Шалгалтад унаад шараа болсон.
　　試験に落ちて恥ずかしいことになった．
Ж：Би оросоор ярьсан боловч нөгөө орос нь ойлгохгүй, ёстой шараа юм болсон.
　　私はロシア語で話したが，そのロシア人は（私の言っている事が）分からなかった．本当に恥ずかしかった．
Ж：―Бүр мөнгөөр суучихлаа. Доржоос зээл авбал ямар вэ？
　　―Шараа юм аа.
　　―無一文だ．ドルジから借りようか？
　　―きまりが悪い．

875 шатах

破産する．

Эд мөнгөний талаар хохирохыг шатах гэж хэлдэг.
1990-ээд оны үеэс залуучуудын ярианд орж ирсэн үг.

Ж：Энэ компани үерээс болж их шатсан.
　　この会社は洪水によって破産した.
Ж：Бат наймаанд яваад шатаад ирсэн.
　　バトは商売に行って無一文になって帰ってきた.

876 ・・・ШИВ (ДЭЭ)

・・・ようだ，・・・のごとく.
今さっき知ったことについて言う．余り関心が無いというニュアンスがある．文の終わりに付く．шиг вэ (дээ)という形が話し言葉では шив (дээ)といった接尾辞になった.

Аливаа зүйлийг сая мэдсэн, ухаарсан үед хэлэх, нөгөө талаар өгүүлж байгаа зүйлдээ тоомжиргүй, голонгүй байгаа өнгө аясыг илтгэх дагавар үг. Өгүүлбэрийн эцэст байрлана. "шиг вэ (дээ)" гэсэн хэлбэр сунжирч ярианы хэлний "шив (дээ)" гэсэн дагавар үгийн хэлбэр үүсчээ.

Ж：Чи ч бүр их зантай болоо шив.
　　君はずいぶん生意気になったね.
Ж：Тэр ч явчих шив дээ.
　　あの人は行っちゃったようだね.
Ж：Ажил хийсэн болж байх шив дээ.
　　仕事は何とかやってます.
Ж：За, маргааш явна гэж тохирох шив дээ.
　　さあ，明日行くと約束したよね！

877 ШИГ

1. ・・・のように．мэт と同様に使われる接尾辞.
2. ・・・かもしれない．・・・しそうです．話し言葉で бололтой という意味で使われる場合がある.

1. мэт.
2. бололтой.

Ж1：Над шиг өглөө эрт босч бай.
　　私のように朝早く起きなさい.
Ж2：Их цастай тул явж чадахгүй нь шиг байна.
　　雪が多いので行けそうもありません.

ШИДЭЛ

878 **ШИДЭЛ**

ひとをののしる言葉．

хүн амьтныг жигших хараалын үг．

Ж：Яадаг муу шидэл вэ？
　　何て嫌なヤツだ．

879 **ШИЛЭН БҮРЭЭ ҮЛЭЭХ**

ガラスのラッパを吹く――酒を飲む．

архи уух．

Ж：Шилэн бүрээ үлээхээ болиоч ээ！
　　　　（архи уухаа боль＋ооч）
　　酒を飲むのをやめなさい．

880 **ШИМЭХ**

1．ストローなどで液体を少しずつ吸う．
2．唇で愛撫する．キスマークをつける．

1．бага багаар амтлан сорж уух．（энгийн утга）
2．хөхөж үнсэх, озох．

Ж1：архи шимэх，пиво шимэх，цай шимэх．
　　　酒を啜(す)る，ビールを少しずつ飲む，お茶を啜る．
Ж2：шимж үнсэх，уруул шимэх．
　　　強くキスをする，唇にキスをする．

881 **ШОВГОР МОВГОР**　　　　　c.f. хүндрүүлэх.

шовгор の意味．
1．賄賂(わい)を贈る．謝礼．
2．アルヒ．"先端のとがった直立したもの"という言葉から"瓶入りのアルヒ"という意味が出たと思われる．
　　"アルヒを一本差し上げる＝お礼をする"という意味も出たと思われる．
　　・モンゴル語の話し言葉では１つの言葉の始めの子音を取り替えて繰り返

して言う場合があり，例えば шовгор мовгор と言う。これは"複数の"といった意味がある。こういった繰り返し言葉が沢山有る。（付録参照）

шовгор гэдэг нь ;
1. шан харамж, нууцаар өгөх хөлс.
2. шилтэй архи.
"Шил архи" гэхийг далдлан "шовгор" гэдэг байсан нь сүүлд "шан харамж" гэсэн өргөн утгатай болжээ. Шовгор мовгор хэмээн давтан хоршиж хэлбэл олон тооны утга илтгэнэ.
  • Шовгор гэдэг үгийн эхний гийгүүлэгчийг "м" –ээр сольж давтан хоршсон үг. Ийм хоршоо үг монгол ярианы хэлэнд элбэг тохиолддог.
  (Энэ тухай хавсралтаас үзнэ үү.)

Ж 1 : Болдод шовгор мовгорын хэрэггүй.
　　　ボルドにはお礼(賄賂)はいらない．
Ж 2 : Дорж ганц нэг шовгор (мовгор) юм аваад очвол дуртай.
　　　ドルジは1本持っていけば喜ぶ．

882 шог (ийн)

へん．恥ずかしい．

Хөгийн, өөдгүй, шившигтэй гэсэн утгаар хэрэглэдэг.

Ж : Шогийн юм яриад байх юм.
　　 へんなことを言っているよ．

883 шогтох

みっともない事をする．

дэмий шившигтэй байдал гаргах, хачин эвгүй байх.

Ж : Битгий шогтоод байгаарай.
　　 へんなことをしないで．

884 шөнийн эрвээхэй

夜の蝶．売春婦．

биеэ үнэлэгч эмэгтэй, янхан (янхан гэдэг нь хятадаас орсон үг).

885 шпригалка (шипий)

カンニング用アンチョコ.
小さい紙に書いて試験の時，隠れて見る.

Жижиг цаасан дээр бичиж шалгалтан дээр нууцаар ашиглана.

Ж：Шипий харж байгаад багшид баригдав.
　　アンチョコを見ていたら先生に見つかっちゃった.

886 шулах

1. 肉を骨から離し取る，剝ぐ(書き言葉).
2. 搾取する．もらう．

1. махыг яснаас нь салгах．(энгийн утга)
2. хонжих, мөлжих.

Ж2：Газрын эзэд тариачдыг шулан мөлжиж байв.
　　　地主は農民から搾取していた．
Ж2：Өдий насанд хүрчихээд ажил хийхгүй аав ээжийгээ шулаад
　　　амьдарч байхаасаа ичихэд яадаг юм бэ？
　　　この歳になって仕事もしないで両親に養ってもらっているなんて
　　　恥ずかしいじゃないですか．

887 шүү

絶対そうだよと強める付属語．文章の終わりに付く．

батлах сул үг．Өгүүлбэрийн эцэст ордог．

Ж：Хамт явна шүү．
　　絶対一緒に行くよ．
Ж：Таван цагт бэлэн байна шүү．
　　5時に準備が出来るようにして下さい．
Ж：Чи тэнд байсан шүү дээ．
　　君はそこにいたんでしょ．
Ж：Би мэдээгүй шүү дээ．
　　私知らなかったのよ．

888 —ШҮҮ²

1. 名詞の後に接続して шиг (のような) に近い意味が出る。
   あまり気に入らないものを見下したニュアンスがある。
2. 疑問代名詞 (ямар, яаж) に接続して хир зэрэг (どれくらい), аль хир (どれくらい) という意味を含む ямаршуу (どんな風な), яажшуу (どうやって) という言葉を作る。

1. Хэрэв нэр үгэнд залгавал "шиг" гэдэг адилтгах дагавар үгтэй ойролцоо утгатай дагавар үг болно. Голж ѳѳлсѳн зүйлээ дор үзсэн ѳнгѳ аястай үг бүтээнэ.
2. Асуух төлѳѳний үгэнд залгаж "хир зэрэг, аль хир?" гэж лавласан "ямаршуу, яажшуу" зэрэг үгийг бүтээдэг.

Ж 1: хоолшуу юм.
     料理みたいなもの。

Ж 1: Ах шүү (ахшуу) юм бол дүүгээ харж үз!
     お兄さんなんだから弟の面倒を見なさい。

Ж 2: Тэрний зураг ямаршуу юм бэ?
     彼の絵はどんなものでしょうか？

889 шээс хүрэх

おしっこしたい。トイレに行きたい。

Шээс ялгарч гадагшлах цаг болсон.

Ж: Шээс хүрээд байна.
   トイレに行きたい。

Ж: Шээс хүрвэл битгий удаан тэвч!
   トイレに行きたいなら我慢しないで。

Э

890 эг маг гэх (эг маг хийх, хэг ёг хийх)
c.f. хэг ёг хийх.

しどろもどろ．口ごもる．言葉につまる．

эв дүй муутай түгдэрч ярих.

Ж：Үг олдохгүй эг маг гэж байгаад гараад ирлээ.
言葉につまって外に出てきた．

891 эгээ

辛うじて，危うく．

арай.

Ж：Болд эгээ ч шинэ залуу бөхөд уначих хүн биш.
ボルドは若い力士に負ける人じゃない．
Ж：Өчигдөр тэд эгээ л машинтайгаа онхолдчихсонгүй гэнэ.
昨日，彼等は危うく車がひっくり返りそうになったそうです．

892 эгээтэй

辛うじて，・・・しそうになった．

арай л, золтой (хийх шахсан), эгээ.

Ж：Автобус удаан хүлээгээд эгээтэй хичээлээс хоцорчихсонгүй.
バスをかなり待って授業に遅刻しそうになった．(辛うじて間に合った)

893 ЭДНИЙХ

この家, ここの.

энэ айлынх, энэ хүмүүсийнх.

Ж：Эднийх их чимээгүй айл.
　　この家は静かだ.
　　тэднийх；あの (тэр айлынх, тэр хүмүүсийнх.)
　　　Ж：Тэднийх хэдэн ажилчинтай вэ？ (тэр компанийх)
　　　あの会社は何人の社員がいるんだろう？

894 ЭНГЭР ЗӨРӨХ

セックスをするという言葉を婉曲に言う.

эр эмийн ажлыг эерүүлж хэлсэн үг.

895 ЭНД ТЭНД　　　　　　　　　хаа хаагүй-г үз.

896 ЭНД ТЭНДГҮЙ　　　　　　　хаа хаагүй-г үз.

897 ЭНИЙ

この.

энэний, энүүний.
үүний という語を話し言葉で эний, энэний, энүүний と言うことがある.

Үүний гэхийг ярианы хэлэнд эний, энэний, энүүний гэж хэлэх тохиол-
дол байдаг.

Ж：Эний учрыг би ойлгохгүй байна.
　　この理由を私は分からない.

898 ЭНТЭЭШЭЭ

将来に, これから先, この先.

эндээсээ алс нь.
Одоогоос хойш, цаашдаа гэсэн санааг илтгэнэ.

ЭНҮҮНЭРХҮҮ

Ж：Энтээшээ хэд хоног бүр хүйтрэнэ дээ.
　　この先何日かすごく寒くなるよ．
Ж：Энтээшээ энэ ажлаа орхилгүй барьсаар цаашид нэг сайхан ном гаргана гэж бодоорой.
　　この先この仕事を辞めずに続けながら，更に一冊良い本を出版することを考えなさい．

899　ЭНҮҮНЭРХҮҮ

この様に，こんな風な．

иймэрхүү, үүн шиг.

Ж：Энүүнэрхүү маягийн машин авсан.
　　こんな感じの車を買った．
Ж：Энүүнэрхүү өнгөтэй малгай зарж байсан.
　　こんな色の帽子を売っていた．

900　ЭНҮҮХЭН

この近くに，この辺に．

Ойр байгаа зүйлийг төлөөлөн заана.

Ж：Энүүхэнд гол байдаг.
　　この近くに川が有る．
Ж：Энүүхэнд нэг айл байдаг.
　　この辺にゲルが一軒有ります．

901　ЭНҮҮХЭНДЭЭ ГЭХЭД . . .

ここだけの話ですが．ここだけの話ですが・・・と文章の始めに言う．

аминчилж хэлэх үед өгүүлбэрийг эхлэх үг.

Ж：Энүүхэндээ гэж хэлэхэд, манай эрхлэгч тэгж бичвэл дор нь хасна.
　　ここだけの話ですが，こう書けばうちの社長はすぐにクビにします．

902 ЭНЧЭЭ c.f. тэнчээ.

ここ．ここら辺．

энд, энтээ．

Ж：Маргааш өглөө есөн цагт бүгдээрээ энчээ ирж цуглаад хамт явцгаая．
明日の朝9時に全員ここに集まって一緒に出かけよう．

Ж：Гадна их жавартай байна．Гарах юм биш．Өнөө маргаашдаа энчээнээ юмаа хийж суусан нь дээр．
(энчээнээ, энчээгээ；энчээ-ээ (ерөнхий хамаатуулах))
外は寒風が吹いている．出られるもんじゃない．今日明日はここで何かしていた方が良い．

Ж：Сургууль хүртэл энчээнээс бараг хоёр километр явна．
学校までここから約2キロあります．

903 ЭНЭ c.f. тэр

энэ, тэр 等の代名詞の語尾変化は話し言葉では書き言葉にも使われているものの他に下記のように有る．

"Энэ", "тэр" зэрэг заах төлөөний үгийн тийн ялгалын хэлбэрийг ярианы хэлэнд бичгийн хэлнийхээс гадна хэд хэдэн хувилбартай хэрэглэдэг．

ярианы хэл（話し言葉）──бичиг ба ярианы хэл（書き言葉，話し言葉）
энэнийг, энийг, энүүнийг ── үүнийг これを
энэнд, энүүнд   ── үүнд   これに
энэнээс, энүүнээс   ── үүнээс これから
энүүгээр   ── үүгээр これで(作った)，ここを(通って)
энэний, энүүний   ── үүний   これの
энэнтэй, энүүнтэй   ── үүнтэй これと(一緒に)

904 ЭНЭ ИЙМ ЮМ АА . . .

これはこうなんだよ・・・人によっては何か説明する前に"これはこうなんだよ"と空詞を言う．これは注意を向けさせ，少し間をおいて話す時に使われる．

Зарим хүн ярилцаж буй сэдвээр тайлбарлан таниулахдаа үгийнхээ

энэ тэр гээд

эхэнд "энэ ийм юм аа" гэж сул үг хэлдэг. Энэ нь бусад хүнийг анхааралтай байлгах, гол үгийн өмнө бага зэрэг зогсоц хийх, ам нээх зэрэг үүрэгтэй.

Ж：Энэ ийм юм аа, . . .
　　これはこうなんだよ，・・・

905　энэ тэр гээд

あれやこれや(で).

Нэг бус, хэд хэдэн зүйлд хандсан утгатай.

Ж：Адуу, үхэр, хонь энэ тэр гээд янз янзын амьтны зураг байсан.
　　馬，牛，羊，等いろいろな動物の絵があった．
Ж：Алба амины ажил, хүүхэд шуухад энэ тэр гээд зав муутай л явна.
　　あれやこれやで忙しい．(公私の用事，子供，あれやこれやで忙しい．)

906　энээ тэрээ гэх

ああだこうだと喧嘩する．もめる．

хэл ам татлах, хэрүүл маргаан хийх.

Ж：За, наймаа тохирлоо. Дараа энээ тэрээ гэсэн асуудал байхгүй шүү.
　　さあ，(商売の)話は決まった．後でああだこうだと言わないで．

907　эрваа　　　　　　　　　　　　　　　　　ирваа–г үз.

馬鹿．

ирваа, тэнэг, мангар.

Ж：Ямар эрваа амьтан бэ？ (Яасан тэнэг хүн бэ？)
　　何て馬鹿なヤツなんだ．

908　эргүүлэх

言い寄る．つきまとう．

эсрэг хүйсийн хүнийг өдөх, оролдох, урвуулах.

Ж：Дорж тэр хүүхэнд ухаангүй дурлачихаад эргүүлэх гэсэн чинь цаадах нь нүүр өгөөгүй.
ドルジはあの娘に夢中になっちゃって言い寄ったが、あの娘は無視した。 (цаадах；тэр хүүхэн.)

909 эртээд
эртээр-ийг үз.

910 эртээр（＝элтээр）

この間, この前, 以前.

урьд, өмнө, хэдийнээ.

Ж：Тэд эртээр ирээд явсан.
彼らはこの間来た。

911 эсгий хийх газар хүүхэд, нохой хэрэггүй.

(мэргэн үг)
c.f. лай болохоор зай бол.
c.f. могой алахад мод нэмэргүй.

フェルトを作る場所に子供と犬は邪魔。
全く必要としない, 居てもらっては困る(邪魔になる)。

Огт хэрэггүй, байх шаардлагагүй хүний тухайд хэлдэг.

Ж：Эсгий хийх газар хүүхэд, нохой хэрэггүй гэгчээр чи энд садаа болж юу хийнэ.
フェルトを作る場所に子供と犬は邪魔と言うが, 君はここで(邪魔して)何をしているの？

912 эх орны алтан гурав

いつも成績のよくない人が又3を取った時言う。
5段階の"3"はあまり良くない成績である。

Дандаа дунд авдаг сурлага тарууу хүн дунд(3) дүнг ингэж нэрлэдэг.

Ж：Эх орны алтан гурав авсан болохоор юундаа сэтгэлээр унах вэ？

エцэг чинь !

（祖国の）金の 3 を取ったんだから何で落ちこむものか．
・モンゴルの成績ランクは 5 段階に分かれている．
    5（онц） 100－88, 4（сайн） 87－74, 3（дунд） 73－60,
    2（муу） 59以下, 1（онц муу）．

913 Эцэг чинь !

罵(ののし)る言葉．
絶叫する時口から思わず出る時がある．

хараалын үг. Заримдаа уулга алдах үед хэрэглэнэ.

Ж：Эцэг чинь！ Амаа татаж явбал дээр шүү.
    ちょっとー！　口をつつしみなさいよ！

914 Ээж !

お母さん．ママ．
書き言葉では эх だが話し言葉では ээж, ижий と言う．
又，驚いたり，怖くて身震いする時など "ээж(ээ)" と言う．

Бичгийн хэлэнд "эх" гэдгийг ярианы найруулгад "ээж", "ижий" гэж ярьдаг.
Бас, ихэвчлэн эмэгтэйчүүд ба хүүхэд айж цочих үедээ "ээж(ээ)" гэсэн аялга үгийг хэлдэг.

Ж：─Ээж ээ, би явлаа.
    ─ママ，私行くわ．（出かけるわ．）
Ж：─Ижий минь өндөр настай, нутагтаа суугаа.
    ─年老いた私の母，田舎に暮らしている．
Ж：Туяа халтирч унахдаа "ээжээ" гэж хашгираад нүүр нь улайв.
    トヤは滑って転んで"お母さん"と叫び赤面した．

915 Ээлээ яалаа

あらどうしよう．

Бачимдан харамсах, өрөвдөх өнгө аясыг илтгэх аялга үг.

Ж：Ээлээ яалаа, хүүхэд мориноосоо уначихлаа.
    あらどうしよう，子供が馬から落ちちゃった．

Ю

916 ЮМ

人．やつ． 嫌いな人のことを話し言葉で"やつ"と言う．

Ярианы хэлэнд дургүйцсэн хүнээ "юм" гэж хэлэх тохиолдол их байдаг.

Ж：Тэр нэг юм дандаа дэмий ярьж явах юм.
あいつはいつもくだらない話をしている．
Ж：Та нар шиг юмтай ярих юм алга.
君達みたいなヤツと話す事はない．

917 юм бил үү ?

・・・かな？
1．疑問感動詞．
2．前に有る動詞の意味を未来形で一人称が実行する．

1．асуух сул үг.
2．Өмнөх үйл үгийн утгыг ирээдүй цагт 1-р биед гүйцэтгэх утгатай.

Ж1：Очдог юм бил үү ?
行こうかなあ？
Ж1：―Хамт явдаг юм бил үү ?
―Очвол дээргүй юу ?（=дээр шүү）
―一緒に行こうかなあ？
―行けば良いじゃない．
Ж2：―Чи одоо хаачих нь вэ ?
―Би номын сангаар ордог юм бил үү ?
―今どこへ行くの？
―図書館へ行こうかなあ．

юм бол？＝юм бэ？

918 юм бол？＝юм бэ？　　　　　c.f. бол−3.

・・・なのかな？　・・・だろうか？

Ж：Хэзээ ирэх юм бол？（＝Хэзээ ирэх вэ？）
　　いつ来るのだろう？

919 юм бодох

悪く思う．気にする．

муугаар бодох, муу санах.

Ж：Битгий юм бодоорой．
　　（Битгий муу юм бодоорой．Битгий муу санаарай．）
　　悪しからず，悪く思わないで．
Ж：Би таныг зүгээр дайлж байгаа юм аа, битгий юм бодоорой．
　　単に（ごはんを）ご馳走しているだけなので，気にしないで下さい．

920 юм үзсэн

1．人生経験の豊かな．体験した．
2．博学になる．もの知りになる．

1．амьдрал мэддэг.
2．Элдвийн сонин сайхан, ховор чамин юмыг нүдээр үзэж мэдсэн.

Ж1：Амьдралдаа их юм үзэж жаргал зовлонг мэддэг болсон．
　　人生で色々なことを体験し，酸いも甘いも嚙み分けるようになった．
Ж2：Тэр хүн жуулчлах маш сонирхолтой, тэгээд ч их юм үзсэн дээ！
　　あの人は旅をするのがとても好きで，それにあっちこっち見てきた（博学な）人ですよ．

921 юм үнэртүүлэх

酒の臭いが少しする．
酒を飲んだというのをやんわりと言い回している．

Бага зэрэг архи уусны дараа архины үнэр үнэртэхийг хэлнэ. "Архи уусан" гэхийг зөөлрүүлж (зөрүүлж) хэлэх үг.

Ж：Тэр хүн юм үнэртүүлчихсэн байсан.
彼から酒の臭いが少ししていた．

922　ЮМ ХУМ　　　　　　　　　　　　（付録参照）

色々なもの．
連語，юм という語の始めの音素が x になり хум になった．1つだけでなく，複数のものを指す．　（шовгор мовгор– 参照）

Юм гэдэг үгийн эхний авиаг "x" болгон давтан хоршиж, нэг юм биш, олон гэсэн санаа илтгэнэ.　（шовгор мовгор-ыг үз.）

Ж：Маргааш эрт хөдөө явах учир өнөө орой юм хумаа бэлдээрэй.
明日早く田舎に行くから今晩色々準備して下さい．

923　．．．ЮМ ЧИНЬ

・・・(するん)だから．・・・なんだから．
子供の話し言葉によく出てくる．
私だって・・・なんだから，と張り合う時にこう言う．

Ихэвчлэн хүүхдийн яриан д өгүүлбэрийн эцэст "юм чинь" орвол барьцсан өнгө аяс илтгэнэ.

Ж：өгөх юм чинь.
　　あげるんだから．
Ж：ирэх юм чинь.
　　来るんだから．
Ж：—Би гоё цирк үзсэн.
　　—Би маргааш аавтайгаа хамт үзэх юм чинь.
　　—僕面白いサーカス見た．
　　—僕だって明日お父さんと行くんだから．

924　ЮМСАН

1. "-х юмсан"・・・したいものですね．
2. 思い出している時，下記のパターンを使う．

"-даг⁴ юмсан". "-сан⁴ юмсан". "-аа⁴ юмсан".

1. "-х юмсан" гэвэл хүсэл, санаа зоригийг заана.

юмтай хүн

2. "–даг⁴юмсан". "–сан⁴юмсан". "–аа⁴юмсан" гэвэл дурсаж санаж байгаа утгатай.

Ж 1： Түргэхэн сургуулиа төгсөх юмсан.
　　　早く学校を卒業したいものですね．
Ж 2： Аав маань энэ дууг дуулдаг юмсан.
　　　お父さんはいつもこの歌を唄っている．（昔も今も）
Ж 2： Хүү минь хол газар сурахаар явсан юмсан. Сайн яваа бол уу?
　　　息子は遠くに勉強に行っている．元気だろうか？
Ж 2： Хөгшин ээж минь хүлээж суугаа юмсан. Амралтаа аваад нутагтаа очно оо.
　　　　　　суугаа；үйлт нэрийн одоо үргэлжилж байгаа –аа⁴.　　c.f. яваа.
　　　年老いた母は私の行くのを待って暮らしている．休暇をとって郷里へ行きます．

925 юмтай хүн

1. 頭がヘンな人．たまに考え方が安定しないで，それによって性格がヘンな風に変わって顔に出したり行動する人．
2. 金持．

1. Зарим үед санаа бодол нь тогтворгүй болж зан ааш нь түүнийгээ дагаж эвгүй аашилдаг хүн.
2. баян хүн.

Ж 1： Тэр хүн бага зэрэг юмтай юм шиг ээ.
　　　あの人ちょっとヘンだなあ．
Ж 2： Дорж юмтай хүн шиг найр хийсэн.
　　　ドルジはお金持のように豪華なパーティーを開いた．

926 юмыг яаж мэдэх вэ ? (＝юмыг яаж мэднэ)
c.f. яаж мэдэхэв.

何が起きるか分からない．思いがけない時どんな障害が起きるかもしれない，ハプニングが有るかもしれない，と注意させる時にこう言う．

Санаандгүй байтал ямар ч гай төвөг гарч ирж магадгүй хэмээн сануулж болгоомжлуулах үед хэлэх хэллэг.

Ж： Юмыг яаж мэдэх вэ? Замдаа болгоомжтой яваарай.
　　途中でどんなことが起きるか分からないから，道中気を付けて行っ

て下さい.
Ж：Юмыг яаж мэднэ！ Чи дулаан хувцас өмсөөд яв！
　　　何が起きるか分からない！ 暖かい服を着て行きなさい.

927　юу байдгаа

持ってる全て.

байдаг бүх юмаа.

Ж：Хүүгээ сургуульд оруулах гэж юу байдгаа дуусгалаа.
　　子供を大学に行かせる為に金を使い果たした.
Ж：Монголчууд зочин ирэхэд юу байдгаа гаргаж дайлдаг заншилтай.
　　モンゴル人はお客様が来ると, 有る物全部出してご馳走する習慣がある.
Ж：Дээрэмчинд юу байдгаа алдчихлаа.
　　強盗に全部持って行かれちゃった.
Ж：юу байдгаа дуусах.　　持ってる物全てが終わる.
Ж：юу байдгаа барах.　　 有る物全てが尽きる.
Ж：юу байдгаа гаргах.　　――〃――を出す.
Ж：юу байдгаа алдах.　　 ――〃――を失う.
Ж：юу байдгаа өгөх.　　　――〃――をあげる.

928　юу байна？

何かお変わりありませんか？という挨拶の言葉が短くなって"何か有る？"と言う.（ゲルに住む遊牧民はお客や旅人からニュースを聞くのが楽しみだったという.）"有る？"の他に"元気ですか？"といったニュアンスを含む.

"Сонин сайхан юу байна вэ？" гэсэн мэндчилгээний үгийг зарим хүн товчлон "Юу байна？" гэж хэлдэг.

Ж：―Сайн байна уу？　　　　お元気ですか？
　　―Сайн, сайн байна уу？　　はい, そちらはお元気ですか？
　　―За, чамаар юу байна？　　何かお変わり有りますか？
　　―Тайван сайхан.　　　　　 平穏無事です.
　・親しい間柄の場合.（дотно найз хоорондоо.）
　　―Юу байна？　　　　　　　（変わった事）有る？
　　―Юмгүй.　　　　　　　　 無い.（変わりは有りません）

929 юу байна уу ?

あの一あれが有る？

Нөгөө юм байна уу ?

Ж : Нөгөө юу байна уу ? Нөгөө шинэ дэвтэр.
　　あの一あれ有る？あの新しいノート．

930 юу байх вэ ? (юу байхав)

まあ，別に．
1. -Сонин сайхан юу байна вэ ?　と挨拶した時
   -Юу байхав , 又は -Юмгүй　と答える人がいる．
   -Юу байхав というのは何が有るの？という意味だが，この場合
   Юмгүй (何も変わったことは)無いです，まあ別に，と同じに使われる．
   特に若い人達のある年代層の間でよく使われる．
2. 大した事じゃない，簡単にやれる．

1. -Сонин сайхан юу байна вэ ?　　гэж мэндлэхэд зарим хүн
   -Юу байхав (=Юмгүй)　　　　г. м. хариулдаг.
   Энэ нь ялангуяа залуу насны нэг үеийнхийн ярианд элбэг тохиолдоно.
2. гайгүй амархан, хэцүү биш.

Ж 2 : —Энүүнийг хийхэд хэцүү юу ?
　　　　—Гайгүй ээ, юу байхав.
　　　　—これするの大変でしょう？
　　　　—大丈夫，大した事じゃないから．

931 юу болж байна ?

何があったの？　どうなった？

Ямар хэрэг учир болсон тухай, эсвэл мэдэж байгаа хэрэг явдал цаашид ямар байгаа тухай асуух үг.

Ж : Цаана чинь юу болж байна ?　Шуугиад !
　　あそこで何があったの？　大騒ぎして！
Ж : Доржийн Япон явах асуудал юу болж байна ?
　　ドルジが日本へ行く問題はどうなったの？

932 юу гэвэл

なぜかと言うと． 理由を言う時使う．

учир нь, юуны учир гэвэл.

Ж：Бид хоёр хамт явахгүй． Юу гэвэл чи заавал гэрт байх ёстой．
私達二人は一緒に行かない．なぜかと言うとあなたは家に居なくてはいけない．

933 юу гэж дээ　　　　　　　　　хаанаас даа-г үз.

934 юу гэж явна даа

ご用件は何ですか．

Ажил хэргээр уулзаж байгаа үед нэг нь нэгээсээ ингэж асуудаг.

Ж：—За． Юу гэж явна даа？
　　—Танаас л нэг юм гуйх гэсэн юм．
　　—で，用件は何ですか？
　　—あなたに一つお願いが有るんですが．

935 юу гэнэ ээ？

何？　何ですか？
1．よく分からない時尋ねる言葉．
2．よく聞こえなかった時尋ねる言葉．

1．сайн ойлгоогүй үедээ лавлаж асуух үг．
2．сайн сонсоогүй үед лавлан асуух үг．

Ж：—Юу гэнэ ээ？ Би нэг л ойлгосонгүй．
　　—何？　私ぜんぜん分かりませんでした．
Ж：Юу гэнэ ээ？ Би сайн сонссонгүй．
　　何？　私よく聞こえなかった．

936 юу гэх вэ！（＝юухэв юухэв）

c.f. яах нь вэ？ яахав-3.

・・・しないで．いいよ，いいよ・・・する必要は無い．

юу гэх вэ (дээ)

禁止する, 断る意味を表す.

Хориглосон утга илтгэнэ. Битгий, хэрэггүй гэсэн утгатай.

Ж : Тэгэж юухэв. (Тэгэж хэрэггүй.)
　　そうしないで.
Ж : —Би танд туслах уу? Яахав?
　　—Юухэв юухэв, хэрэггүй.
　　—手伝いましょうか？どうです？
　　—いいよいいよ, 大丈夫.
Ж : —Одоо хоол хийх үү?
　　—Юухэв юухэв. (Хэрэггүй, хэрэггүй.)
　　—食事の仕度しましょうか？
　　—いいよいいよ.

937 юу гэх вэ (дээ)　　　　　　юу хэлэх вэ дээ-г үз.

938 юу л болбол болог

どうにでもなれ.

юу ч болсон хамаагүй.

Ж : Юу л болбол болог, би явлаа.
　　どうにでもなれ, 私は行くわ.

939 юу магад

多分. ···かもしれない.
магадгүй.
магад という語は"確かに"といった意味が有るが юу магад といった連語になると"多分···かもしれない"という意味が出てくる.

"Магад" гэдэг нь уг нь гарцаагүй, үнэн гэсэн утгатай боловч "юу магад" гэсэн холбоо үгэнд "магадгүй, байж, болзошгүй" гэсэн утга гарч байна.

Ж : Ирж юу магад.
　　多分来るでしょう.
Ж : Гэртээ байж юу магад.
　　家に居るかもしれない.

940 юу хэлэх вэ дээ (= юу гэх вэ (дээ))

何も言う事が無い．これについて何も言う言葉が無い．誤った事をしてかした時"何も言う言葉が無い"と言う．

Буруудаж алдсан, цалгардаж эндсэн зүйлийг нь зааж сануулахад хэрэглэх үг. Буруу хийсэн тухайд хэлэх үг алга гэсэн санаа.

Ж : Юу гэх вэ дээ! Чамайг ингэж ахыгаа гомдооно гэж би санасангүй.
　何と言うか！ 君がこんなに兄さんをがっかりさせるとは私は思わなかった．
Ж : Юу гэх вэ дээ! Даанч бодлогогүй юм хийжээ.
　何も言うことが無い！ 本当に考えられない事をした．

941 юу ч болов (юу ч болсон)

c.f. юу ч гэсэн. . . . ч гэсэн.

どんな事があっても．とにかく．

юу ч болсон, ямар ч байсан, юутай ч болов, ямар боловч, юу ч тохиолдсон.
Эрсэлж шийдсэн үед хэлдэг. Ямар ч юм болсон эргэж буцахгүй гэсэн санаа.

Ж : Юу ч болов, бид энэ ажлаа заавал дуусгана шүү.
　どんな事があっても私達はこの仕事を必ず終わらせる．
Ж : Юу ч болсон, очиж үзэцгээе.
　とにかく行ってみよう．

942 юу ч гэсэн

c.f. юу ч болов. . . . ч гэсэн.

何で有っても．いずれにしても．とにかく．

Цаана нөхцөл тодорхойгүй боловч аль нэг зүйлийг хийхээр шийдсэн санааг илтгэнэ.

Ж : Юу ч гэсэн шүхрээ аваад явъя.
　とにかく傘を持って行こう．

943 юу ч үгүй

何でも無い.

юу ч байхгүй, юу ч болоогүй.

Ж：―Яасан бэ?
　　―Юу ч үгүй.
　　―どうしたの?
　　―何でも無い.

944 юу юугүй

あっと言う間に, 間もなく.

одоохон, удахгүй, даруйхан, мөд.

Ж：Юу юугүй явах цаг боллоо.
　　もう出かける時間になった.
Ж：Юу юугүй газардана.
　　間もなく着陸します.

945 юу яагаач！

あのー, あれ(それ)やって！
適当な言葉が直ぐ出てこない時, ちょっと考えて時間を稼ぐ時言う意味の無い言葉.

Хэлэх үгээ сайн олохгүй, гэвч төслүүлж ямар нэг юм хэлэх болсон үед энэ төлөөний үгийг хэрэглэнэ.

Ж：Чи нөгөө юу яагаач！ Нөгөө хувцсаа угаагаач！
　　君あのー, あれをやって！　あのー洗濯！

946 юу яасан (юу яадаг)

えーとねー, そのー.
適用な言葉をちょっと考えている時に発する意味の無い言葉.

Энэ сул үгийг хэлэх үгээ цэнэж буй хугацааг зөвхөн зогсоц төдий хоосон байлгахгүйн тулд хэлдэг.

Ж：―Чи өглөө яасан бэ？
　　―Юу яасан, өнөө эмнэлэгт очсон.
　　―今朝どうしたの？
　　―あのー，病院へ行った.　　　　　　өнөө；сул үг.

947　юун сайн юм

何てありがたい．もうけもの．
何か嬉しい事をしてもらった時に言う言葉．

Ямар нэг зүйлд олзуурхсан санааг илтгэнэ.

Ж：Чамтай уулзая гэж бодож байлаа. Өөрөө хүрээд ирдэг юун сайн
　　юм бэ？
　　君と会おうと思っていた．自分から来てくれたのは何てありがたい．

948　юундаа

何で．どうして．

ямар юманд.

Ж：Хүү нь хамт байхад, ээж минь юундаа айх вэ дээ.
　　(Би хамт байна. Битгий айгаарай.)
　　僕が一緒だから，ママ何も怖がることは無いよ．

949　юутай

なんと，どんなに・・・　　感心して言う言葉．

яасан, ямар гэж гайхан хэлэх үг.

Ж：Юутай сайхан өдөр вэ.
　　なんと良い日でしょう．

950　юутай ч (болов)

どんな事があっても，何があっても．
"юу ч болов" と同じ．

"Юу ч болов" -тай адил эргэлтгүй шийдсэн санааг гаргадаг.

юухан хээхэн

Ж：Юутай ч (болов), тэр маргааш энд ирэх ёстой.
　　何があっても明日彼はここに来る筈です.

951　юухан хээхэн

ちょっとした. あれこれの.

Аар саар, жижиг сажиг, шалихгүй багахан зүйл гэсэн утгатай хоршоо үг.

Ж：Дорж юухан хээхнээр аятайхан юм хийж чаддаг.
　　ドルジはちょっとしたもので器用に何かを作る.

Я

952 яав?

どうしたの？

Юу болов？ Яасан бэ？

Ж：Яав？ Яагаад инээсэн бэ？
　　どうしたの？　どうして笑ったの？

953 яав гэж (яав л гэж)

大丈夫，何も悪いことにはならない．

Хэцүү юм болохгүй гэсэн утга илтгэнэ.

Ж：―Багш загнавал яанаа？
　　―Яав л гэж (дээ)．Багш өөрөө явж болно гэж хэлсэн юм чинь．
　　―先生が怒ったらどうしよう？
　　―大丈夫，先生が帰って良いと言ったんだもの．

954 ...яав даа　　　　　　　　c.f. даанч яав даа.

･･･したら良かった(のに)．　･･･した方が良かったのに．
残念に思う時言う．
Их харамсах үед хэлдэг．
一般に動詞の過去形の －в は話し言葉に使われない．ただ яах の過去形 яав だけに使われる．

Ер нь үйл үгийн өнгөрсөн цагийн "－в" хэлбэртэй үг ярианы хэлэнд дангаар хэрэглэгддэггүй．Зөвхөн "яав" гэж хэрэглэнэ．

яагаав (дээ)（яагаа＋вэ？＋дээ）

Ж：Би хамт явахгүй, яав даа.
（Хамт яваагүй минь харамсалтай. Явсан бол сайн байж.）
一緒に行けば良かったのに.

Ж：Өчигдөр утсаар ярихгүй, яав даа.
昨日電話すれば良かったのに.（残念, しなかった.）

955 яагаав (дээ)（яагаа＋вэ？＋дээ）

1. どうしたの？
2. ほら, あのー, あれあれ, ほら・・・.　思い出させたり, ほのめかしたりする時言う間投詞.（知っているでしょ, ほら・・・）

1. Юу болоо вэ？ Яасан бэ？（энгийн утга）
2. Мартсан, эргэлзсэн юмыг сануулахад хэрэглэнэ.
（Та мэднэ шүү.）

> Яагаа вэ дээ という言葉から Яагаав дээ という形が出来たので強意の空詞の母音が даа では無く дээ になっている. 話し言葉も書き言葉も同じに дээ である.
>
> 　　　　　　　　　　　　　я a(x)– 形動詞現在形 aa⁴＝я a(x) –aa⁴→ яагаа になる.
>
> "Яагаа вэ дээ" гэдэг үгээс "Яагаав дээ" хэлбэр үүссэн учраас батлах сул үгийг нь эгшиг зохицох ёсоор "даа" биш, харин "дээ" хэвээр нь ярьж бичдэг.
>
> 　　　　　　　　　　　[яагаа；я a(x)＋–aa⁴（үйлт нэрийн одоо цаг）]

Ж1：Та яагаа вэ？ Бие чинь зүгээр үү？
　　どうしたの？（身体は）大丈夫？

Ж1：—Яагаав, ямар нэг юм болоо юу？（＝болсон уу？）
—Яагаа ч үгүй.（зүгээр）
—どうしたの？何かあったの？
—別に.
　　　　болоо；бол(ох)＋–aa⁴（үйлт нэрийн одоо үргэлжилж байгаа цагийн нөхцөл.）

Ж2：—Би танихгүй байх аа.
—Чи танина даа. Яагаав, нөгөө манай нутгийн Доржийн дүү шүү дээ.
—私知らないかな.
—知ってるよ, ほら, 郷里のドルジの妹だよ.

Ж2：Яагаав дээ, эртээд ирсэн хүнийг хэн гэдэг билээ？
ほら, あのー, この間来ていた人は誰でしたっけ？

956 яагаад ч юм (бэ)?

何だか.
理由, 原因ははっきり分からなく, 主に突然現れた出来事についてこんな風に言う.

Учир шалтгааныг нь тодорхой мэдэхгүй бөгөөд ихэвчлэн санаандгүй гарч ирсэн хэрэг явдлын тухай ярихад хэлдэг.

Ж：Яагаад ч юм, мэдэхгүй. Дорж гуай сүүлийн үед их ядруу харагдах юм.
何だか分からないけど, この頃ドルジさんはとても疲れているように見える.

957 яагаачгүй (яагаа ч үгүй)

別に！ 何もしてない.
何もしていないといった意味のようだが, 殆どは何も悪い事をしなかったといった意味あいで使われる.

Юу ч хийгээгүй гэсэн утгатай мэт боловч ихэнхдээ ямар ч буруу юм хийгээгүй, эсвэл онцын юм болоогүй гэсэн утгаар хэрэглэдэг.

Ж：Би яагаачгүй. (Би ямар ч буруугүй.)
　　私, 何もしていない.
Ж：—Чи яагаад уйлаа вэ?
　　—Яагаачгүй.
　　—何で泣いているの？
　　—別に！
Ж：—Яасан?
　　—Яагаачгүй.
　　—どうしたの？
　　—別に.

958 яадаг билээ

どうする？ どうしよう. どうしたら良いのか.
慌てふためいた時思わず口から出る空詞.

Яах вэ？ Яана аа?
Сандарч, тэвдэн уулга алдахад хэлнэ.

яадаг юм (бэ)

Ж：Хүүе, яадаг билээ．Та минь ээ！ Усанд хүн живж байна．
オーイ，どうしよう．みなさーん，人が溺れているよー！
Ж：Яадаг билээ．Би худлаа хэлчихсэн．
どうしよう，私嘘ついちゃった．

959 яадаг юм (бэ)

元は疑問詞だが話し言葉では：
1．気にしない．関係ない．
2．喧嘩腰で話す時使う．少しだが疑問の意味が有る．
3．なぜ出来ないの？という意味も含む．

Уг нь асуух сул үг боловч ярианы хэлэнд：
1．Гол утга нь хамаагүй, тоомсорлохгүй байгаагаа илтгэнэ．
2．Хэгжүүрхэн сөргөж эсэргүүцэхэд хэлэлцэнэ．
Хэрүүлийн өнгө аястай．Бага зэрэг асуух утгатай．
3．Яагаад болдоггүй юм бэ? гэсэн утгатай．

Ж 1：—Өнөөдөр багш шалгавал яана аа？
—Шалгасан ч яадаг юм бэ．
—今日先生が調べたらどうしよう？
—調べたってかまわないよ．
Ж 2：Энүүнийг авч яадаг юм бэ？
これを買ってどうするの？
Ж 2：Яадаг юм, би мэдэж байна．
いいじゃないの，私自分で知っているもの．
Ж 3：—Та ичихэд яадаг юм бэ？
—Чамд хамаагүй．
—あなたは恥ずかしくないですか？
—あんたに関係ない．

960 яаж ийгээд

何とかして．どうにかして．どうしても．

ямар нэг аргаар гэсэн утга．

Ж：Яаж ийгээд Монгол явчих юмсан．
何とかしてモンゴルへ行きたいものだ．

961 яаж мэдэхэв

1. どのように．どんな風に．(通常の)疑問詞．
2. 何が起きるか分からない，と用心する気持ちを表す言葉．

1. Яаж мэдэх вэ? асуух өгүүлбэр．(энгийн утга)
2. Юу ч болж магадгүй гэсэн утгатай．Болгоомжлон сэргийлэх санаагаар хэлнэ．   c.f. юмыг яаж мэдэх вэ.

Ж 2：Бороо орох ч юм уу, яаж мэдэхэв, шүхрээ аваад яв.
  雨が降るかもしれないから傘を持って行きなさい．

962 яаж ч

何でも．

юу ч хийж・・・, ямар ч юм хийж ．．．

Ж：яаж ч чадахгүй． どうしようも無い．
Ж：яаж ч магадгүй． 多分．
Ж：яаж ч мэднэ． かもしれない．
Ж：яаж ч байсан． 何があっても．
Ж：яаж ч болно． 勝手にする．
Ж：―6 цагт хүлээн авалтанд ирэх үү?
 ―Яаж ч мэднэ．
 ―6時のレセプションに来ますか？
 ―行くかもしれない．(行かないかもしれない．分からない．)

963 яажшуу   c.f. -шүү.

ямаршуу (ямар байдалтай? гэсэн үг.)

964 яалаа гэж (дээ)   c.f. хаанаас даа.

とんでもない，ちがうよ．

юу гэж дээ, тийм биш ээ.

Ж：Яалаа гэж дээ. Чи нэг л ойлгохгүй байна.
 (Тийм биш ээ. Чи нэг л ойлгохгүй байна.)
 とんでもない，君はひとつも分かってないよ．

965 яалт ч үгүй

яа- という動詞の語幹に -лт という接尾辞が付いて яалт という名詞になり，後に助詞 ч，そして үгүй が付いた慣用句．
1. 他にどうすることも出来ない．どうしようも無い．何としても出来ない．
2. 間違いなく・・・．等の意味を表す．
яа(x) 語幹から発生した名詞は今のところこの他に無い．

Энэ нь "яа-" гэсэн үйл үгийн язгуур, үндсэнд "-лт" гэдэг дагавар залгаж "яалт" гэсэн нэр үг бүтээгээд дараа "ч" сул үг, "үгүй" гэсэн үгийг тус тус холбож үүсгэсэн хэллэг. Утга нь
1. яах ч аргагүй, өөр юу ч хийх аргагүй.
2. гарцаагүй.
Үүнээс өөр "яа(x)" язгуураас үүссэн нэр үгийг хэрэглэж байгаа зүйл одоогоор байхгүй байна.

Ж 1: Яалт ч үгүй, үерийн усанд боогдоод хэд хоногийн өмнө иржамжсангүй.
洪水で寸断され，数日前に来るのがどうしても間に合わなかった．
Ж 2: —Энэ үг толинд ерөөсөө алга.
—Бий, бий. За хар даа. Яалт ч үгүй байгаа биз!
—この言葉は辞書に無い．
—有る，有る．見なさいよ，ほら．調べたらちゃんと有ったでしょう．
Ж 2: Чи "Би хулгай хийгээгүй" гэж хичнээн хэлээд ч нэмэргүй. Яалт ч үгүй үнэн байна шүү дээ.
君が"私は盗んでない"といくら言っても無駄ですよ．ちゃんと調べたら本当だったでしょう．

966 яамаар

何をしたい．どうしたい．

яа(x)+-маар^4.
Юу хиймээр байна? Яаж хиймээр байна?

Ж: Чинийхээр энийг яамаар байна?
　　　　　　　　　　　　　чинийхээр；чиний бодолоор.
君だったらこれをどうする？

967 **яамай**

1. 良かった，もうけものというニュアンスが有る．
   文章の始めに付き単独で一つの文章になる．
2. やめよう，嫌だ．
3. 気にかけない．考慮に入れない．

1. "Ашгүй, зүгээр, болжээ" гэсэн олзуурхсан өнгө аяс илтгэх аялга үг. Өгүүлбэрийн эхэнд байдаг. Дангаараа ганц өгүүлбэр болно.
2. "Яршиг, больё" гэсэн зөвшөөрөхгүй дургүйцсэн утгатай.
3. үл хэрэгсэх санааг илтгэсэн үг.

Ж 1 : Яамай даа, Бат сайн мужаан болжээ.
   良かった，バトは良い大工になったね．
Ж 2 : Яамай яамай (яамай ш дээ), би л лав үүнийг хийж чадахгүй.
   やめよう，これは私には絶対出来ない．
Ж 3 : Амрах ч яамай, ажлаа хийе.
   休むことを考えずにまず仕事をしよう．

968 **яана (аа)**

話し言葉でこの語の末尾に主に長母音を入れて яана аа と言う．

c.f. aa[4]–1.

1. どうしよう．いやだーどうしよう！
   話し言葉で単に яана (аа) と言うのは，何かが不成功になった時，又は何かに感動した時発する感動詞．
2. どうしよう？
   疑問符と一緒に疑問の意味も出る．

Ярианы хэлэнд энэ үгийн эцэст ихэвчлэн урт эгшиг оруулж дууддаг.
1. Ярианы хэлэнд дангаар нь хэлдэг "яана (аа)" гэдэг нь ямар нэг ажил явдал бүтэлгүй болсон үед эсвэл сэтгэлийн хөдөлгөөнийг илэрхийлдэг үед хэлэх аялга үг.
2. "?" -тэй хамт асуух утгатай байж болно.

Ж 1 : Яана аа ! Хичээлээсээ хоцорчихлоо.
   やだー，授業に遅れた！
Ж 1 : Яана аа ! Ямар том бэлэг вэ !
   まあ！何て大きなプレゼントでしょう．
Ж 2 : —Багш загнавал яана аа ?
   —Зүгээр ээ.

яасан

—先生が怒ったらどうしよう？
—大丈夫だよ．

асуух төлөөний үг：
яана аа；яа(х) –на(үйл үгийн ирээдүй цагийн нөхцөл)＋аа⁴–1.
яах, яана –ирээдүй цаг(Яах вэ？＝ Юу хийх вэ？)
яав– өнгөрсөн цаг(Чи яав？＝ Чи яасан？)

969 яасан

1. どうしたの？
2. 何て．

1. Юу болсон бэ？ Ямар юм тохиолдсон бэ？
2. Тэмдэг нэрийн утгыг эрчимжүүлэх үүргээр хэлэх үед "үнэхээр, их" гэсэн санааг илтгэнэ.

Ж 1：—Яасан？
　　　—Яагаачгүй.
　　　—どうしたの？
　　　—どうもしない．
Ж 1：Яасан юм бол？
　　　どうしたのかな？
Ж 2：Яасан сайхан байгальтай газар вэ？
　　　何と素晴らしい自然がある場所でしょう．

970 яасан гэж

どうして．

ямар учраас, юу хийсэн гэж, яагаад？

Ж：—Багш намайг хичээл мэдэж байсан ч дунд тавьсан.
　　—Мэдэж байхад яасан гэж дунд тавьсан бэ？
　　—先生は私がちゃんと答えたのに "3" をくれた．
　　—しっかり答えたのになんだって "3" をつけたんだろうね．

971 яасан ч яадаг юм

どうしたって良いじゃない．

"Юу ч хийж байсан болно, би өөрөө мэднэ" гэсэн утга.

Ж：―Чи хүн доромжилж яах юм бэ？
　　―Яасан ч яадаг юм.
　　―ひとを侮辱しては駄目じゃない？
　　―どうしたって良いじゃない.

972　яах аргагүй

本当に，確かに，間違いなく．まったく．

үнэхээр.

Ж：Яах аргагүй би үүнийг харсан.
　　確かに私はこれを見た.

973　яах билээ дээ　　　　　　　　c.f. яая гэхэв（дээ）.

仕方ないよ．しょうがないよ.

арга алга даа гэсэн утга.

Ж：Би чадахгүй болохоор яах билээ дээ. Уучлаарай.
　　出来ないからどうしようもない．ごめんなさい.

974　яах бол　　　　　　　　　　　бол-3-ыг үз.

975　яах гээд байгаа юм

何を言いたいのよ．他に何を言いたいのよ一体.

өөр юу яримаар, юу хиймээр байна вэ？　ямар санаатай байна？

Ж：―Чи яагаад цагтаа ирсэнгүй вэ？
　　―Ирсэн шүү！ Өөр яах гээд байгаа юм.
　　―どうして時間通りに来ないのよ？
　　―来たわよ．何を言いたいのよ一体！
Ж：―Багш аа！ нөгөө . . .
　　―Чи яах гээд байгаа юм？
　　―先生あのー.
　　―何を言いたいの？

яах ёстой юм бэ?

976 яах ёстой юм бэ?

どうすれば良いのか？
少し立腹気味でこう言って聞く．

яах байсан юм бэ? юу хийх ёстой вэ?
Унтууцсан өнгө аясаар хэлдэг.

Ж：Би яах ёстой юм бэ? Хичээлээ таслах ёстой юм уу?
　　僕はどうすれば良いの？授業を欠席しなければならないんですか？

977 яах ийхийн зуургүй

あっという間に．

хоромхон зуур, маш түргэн хугацаанд.

Ж：Нэг сар яах ийхийн зуургүй өнгөрчихлөө.
　　ひと月はあっという間に過ぎてしまった．
Ж：Цалин яах ийхийн зуургүй үрэгдчихсэн.
　　月給はあっという間に使い切っちゃった．
Ж：Яах ийхийн зуургүй хүчтэй салхинд цонх хагарсан.
　　突風が吹いて，あっという間に窓（ガラス）が壊れた．

978 яах нь вэ? (яахнав)

1. どうする気なの？
2. 今はいいよ，いらない．

1. юу хийх гэж байна? яах гэж байна вэ?
2. хэрэггүй дээ гэсэн утга илтгэх аялга.

Ж1：Энэ их модоор чи яахнав? (яах нь вэ?)
　　（Энэ их модоор чи юу хийх гэж байна?）
　　こんなに沢山の木で何をする気なの？
Ж2：Яах нь вэ дээ? Түүнийг одоо зэмлэх хэрэггүй.
　　もういいよ，責めなくて．
　　• мод は олон とは言わない их мод と言う．
　　　Олон мод гэж бараг хэлдэггүй их мод гэж хэлдэг.

979 яах ч үгүй

大丈夫．（全く）問題ない．

Дажгүй, гайгүй, ямар нэг бэрхшээл болохгүй гэсэн утгатай.

Ж：—Бороотой, зам муу байгаа шүү дээ.
　　—Миний машин их сайн. Яах ч үгүй.
　　—雨が降っている，道が悪いよ．
　　—私の車は高性能だし，全く問題ないよ．

980 яах юм бэ？

どうするの？いらないでしょう，やめましょうという意味を持つ．

Яршиг, больё, хэрэггүй гэсэн зөвшөөрөхгүй утга илтгэнэ.

Ж：Энэ цаасаар яах юм бэ？（Энэ цаас хэрэггүй.）
　　この紙でどうするの？（この紙はいらない．）
Ж：Би явж яах юм бэ？（Би явж чадахгүй, больё.）
　　私行ってどうするの？（行かない．）
Ж：Өө, яах юм бэ？ Ээж ээ！ Таны оронд би сүүнд яваад ирье.
　　ああ！いいよ，いいよママ！ 代わりに私がミルク買いに行ってくる．

981 яахав

1. どうしようかな，どうするの，といった疑問詞．（通常）
2. 話し言葉では大丈夫，心配無いという意味にも使われる．
3. いらない，違うという意味で主に文の終わりに付く．
4. 完全に満足してないが，まあしょうがない，まあ良いでしょう，まあまあという意味．

1. Яах вэ？ Юу хийх вэ？（энгийн утга）
2. Ярианы хэлэнд зүгээр, гайгүй гэсэн утгатай.
3. Хэрэггүй, дэмий, үгүй гэсэн утгаар голдуу өгүүлбэрийн эцэст ордог.
4. Бүрэн дүүрэн дэмжээгүй боловч зөвшөөрч байгаа утгатай.

Ж 2：Энэ ч яахав, би өөрөө хийж чадна.
　　　（Энэ ч гайгүй, би өөрөө хийж чадна.）

яахав болж л байна

```
            これはまあ大丈夫，私ひとりで出来る．
    Ж 2：Яахав яахав тэгэж л байг．Дараа нь шийдье．
          (Зүгээр зүгээр тэгэж л байг．Дараа нь шийдье．)
          まあまあ放っておけ，後で解決するから．
    Ж 2：Яахав биш ээ . . . хө . . .
          (зүгээр биш, гайгүй биш.)
          大丈夫じゃないよ・・・
    Ж 2：Тэр ч яахав, энэ л хэцүү．
          あれはいいよ，これは大変だ．
    Ж 3：Баярлах яахав, эрт байна．
          喜ぶのはまだ早い．
    Ж 3：Таныг хол явуулж зүдрээгээд яахав．
          あなたは遠くに行くと疲れるから(行かなくて)いいよ．
    Ж 4：Яахав яахав, за яахав．
          まあいいでしょう．
    Ж 4：Яахав дээ．
          そうねえ．
```

982 яахав болж л байна

まあまあです．すごく良くはないが悪くもない．

Гайгүй, дажгүй, зүгээр, бүр сайн биш боловч муугүй байна гэсэн утга илтгэнэ.

```
    Ж：—Та тэтгэврийн мөнгөөр яаж шүү (шиг) амьдарч байна вэ？
        —Яахав нэг юм болж л байна．
         (Нэг сайн биш гэхдээ муу биш амьдарч байна.)
        —あなたは年金でどうやって生活しているの？
        —まあ何とかなっています．
         (何とかそこそこ生活している．)
```

983 яахав (дээ), зүгээр . . .

1. まあそうですね．まあこうやって・・・．
   相手に説明する，分からせる時主な言葉の前に言う空詞で，これは何か言わなくてはいけない時や話す言葉を考えて時間を稼ぐ時こう言う．
2. まあまあ・・・．
   完全と言う訳ではない，まあまあの線ですねという時こう言う．

1. Ямар нэг зүйлийг тайлбарлах, ойлгуулахдаа гол үгийнхээ өмнө хэлдэг сул үг бөгөөд энэ нь ам нээх болон ярих үгээ бодох хугацаа, зай гаргах үүрэгтэй.
2. Бүр гайгүй, сайн биш боловч өөр хүнд дунд зэрэг, санаа зоволтгүй байна гэж ойлгуулах өнгө аястай.

Ж 1 : Яахав, зүгээр. Энэ өгүүлбэрийг ингэж орчуулж болно.
まあそうですね、この文章はこうやって訳すと良いね。

Ж 2 : —Өвөө таны бие ямар байна？
—Яахав дээ, гайгүй.
—おじいちゃん身体の具合どう？
—ああ、まあまあだね。

984 яая гэхэв (дээ)

為すすべが無い。どうしようもない。仕方が無い。

аргагүй үед хэлэх үг.

Ж : Буцах хаяггүй захидлыг яая гэх вэ дээ.
差出し人住所不明の手紙だからどうしようもない。

Ж : Одоо яая гэх вэ, үүнээс хойш л дахиж битгий ийм болчимгүй юм хийгээрэй.
もうしょうがない、これからはこんな馬鹿なことをしないで下さい。

985 яая даа (байз)

どうしよう。どうしようかなー。
何か上手に出来なくて困ったなあという時発する感動詞。

Ямар нэг ажил бүтэмж муутай байх үед аргаа барж санааширан хэлэх аялга үг.

Ж : Яая даа байз, юу ч хийхээ мэдэхгүй байна.
どうしよう、何をするかも分からない。

986 яваа

яв(ах)-аа[4] (үйлт нэрийн одоо үргэлжилж байгаа цаг).
行っています。 動詞 явах の現在進行形である。
形動詞 –аа[4] は疑問文の会話では過去形を意味する。（——たの？）

явалдах

явж байгаа.
"явах" гэдэг үйл үгийн одоо үргэлжилж байгаа цаг. Гэвч одоо цагийн "–аа⁴" нөхцөл нь ярианы хэлэнд асуух өгүүлбэрт өнгөрсөн цаг заана.

Ж： Ах хөдөө ажлаар яваа.
　　（＝Ах хөдөө ажлаар явж байгаа.）
　　兄は田舎に仕事で行っている．
Ж： Ах хөдөө яваа юу？
　　（Ах хөдөө явсан уу？．　Ах хөдөө явж байгаа юу？）
　　お兄さんは田舎へ行ったの？
Ж： Ах хөдөөнөөс ирээ юу？
　　（Ах хөдөөнөөс ирсэн үү？）
　　お兄さんは田舎から来ましたか？
Ж： Дорж гуай танд энэ номыг өгөө юу？
　　ドルジさんは貴方にこの本を差し上げましたか？

987 **явалдах**　　　　　　　　　　　　　　　c.f. сүүлрэх.

1. 性的関係をもつ．
2. 不倫の関係になる．

1. хурьцал үйлдэх.
2. харилцан амраглаж явах.

988 **явах**

1. 行く（往来するという意味）．（通常の意味）
2. 時が過ぎる．
3. 話し言葉では，やっていく．生きていく．生活するという意味もある．
4. 将棋で，駒を指すことを話し言葉で явах と言う．

1. Зорчих гэсэн үндсэн утгатай.
2. цаг өнгөрөх гэсэн утга.
3. Ярианы хэлэнд амьдрах гэсэн утга илтгэдэг тохиолдол бий.
4. Шатрын нүүдэл хийхийг ярианд "явах" гэж мөн хэлэлцдэг.

Ж1： Дорж гүүрний тэндээс ирж явна.
　　　ドルジは橋の所からこちらへ来ています．
Ж1： Би автобусаар цагийн дараа явж очно.
　　　私はバスで1時間後に伺います．
Ж2： Хамаг цаг явчихлаа.

いっぱい時間が過ぎちゃった.
Ж 2：Нас явчихлаа.
年をとってしまった.
Ж 3：Яаж явахыг нь харна.
(Яаж амьдрахыг нь харна.)
どう生きていくかを見る.
Ж 3：Чиний сайн явахыг харна.
おまえがちゃんと生きていけるかどうか見てやる.
Ж 3：—Юу байна, сонин сайхан？
—Явж л байна.
—お変わり無い？
—まあまあです.
Ж 4：Сая би хү түлхсэн. Одоо чиний явах ээлж.
(＝нүүх ээлж)
さっき私は"歩"を指した. 今度は君の番だ.

989 явдалтай

面倒. 困難でむずかしい.
явдалтай хүүхэн は, 尻軽女という意味になる.

хэцүү, бэрхшээлтэй, төвөгтэй.

Ж：Мөн ч явдалтай ажил юм даа.
すごく面倒な仕事だなあ.

990 явж явж

とうとう.
考えていたことと最終的に違うことになったという気持ちを表す. 良い結果でも悪い結果でもこの言葉を使う.

Аливаа үйл хэрэг эцсийн эцэст санаснаас өөр болсон гэдэг санааг илтгэнэ. Бүтэлтэй ба бүтэлгүй явдлын алинд нь ч хэрэглэнэ.

Ж：Явж явж хамгийн дургүй газраа (газарт) ажилд орсон.
とうとういちばん嫌いな場所で仕事をする事になった.
Ж：(Цүнх авахаар нэлээн хэдэн дэлгүүрээр орлоо. Санаанд таарах аятайхан цүнх байдаггүй. Энэ дэлгүүр ороод л больё гэж бодсон.)
—Би харин явж явж аятайхан цүнхтэй болчихлоо.
(かばんを買うために何軒もの店に入りました. 気に入ったかばんは

явлаа

無かった．今度入る店に無かったらもう止めようと思いました．）
—私，とうとう素敵なかばんを手に入れました．

Ж：—Туяа ганц бие удаан явсан．Энэ хооронд хэд хэдэн хүнтэй танилцсан боловч сайн хүнтэй тааралдсангүй．Гэтэл саяхан манай байрны Доржтой суусан гэнэ．Явж явж сайн хүнтэй суучихлаа．
—トヤは長いこと独身でした．色々な人と知り合いましたが結婚しようと思う人と巡り会わなかった．ところが最近，私達のアパートのドルジと結婚したそうです．とうとう良い人と一緒になりました．

991 явлаа

行く．　書き言葉では過去形である．しかし話し言葉では；
1．現在形　2．過去形　3．未来形に使われる．

Бичгийн хэлэнд өнгөрсөн цаг заана．Гэвч ярианы хэлэнд；
1．одоо　2．өнгөрсөн　3．ирээдүй цаг зааж байж болно．

Ж1：За, би явлаа．（＝Одоо би явна．）
　　　じゃあ，私行きます．
Ж1：—Одоо явлаа юу？
　　　—Явлаа．
　　　—行くの？
　　　—行くよ．
Ж2：Өчигдөр би явлаа．(би явсан)—(Ярианы хэлэнд цөөн хэрэглэдэг．)
　　　昨日行きました．　　　　　　（話し言葉では使われることが少ない．）
Ж3：Маргааш би явлаа шүү．
　　　明日行きますよ．

992 явуулах

からかう．ふざける．冷かす．
人を冷かし，からかう事を過大に言い явуулах とか цаашлуулах と言う．

Хүнээр даажигнан тоглоом хийж хэтрүүлэн ярихыг ярианы хэлэнд явуулах, цаашлуулах гэж хэлдэг．

Ж：Энэ хүн бусдыг явуулах дуртай．
　　この人は人をからかうのが好きだ．

993 (за) явуулъя! c.f. татах.

アルヒを飲もう！　この杯の酒をグッと干そう．
(品の良い言い方では無い．俗に言う言葉である．)

Хундагатай архиа ууя гэсэн утгаар хэлнэ.
(боловсон бус, жирийн ярианы үг.)

Ж：За, хоолны өмнө нэг явуулъя！
　　さあ，食事の前に一杯やろう．

994 явчихлаа

・・・ことになった．
・・・юм боллоо（・・・ことになった）という意味で使う助動詞の役目をする．"行く"といった基本の意味は無い．

・・・юм боллоо гэсэн утгаар хэлэх туслах үйл үгийн үүрэгтэй үг. "Явах" гэсэн үндсэн утга нь байхгүй.

Ж：Ёстой гялайгаад явчихлаа.
　　（Үнэхээр баярламаар юм боллоо.）
　　本当に良かった．

995 яг

ちょうど．ぴったり．

яв цав тохирсон.

Ж：Яг 12 цагт ирнэ.
　　12時ぴったりに来ます．

996 яг . . . -ж харагдаач c.f. яг тэгнэ ш дээ. яг ш дээ.

・・・に決まっているじゃない．
好きじゃないことを聞くと，この言葉が返ってくる．

Тухайн үйлийг хийхгүй, чадахгүй гэсэн утгаар хэгжүүрхэх өнгө аястай хэлдэг.

яг тэгнэ ш дээ (яг тэгнэ шүү дээ)

Ж：—Намайг эзгүйд хэн утасдсан бэ？ Мэдсэн үү？
　　—Яг мэдэж харагдаач．(Яаж мэдэх юм бэ？)(Би заавал мэдэх ёстой юм уу？)
　　—私が留守にしている時，誰が電話して来たか知ってる？
　　—知らないに決まってるじゃない．
Ж：—Эгч чинь хичээл хийж байна уу？　Чи хараатхаач？
　　—Хичээл хийж харагдаач．
　　—(君の)おねえさん勉強してるかな？　ちょっと見てきて？
　　—やってないのは当たり前でしょ．
Ж：—Энэ үгийн утгыг мэдэж байна уу？
　　—Яг мэдэж харагдаач．
　　—この語の意味知ってる？
　　—知らないに決まってるじゃない．
Ж：—Сургууль дээрээ очооч！　Одоо давтлагатай гээ биз дээ.
　　—Яг очиж харагдаач．Толгой өвдөж байхад чинь！
　　　(Яг очно ш дээ．)(очиж чадаагүй, очиж чадахгүй.)
　　—学校に行ってみなさい，補習が有るんでしょう．
　　—行かないに決まっているじゃない(無理よ)．頭が痛いのに．

　　　　　　　　　　　　　　　　　　харагдаач；хара(х)-гд-аач．

・гээ；яваа биз дээ (行ったでしょ)，хэлээ биз дээ (言ったでしょ)と同じ様に гэ(х)-ээ (үйлт нэрийн одоо үргэлжилж байгаа нөхцөл) биз дээ．(=гэсэн шүү дээ)は"そう言ったでしょう"となる．

997　яг тэгнэ ш дээ (яг тэгнэ шүү дээ)

　　やってない．出来ない．
　1．今しようとしている→まだやっていないという意味．
　2．出来ないという意味にもとれる．
　　　1995年頃から言われだした．若者の話し言葉に出てくる．

＝Яг хийнэ ш дээ．＝Яг ш дээ．
1．хийгээгүй，
2．"Чадахгүй" гэсэн утга бас байж болно．
　　1995 оны үеэс дэлгэрсэн залуучуудын ярианы этгээд үг．

Ж 1：—Даалгавраа хийсэн үү！
　　　—Яг тэгнэ ш дээ，
　　　　(Яг тэгнэ шүү дээ，Яг хийнэ ш дээ．　→ хийгээгүй．)
　　　—宿題やった？
　　　—まだ．
Ж 2：—Чи маргааш гэхэд хийж дуусах уу？

—Яг хийнэ ш дээ.
—明日までに終わるの？
—出来ない。

998 ЯГ ХИЙНЭ Ш ДЭЭ　　　　яг тэгнэ ш дээ-г үз.

999 ЯГ Ш ДЭЭ　　　　яг тэгнэ ш дээ-г үз.

直訳すれば"そうだよ"だが，若い人の間では"ちがうよ"という意味で使われている。

"Тийм шүү, яг тийм" гэсэн утгатай боловч, хар ярианд "тийм биш, үгүй" гэсэн утгаар хэрэглэгдэнэ.

Ж：—Өчигдөр би "Яг ш дээ" гэдэг нэртэй салат идсэн.
　　—Яг ш дээ！
　　—私、昨日"Яг ш дээ"という名前のサラダを食べた。
　　—ウッソー！　嘘だろう！

1000 ЯГГҮЙ

簡単ではない。難しい。凄い。非常にすぐれた。

амаргүй, бэрх, сүрхий.

Ж：Тэр ч ёстой яггүй хүн дээ. (хоёрдмол утгатай.)
　　1.（Тэр яггүй ширүүн аашлай хүн.）
　　2.（Тэр яггүй сүрхий хүн.）
　　1. 彼はとても厳しい人です。
　　2. 彼は非常にすぐれた人です。

1001 ЯДАЖ

せめて。少なくとも。

ядахдаа, дор хаяж, наад зах нь, адаглаад.
Наанадаж, хамгийн багаар бодоход, хамгийн муугаар бодоход гэсэн утга ярианы хэлэнд эдгээр үгээр илэрдэг.

Ж：Хөдөөнөөс ирсэн гэсэн, ядаж утсаар яримаар юм.
　　田舎から来たそうですが、せめて電話ぐらいすれば良いのに。

1002 ядаргаатай　　　　　　　　　　　　c.f. зовлонтой

1. 疲れた．
2. うるさい．面倒臭い．厄介だ．

1. ядарсан, ядаргаа бүхий.
2. зовлонтой, төвөгтэй, яршигтай.

Ж1：Нойр муу байгаа чинь мэдрэлийн ядаргаатай холбоотой.
　　　ぐっすり眠れないのは神経の疲れと関係がある．
Ж2：Энэ чимээ үнэхээр ядаргаатай.
　　　この音はまったくうるさい．
Ж2：Энд ялаа нь барьчих гээд ядаргаатай юм.
　　　ここはハエがうるさくて大変です．
Ж2：Ээжтэй хамт дэлгүүр явахад үнэхээр ядаргаатай.
　　　ママとお買い物に行くと本当に面倒臭い．

1003 ядрах

やつれる．疲れる．みすぼらしい．
もとの意味の"身体が疲れる"の他に，話し言葉では若い時に良い暮らしをしていて今は落ちぶれて寂しく生活をしている人，或は精神的にとても疲れてしまった人に対してもこう言う．

ядуу дорой, чадалгүй болох.
Энэ үгийг голдуу биеийн чадал тэнхээтэй холбож ярихаас гадна амьдрал ахуй, сэтгэл, оюун ухааны тухайд ч холбон ярьж болно.

Ж：Энэ хөгшин мөн ч ядарч явна даа.
　　このおばあさんは本当に疲れているんだね．
Ж：Саяын энэ ядарсан амьтан чинь цагтаа их элбэг дэлбэг амьдралтай, ажилдаа нэртэй гялалзсан эр явсан байх.
　　さっきのみすぼらしい人は，若い時は豊かな生活で仕事もうまくいってた人ですよ．

1004 яй болох

壊れる．割れる．
崩れ落ちた(яйрсан)，割れた(хэмхэрсэн)という意味．
話し言葉では折れた(хугарсан)をхуга, 壊れた(хагарсан)をхагаと略して言うのと同様に崩れ落ちた，かけらが落ちた(яйрсан)という語もяйと言う．

яйрсан хэмхэрсэн гэх санаа.
Ярианы хэлэнд хугарсан гэхийг хуга, хагарсан гэхийг хага гэж хурааж хэлдгийн адил яйрсан гэдгийг яй гэж хэлдэг.

Ж : Очиж үзвэл хэдэн цонх яй болсон байсан.
行ってみたら幾つかの窓が割れていた.

1005 ямар

1. どんな，という疑問代名詞.
2. はっきりした意味は無いが言っていることを強めている.
3. яасан という言葉と同じ様に形容詞の意味を強める目的として使われる. 質問の形である [. . . вэ？] という形であるがほとんど返事は不要である.

1. асуух төлөөний үг.
2. Тодорхой утгагүй сул үг боловч хэлэх гэж байгаа санаагаа чангаруулж баттай болгох үүрэгтэй.
3. Яасан гэдэг үгийн адил тэмдэг нэрийн утгыг эрчимжүүлэх зорилгоор хэрэглэдэг. Өгүүлбэр нь асуух өгүүлбэр хэлбэртэй байна. [Ямар . . . вэ？]учраас өгүүлбэрийн сүүлд асуух сул үг хэрэгтэй. Энд ихэвчлэн хариулт шаардлагагүй байдаг.

Ж 1 : Ямар ном бэ？
　　　どんな本ですか？
Ж 2 : Би ямар хүүхэд биш.
　　　私はそんなに子供じゃない.
Ж 3 : Ямар хөөрхөн амьтан бэ？
　　　何てかわいい子だろう.
Ж 3 : Ямар хурдан явдаг юм бэ？
　　　1. 何と速く行くものだ.
　　　2. どうしてこんなに速く行くのだろう．といった意味がある.
　　　　（＝Яасан хурдан явдаг юм бэ？) Энэ өгүүлбэр нь；
　　　1. Их хурдан явдаг юм байна.
　　　2. Яагаад ийм хурдан явж байгаа юм бэ？ гэсэн утгатай байж болно.

1006　ямар нэг(эн)　　c.f. (асуух төлөөний үг)＋нэг(эн)–ийг үз.

ямар сайндаа (л) (=ямартаа)

1007 ямар сайндаа (л) (=ямартаа)

止むを得ず。仕方が無いから。

Аливаа үйл, хэрэг, явдлыг сайндаа биш, аргагүйн эрхээр хийсэн гэсэн санааг илтгэхэд энэ хэллэгийг ашигладаг.

Ж : Хулгай орохгүй гэх газаргүй. Ямар сайндаа л айлууд цонхондоо төмөр сараалж хийх вэ дээ.
泥棒が入らないなんていう所はない。止むを得ず家々の窓に鉄格子をつけたのですよ。

1008 ямар ч байсан　　　　　ямар ч болтугай–г үз.

1009 ямар ч болтугай

とにかく。どうしても。
何が有っても関係無く、それをするしかないという気持ちを表す。

ямар ч гэсэн, ямар ч байсан.
Нөхцөл байдал ямар байсан ч хамаагүй тухайн үйлийг хийхээс аргагүй гэсэн санааг илтгэнэ.

Ж : Ямар ч болтугай, явахаас өөр замгүй.
とにかく、行くしかない。

1010 ямар ч гэсэн　　　　　ямар ч болтугай–г үз.

とにかく。どうしても。何が有っても。

1011 ямаршуу　　　　　　　　　　　–шүү^2–г үз.

1012 янзын

1. 良い。うまい。繊細な。すてきな。おいしい。
2. 奇妙な。不快な。不思議な。へんな。

1. янзтай, гоё, сайхан, чамин.
2. хачин, этгээд.

Ж 1 : Дорж янзын хоол хийдэг.

ドルジはおいしくて，繊細な料理を作る．
　Ж 2：Эднийх янзын айл шүү. Дандаа хэрэлдэж байх юм.
　　　あの家庭はヘンだね．いつも喧嘩している．
　Ж 2：Дорж янзын зантай болжээ.
　　　ドルジの性格は変わったね．（嫌な性格になった）
　Ж 2：Янзын амьтан !
　　　ヘンなやつ．

1013 **янзтай**　　　　　　　　　　　　　　янзын-1-ийг үз.

1014 **яриангүй**（＝ярианбайхгүй）

　もちろん，むろん．　　疑うことの無いという意味．

エргэлзэх юмгүй.

　Ж：Яриангүй, энэ л зөв хариу байна.
　　　もちろんこれは正しい答えです．

1015 **яршиг**

　1．面倒．邪魔．
　2．出来ないと断る．

　1．төвөг, саад.
　2．татгалзахад хэлэх үг.

　Ж 1：Ямар яршигтай амьтан бэ?
　　　何とうるさい人なんでしょう．
　Ж 1. 2：Яршиг аа яршиг.（Төвөг, төвөг.）
　　　1．面倒だなあ．
　　　2．いいよ(断っている)，必要ない．
　Ж 2：Яршиг, яршиг. Би хийж чадахгүй.
　　　いいえ，私出来ない．
　Ж 2：—Хоёулаа кино үзэхээр явах уу?
　　　—Яршиг яршиг, үзмээргүй байна. Ядраад байна.
　　　—二人で映画を見に行かないか？
　　　—やめよう，見たくない．疲れたわ．
　Ж 2：За, яршиг аа, яршиг.
　　　(больё больё, хэрэггүй, дэмий.)
　　　やめてよ！(からかわれたりした時)

яршиг удах (болох)

1016 яршиг удах (болох)　　　c.f. ажил удах. төвөг удах.

面倒な事になる．

хар яршиг болох, ажил удах.

Ж：Өнөөдөр ажил их байна. Хүн ирвэл яршиг удахын нэмэр.（＝яршиг удна.）
今日はとても忙しい．人が来ればもっと面倒になる．

1017 яс амрах

ほっとする．辛い事から離れて安心する．

Аливаа удаан хийсэн бэрх үйлээс салж амрахыг хэлнэ.

Ж：Үүнийг дуусгаж яс амарлаа.
これを終えてほっとした．

Хавсралт（付録）

1) Монгол зан заншлаас（モンゴルの習慣から）·····························334

2) Ярианы хэлэнд төлөөний үгийг хэрэглэх онцлог
   （話し言葉で代名詞が使われる特徴）·····························339

3) Давтан хорших үг（重複する言葉）·····························342

4) Хамелеон үг（カメレオンの様に意味が変わる言葉）·····························344

5) Япон үгийн хэлхээ（日本語索引）·····························348

6) Ашигласан ном зохиол（参考にさせて頂いた資料）·····························367

1) Монгол зан заншлаас（モンゴルの習慣から）

——Монголчууд ихэсгэл багасгалыг ярианы хэлэнд элбэг хэрэглэдэг. Өөртэйгээ холбоотой зүйлийг тодорхой тоочилгүй, дарж багасган ярьж байж болно. Аливаа хэмжээ, цаг орны холбогдолтой зүйлийг ийнхүү багцаалж тоймлон ярих нь монгол хүний харилцаанд маш элбэг. Шаардлагатай биш бол тодорхой хэмжээ хэлж ярихгүй.
Доорх шиг өгүүлбэрт өөрөө хийсэн юмын тухай багасгаж тодорхой биш ярьдаг.

モンゴル人は話し言葉の中で物事を多めに言ったり，少なめに言ったりすることが多い．自分に関係のある物事を，いちいちはっきり言わないで，謙遜して話す．モンゴル人の言葉のコミュニケーションにはあらゆる物事の量，時間，空間に関して大まかに話すことが多い．必要でないと思われる時はっきり言わない．下記のように自分のしたことについても小さめに話す．

Би хөдөө явахдаа хүүхдийн ам хаах жаал зугаа（=жижиг сажиг, бага сага) юм авдаг.
私は田舎に行く時，子供に土産を少々持って行きます．

——Монголчууд нялх хүүхдийг өхөөрдөхдөө "хөөрхөн" гэж хэлэхийг цээрлэж оронд нь "муухай" гэдэг үгийг хөөрхөн гэсэн утгаар хэлдэг заншилтай.
Мөн нялх хүүхдийг хүнд гэж хэлэхийг цээрлэдэг. Энэ бүхэн цагаан хэл ам тусахаас сэргийлж байгаа хэрэг юм.

モンゴル人は赤ちゃんを"可愛い(хөөрхөн)"と言うのをタブーとして代わりに"みにくい(муу)"という言葉を хөөрхөн の意味で使う．
又，赤ちゃんを"重い"と言うのをタブーとしている，これらは民間信仰(цагаан хэл ам)と関係がある．

——Монгол хүн чанга дуугаар хашгичин ярихыг жигшдэг. Хүнийг хуруугаар заах, гар хөлөө савчуулан хөдөлгөж, хамаагүй дохих зангах зэргийг цээрлэж дөлгөөн тогтуухан ярьж хэлэлцэнэ.

モンゴル人は大きな声でどなって話すのを嫌う．ひとを指差したり手を振り上げたりして話すのを嫌い，落ち着いて，穏やかに話す．

——Монголд хүний насыг асуухад болохгүй юм үгүй. Настай хүмүүсээс насыг нь асууж хүндлэхэд баяртай байдаг. Насаа тоогоор хэлэхээс гадна бар жилтэй, мичин жилтэй г. м. —ээр 12 жилээр төрсөн оноо хэлж ярилцах нь элбэг байна.

モンゴルではひとに年齢を聞いてはいけないことはない。男性は勿論，女性の年配の方にも年を聞いて尊敬すれば喜ばれる。年齢の他に寅年，申年等十二支で言うことが多い。

— Эцэг, эх, хүндтэй хүнийг тэр болгон нэрээр нь дуудахыг таашаахгүй. Ойр дотны өндөр настанг авгайлга үгээр хэлж дууддаг.
両親，尊敬すべき人々を名前で呼ぶのをあまり好まない。
身近な尊敬すべき年配者を敬語で呼ぶ。

— Илүү үг ярихыг цээрлэн үнэн, зөв, цөөн үгтэй байхыг сургадаг.
余計な事を喋りすぎないで，正しい，少ない言葉で言うのをよしとされる。

— Монголчууд аливаа муу утга илэрхийлсэн үгийг хэлэхээс цээрлэж өөр үгээр орлуулан хэлдэг ёстой. Жишээ нь ;
モンゴル人は悪い意味の言葉を直接使わないで遠まわしに言う。例えば ;

мал алахыг —— шөл гаргах, муулах
家畜をつぶす —— スープを作る，悪い事をする。
чоно —— боохой, хээрийн амьтан
чоно мал барих —— боохой зооглох
хулгайч —— сүүлгүй чоно, сүүлгүй нохой
泥棒 —— しっぽの無い狼，しっぽの無い犬
могой —— урт хорхой, хайрхан
蛇 —— 長い虫，神様。
хүнд бие засах —— өтгөн мөр үзэх, хүндрэх
大便をする —— 濃い跡を見る，重いものを出す。
хөнгөн бие засах —— шингэн мөр үзэх, хөнгөрөх
小便をする —— 薄い跡を見る，軽いものを出す。
бие засах —— морь харах (эр хүн), гүү саах (эм хүн)
шорон —— хар гэр
оршуулах —— нутаглуулах.
埋葬する —— 生まれ故郷に住まわせる。

— Нас барсан хүний нэрийг хэлэхийг цээрлэж "талийгаач", "бурхан болооч", "өөд болооч" гэж хэлдэг.
Мөн үхэх гэдэг үгийг цээрлэн талийх, нас барах, халих, бурхан болох, өөд болох, нас нөгчих, таалал төгсөх, эргэж ирэхгүй болох, энгэр түших, үүрд бусыг үзэх, мөнх нойрсох, хол юманд явах, амьсгал хураах, тэнгэрт халих, дүүрэх, умаахан сухай болох, нирваан дүр үзүүлэх, жилийх, үүрд одох, бие барах, хадан гэртээ харих, жанч халах (лам хүнд), нас эцэслэх, бүрлээч болох, өвгөдийн (өвөг ын олон тоо) хойноос одох, насны тоо нь

гүйцэх гэх мэтээр хэлдэг.
 Умаахан сухай："Ум, ма, хум, сухай" гэсэн төвд тарнийн (陀羅尼) дотор олон тохиолдох үгээс умаахан сухай гэдэг үг гарчээ.

亡くなった人の名前を言うのをタブーとし，"故人"，"仏になった人"，"天国へ行った人"と言う．
 又，死ぬという言葉を"姿を消す，年を終える，帰る，仏になる，天国へ行く，年が停まる，逝く，戻って来なくなる，山の斜面に住む(支える)，不永久を見る(永久で無い事を知る)，永久に眠る，遠くへ行く，息を呑んでしまう，天国へ帰る，終える，お経を読む事になる，死去する(梵語)，遠ざかる，永久に去る，身体を終える，岩のゲルに帰る，僧の衣を着るのを止める(僧)，年を最後にする，故人になる，先祖の後を行く，年の数が終わる"等の言い方がある．

—Монголчууд уулзах таарах бүр тэр болгон "Сайн байна уу ?" гэж мэндлээд байдаггүй. Цаг улирлын холбоотой, ажил үйлстэй холбоотой бэлэг дэмбэрлийн үг гээд олон янзаар мэндчилнэ.
 モンゴル人は会うたびにサインバイノー？と挨拶するわけでは無い，季節毎の，又は仕事，今どんなことをしているかに関係する挨拶言葉を言う．

 —Ажил үйлстэй холбоотой бэлэг дэмбэрлийн үгс ；
 仕事をしている人，何か動作を行なっている人に対しての挨拶として：

Айраг ууж байвал：—"Айраг шингэцтэй шимтэй болог" гэж хэлнэ.
馬乳酒を飲んでいる時は："アイラグが消化して滋養になりますように"と言う．(Таны уусан айраг шингэцтэй шимтэй болтугай гэж ерөөсөн утга)
  болог：үйл үгийн үндэс＋-г 3-р биед хандсан захирах хүсэх нөхцөл (3-р биед нь айраг)　第三人称にすきなようにさせる(この場合アイラグ)

Тэмээ нооcлож байвал：—Авах ноос арвин
        —Ургах ноос урт бол.
ラクダの毛を刈っている時：刈る毛の量は多くて
       生える毛は長くなるように．

Хонь, ямаа хариулж явах хүнд：—Сүрэг тогтох болтугай !
          —Бэлчээр сөлтэй болтугай ! (намар)
羊と山羊を飼っている人に：群れが落ち着くように
       牧草に栄養が沢山あるように．

Малын хашаа барьж байвал：—Эвдэршгүй бат бэх

　　　　　　　　　　　　　　　—Эвтэй дулаан хашаа бол！
家畜の柵を作っている人に：壊れない頑丈な
　　　　　　　　　　便利で暖かい柵が出来るように．

Юм оёж байвал：—Үйл уран болог.
　　　　　　　　　—Үйл бүтэг.
裁縫をしている人に：きれいに仕上がるように
　　　　　　　　　上手く出来上がるように．

Юм нэхэж хатгаж байвал：—Нэхмэл уран болог.
　　　　　　　　　　　　　—Хатгамал уран болог.
編物と刺繍をしている人に：編物がきれいに，上手に出来るように．
　　　　　　　　　　　　刺繍がきれいに出来るように．

Худалдаа наймаа хийсний дараа：—Авсан өгсөн өлзийтэй болог.
商売した後に：買った人も売った人も得をするように．

Тариа хураажбайвал：—Хадсан нь их болог.
穀物を収穫している時：穀物が沢山採れるように．

Хоол идэж байвал：—Сайхан зооглоо.
　　　　　　　　　—Шүд хурц болог.
食事をしている時：おいしく召し上がれ．
　　　　　　　　　歯が丈夫になれ．

● Үүний хариуд "Нүд хурц болтугай！" гэж хэлдэг.
　これに対して"視力が良くなるように"と挨拶をします．

Ном уншиж байвал：—Эрдэм их болог.
　　　　　　　　　—Ойлгоц сайн болог.
本を読んでいる時：知識が豊かになれ．
　　　　　　　　　よく分かるように．

Бичиг бичиж байвал：—Бичиг төвшин болог.
　　　　　　　　　　—Билэг оюун төгс болог.
書いている時：字が上手になるように（なれ）．
　　　　　　　知恵が豊かになるように．

Байшин барьж байвал：—Багаж хурц бол.
建物を建てている時：道具（の歯）がよく切れるように．

Юм будаж байвал：—Будаг зохиг.

　　　　　　　　　—Будсан нь жигд болог.
塗っている人に：色がよく似合うように．
　　　　　　　塗った色が均等になるように（きれいに仕上がるように）．

Шатар тоглож байвал：Хожил хоёр тийшээ гэж хэлдэг.
将棋を指している時：勝利が両方に！　と言う．

● Эдгээр ерөөж мэндчилэх үгийн хариуд "Мөр зохь !"; "Ерөөлөөр болог" гэж мэндэлнэ.
　これ等の言葉に対して"言った通りになれ！" "祈った通りになるように"と挨拶します．

—Дөрвөн улирлын мэнд：
Хавар бол：—Тавтай сайхан хаваржиж байна уу ?
　　　　　　—Төл мэнд, сүрэг өсч байна уу ?
Зун бол：　　—Сайхан зусч байна уу ?
　　　　　　—Мал тарга тэвээрэг авч байна уу ?
Намар бол：—Тарган сайхан намаржиж байна уу ?
　　　　　　—Мал сүрэг тарга сайн авав уу ?
　　　　　　　　　　　тарга авах；太る（人間には言わない）
Өвөл бол：　—Тарган сайхан өвөлжиж байна уу ?
　　　　　　—Өнтэй тарган өвөлжиж байна уу ? гэдэг.

　四季の挨拶：
春：穏やかにゆっくり春を過ごしていますか？
　　家畜の子は元気ですか，群れは増えていますか？
夏：夏をよく過ごしていらっしゃいますか？
　　家畜は肥えていますか？
秋：豊かに肥えて秋を過ごしていらっしゃいますか？（人に対してもこう言う）
　　家畜はよく太っていますか？
冬：冬を豊かに過ごしていますか？
　　（雪害とか無く）飼料が足りて豊かに過ごしていますか？
　　　　　　　（"Монгол ёс заншлын их тайлбар толь"-оос ашиглав.）

2) Ярианы хэлэнд төлөөний үгийг хэрэглэх онцлог
(話し言葉で代名詞が使われる特徴)

Бичгийн хэлтэй харьцуулбал энгийн ярианы хэлэнд төлөөний үгийн давтамж хэрэглээ нэн их байдаг. Үүний учир нь :
書き言葉に対して日常の話し言葉に代名詞を繰り返して使う場合が多い。その訳は :

① Ярианы сэдэв харилцагч хүмүүст тодорхой, ойлгомжтой байвал яриагаа товчхон хялбар болгохын тулд төлөөний үгээр харилцдаг.
話し言葉のテーマ(話題)が話し手にはっきりと分かり易ければ, 話を短く簡単にするために代名詞をつかう。
ж : Яав? (Чамд ямар юм тохиолдоо вэ? Юу болсон бэ? гэсэн утга.)
どうした? (どんなことが有ったんですかという意味)

② Ярианы сэдвийг нууцлахын тулд төлөөний үг хэрэглэдэг.
話題を秘密にする為に代名詞を使う。
ж : —Чи нөгөө юм аа юу яасан уу ?
—君, あれどうしたの ?
ж : —Тэгсэн, тэгсэн, хэн зөвшөөрсөн.
—そうした, そうした, あの人が承知した。

③ Шууд, бэлтгэлгүй нөхцөлд ярих зүйлээ эргэцүүлэн боловсруулах, мөн мартсан зүйлээ санах, бодох үед сул зогсоц хийхгүйн тулд төлөөний үг хэлдэг.
直接, 準備しないで話す時, 少し考える, 或は忘れたことを思いだそうとしている時話が途切れないようにするために代名詞を使う。
ж : —За байз, тэгэхээр энэ чинь юу л даа . . .
—そうねえ, そうしたらこれは何だ・・・
ж : Яахав дээ, нөгөө хэн . . .
・・・でしょう, あの人・・・

④ Янз бүрийн баймж утга илтгэхэд төлөөний үгийг их ашигладаг.
色々なニュアンスを表す時, 代名詞をよく使う。
a) Дүргүйцсэн, эсэргүүцсэн санаа илтгэхэд :
イヤだなあ, 反対する気持ちを表す時 :
—Яах юм бэ !   イヤだなあ !
—Яалаа гэж.   とんでもない.
—Юу боллоо гэж.   とんでもない.

　　　　—Яах гээв.　　　　　どうしようと言ってるの.
　　　　—Юу гэж дээ.　　　　何だ！
　б) Зөвшөөрсөн санаа илтгэх：
　　　賛成する時：
　　　　—Тэгье.　　　　　　そうしよう.
　　　　—Тэгэхээс (дээ).　　そうしようか.
　　　　—Тэгэхээс биш.　　　そうするしかない.
　　　　—Тэг тэг.　　　　　　そうして，そうして.
　　　　—Тэгэлгүй яахав.　　もちろん.
　　　　—Тийм.　　　　　　　はい，ええ，もちろん.
　в) Хайхрамжгүй, ойшоож үзэхгүй байгаа өнгө аяс илтгэх：
　　　余り大したことない(評価してない)と思っている時：
　　　　—Юун.　　　　　　何の.
　　　　—Юундаа.　　　　何で.
　　　　—Юуны чинь.　　　何で.
　　　ж：—Маргааш үдэшлэгтэй, би очно.
　　　　　—Юуны чинь үдэшлэгтэй, маргааш шалгалттай байж.
　　　　　—明日パーティーがある，私は行きます.
　　　　　—何でパーティー！明日試験があるのに.（パーティーなんか行っちゃ駄目でしょう）
　　　　—Яаж шүү.　　　　どうやって.
　　　　—Юу яасан.　　　　あの，あれ.
　г) Таамаглан төсөөлж байсныг илтгэх：
　　　推量，想像の意味を表す場合：
　　　　—Тэгнээ тэр.
　　　　—Тэх гээд байсан юм.　　私はそうすると思っていた（前から分かっていた）
　д) Шийдэмгий байгааг илтгэх：
　　　何が有ってももう決めたという意味を表す：
　　　　—Яадаг ч байсан.
　　　　—Юу ч болсон.
　　　　—Ямар ч байсан.
　　　　—Тэртэй тэргүй.
　　　　—Түүнтэй түүнгүй.
　　　　—Тэгсэн тэгээгүй.
　е) Занаж сүрдүүлсэн утга илтгэх：
　　　威嚇するニュアンス（あなたがこうしたら，私はこうするわよ）
　　　　—Тийм биш.
　　　　—Тэгнэ байх аа.
　　　　—Яана гэнэ ээ.
　　　　—Тийм байх аа чи.

　　　　—Аа тийм үү.
　ё) Баярлаж талархах баймж утга：
　　　感謝の意味を表す：
　　　　—Яасан сайн юм.
　　　　—Ямар сайн юм бэ?
　　　　—Юун сайн юм.
　　　　—Юутай сайхан　г. м.
Энэ мэт олон баймж утга илтгэх бөгөөд нэг үг нөхцөл орчин, хэлэх аялгаас шалтгаалан илэрхийлэх утга нь өөр өөр болдог.
このように色々な意味のニュアンスを表し、一つの言葉は環境と場面及びイントネーションによって表す意味が違ってくる。

⑤ Яриаг зөөлөн болгох, эвгүй үг хэллэгээс зайлсхийх ёс зүйн шаардлагаар төлөөний үгийг хэрэглэнэ.
　　話しの角が立たないようにイヤな言い方を避け、直接その言葉を使わずに代わりの言葉を使う。
　　ж：Мэдрэл муу, галзуу, солиотой гэхийг "ухаан нь тиймэрхүү", "жаахан тийм" г.м. хэлэх нь элбэг.
　　"神経が良くない、気違い、狂ってる"といった言葉の代わりに"ちょっと頭がおかしい" "ちょっとへん"といった言葉を使うことが多い。

3) Давтан хорших үг（重複する言葉）

　Үгийг давтан хоршиж хэлэх нь ярианы хэлэнд маш элбэг тохиолддог. Үгийг давтан хоршиж хэлэх нь нэр үгийн олон тоо тус бүр гэсэн санаа, үйл үгийн дахин давтан үйлдэх, удаан үргэлжлэх, шийдэмгий эрчимтэй үйлдэх утгыг заана.
　モンゴル語の話し言葉では言葉を繰り返して言うケースはよくある。言葉を繰り返して名詞の場合は"複数"、あるいは"それぞれ"という意味、動詞の場合は"動作の繰り返し"、"継続"、"動作の勢い"の意味を表す。

ж：Ширээ ширээн дээр компьютер бий.
　　各机の上にコンピューターが有る。
ж：Хайж хайж энэ номыг олсон.
　　探して探してこの本を見つけました。

　Мөн зөвхөн ярианы хэлэнд холбогдох давтсан хоршоо үг байдаг. Үүнд, хоршоо үгийн сүүлчийн үгийн эхний авиаг "м, з, с, ш" гийгүүлэгчээр солих буюу хэрэв эгшгээр эхэлсэн бол "м, з, х, с" гийгүүлэгч нэмж давтан хоршсон үг бүтээдэг. Ийм хоршоо үг нь нэр үг байвал (ж：шовгор мовгор, нас мас) хам олны утга, үйл үг байвал (ж：бичиж мичих, нэмж мэмэх) бусад ойролцоо үйл хөдлөлийг багтаасан ерөнхий утгатай байхаас гадна өгүүлж байгаа зүйлдээ тоомжиргүй хандсан утга бас илэрхийлнэ.
　又、話し言葉だけが同じ言葉の繰り返しの形をもっている。その場合その言葉が子音で始まれば後に繰り返される言葉の頭の子音が М, З, С, Ш になり、その言葉がもし母音で始まれば後に繰り返される言葉の頭は М, З, Х, С に取り換えて連語として言う。例えば連語が名詞であれば шовгор мовгор, нас мас 等複数の意味を表し、動詞であれば бичиж мичих, нэмж мэмэх 等似ている他の動作の総合的意味を表すと共にその物事に対して"本人にとっては大した事ではない"というニュアンスを表している。

ж：ширээ мирээ
　　малгай залгай
　　бэлэн зэлэн
　　жижиг сажиг
　　хүүхэд шуухад
　　бага сага
　　аар саар
　　юм хум

шовгор мовгор
нас мас
өндөг мөндөг
нохой мохой
явж мавах
харж марах
бичиг хачиг
бичиг сачиг
үүр цүүр
бичиж мичих
нэмж мэмэх
муулж зуулах
идэж мидэх
уух муух
айх зайх

Бүтэх аргыг нь загварчилбал:
I үг	→	II үг
[Эгшиг . . .]	→	[м, с, з, х, ц . . .]
[м . . .]	→	[з . . .]
[з . . .]	→	[м . . .]
[н . . .]	→	[з, м . . .]
[бусад гийгүүлэгч . . .]	→	[м, с, ш, х, з . . .]

байдлаар давтан хоршиж байна. Үүний дотор "з, м" -ээр сүүлчийн үгийг эхэлж давтан хоршиx нь түгээмэл байдаг.
上記の表の様に出来ている。すなわち"З, М"で後ろの言葉が始まるケースは一般的である。

4）Хамелеон үг（カメレオンの様に意味が変わる言葉）

Орчин цагийн монгол ярианы хэлний үгийн сан—утга зүйн төвшний нэгэн сонирхолтой үзэгдэл бол зарим үг, хэллэг, үгийн хэлбэр нь хэлэх орчин, нөхцөл, хам сэдэв, аялгаас хамааран нэг бол эерэг, эсвэл сөрөг талын аливаа үнэлэмжийг илтгэх, мөн харилцан эсрэг утгаар хэрэглэгдэх явдал юм. Ингэж утга нь эсрэгээр хувирах үгийг зохиогчоос хамелеон үг гэж нэрлэлээ. Үүнд：

現代モンゴル語の話し言葉は語彙—意味論の上で面白い特徴を持ちある言葉，慣用句，言葉の形が，使う環境，場面，話題(テーマ)，イントネーションによってプラスの面とマイナスの面を表したり，全然反対の意味で使われる場合もよく有る．こうして意味が正反対になってしまうことを筆者はカメレオン言葉と名づけた．用例は下記にあり説明は各項に有る．

яамай—	а) зөвшөөрөх (ашгүй)
	б) татгалзах (яршиг) утга.
барагтай—	а) гайгүй, овоо
	б) тааруухан, муухан.
муу—	а) дотносож өрөвдсөн өнгө аяс.
	б) өөдгүй, сайн биш.
дүүрэх—	а) дутуугүй бүрэн болох.
	б) төгсөх, дуусах.
хүний—	а) бусдын.
	б) өөрийн.
гайгүй—	а) зүгээр, сайн.
	б) дэмий (ж：гайгүй байлгүй.)
маягтай—	а) чамин, сайхан, сүрхий, дориун.
	б) олон ааштай, ааль муутай.
маяггүй—	а) жигтэйхэн, их.
	б) ааш авир нь олдохгүй.
янзын—	а) үзэмжтэй, маягтай а), сайхан, сонин.
	б) гаж, этгээд.
аймаар—	а) маш, нэн, тун, үнэхээр.
	б) жигшмээр, айдас төрүүлмээр.
аюулын—	а) үнэхээр.
	б) аюул бүхий, аюултай, осолтой.
амь авах—	а) аврах.
	б) алах.
болно—	а) зөвшөөрсөн утга.

	б) хэрэггүй гэсэн утга.
	ж：—Та дахиад нэг тогтоох уу？
	—Болно, болно. (Энд 2 янз утгатай.)
аргагүй—	а) зөвшөөрч дэмжсэн өнгө аяс.
	(тэгэлгүй яахав, гарцаагүй)
	б) арга ядсан, арга тасарсан.
аминд орох—	а) аврах. (амь авах)
	б) алах. (амь авах)
аягүй—	а) үнэхээр.
	б) эвгүй, зохисгүй.
бузар(тай)—	а) үнэхээр, маш.
	б) бохир, муухай, жигшүүртэй.
булай—	а) үнэхээр, маш.
	б) жигшүүртэй.
нарийн—	а) ур сайтай, нандин тансаг, нягт хянамгай.
	б) харамч.
галзуу—	а) эрчтэй, чадалтай, гойд.
	б) солиотой.
болж(болж)—	а) зүйтэй, ашгүй.
	б) хохь чинь.
таарах—	а) тохирох, нийцэх.
	б) тохирохгүй. (ж：Мөн таарч дээ)
нүгэлтэй—	а) үнэхээр, онцгой.
	б) нүгэл бүхий.
өөд нь татах—	а) сайжруулах, хямгадах.
	б) хулгайлж авах.

Аливаа юм үзэгдэл арга билгийн ёсоор харилцан эсрэгцэж нэгдэж байхын зэрэгцээ нэг юм үзэгдэл нь нэг харьцаа орчинд эерэг үүрэг гүйцэтгэж өөр харьцаа орчинд сөрөг зүйл болдог харьцангуй чанартай байна. Энэ харьцангуй чанар, түүний тухай үнэлэмжийн хэлэн дэх нэг тусгал нь хамелеон үг юм.

Иймээс хамелеон үг нь бусад олон хэлэнд байж болохоос гадна маш олон үг, ялангуяа тэмдэг нэр ба үйл үг хамелеон утгаар хэрэглэгдэх бололцоотой юм.

あらゆることは陰と陽で成り立っていると同時に，一つの現象はある環境にプラスの面を持ったり，もう一方の環境にマイナスの意味を持ったりする．この両面性とそれに対する評価を言語学の言葉でカメレオン言葉という．

カメレオン言葉というのは他の外国語にも沢山有り，特に形容詞，動詞がカメレオン言葉として使われる可能性が多いと思われる．

Амь авах, аминд орох, дүүрэх, нарийн, галзуу зэрэг үг нь эерэг, эсрэг утгын аль алиныг илэрхийлж, чухам аль утгаар хэлэгдэж байгаа нь хам сэдэв, орчин, нөхцөлөөс аяндаа тодорхой болох бөгөөд харин тэр утгыг нь ялгахад аялга чухал бус байна. Харин яамай, муу, гайгүй, маягтай, маяггүй, болж болж зэрэг ихэнх үгийн утгыг ялгахад аялга гол үүрэгтэй.

Амь авах, аминд орох, дүүрэх, нарийн, галзуу 等の言葉はプラスの面とマイナス面の両方を示し、どちらの意味で言っているのかを話題と環境と場面によってはっきりさせ、意味のニュアンスにはイントネーションは余り大きな役割を果たさない。しかし яамай, муу, гайгүй, маягтай, маяггүй, болж болж 等の多くの言葉の意味の違いを表す時はイントネーションが大きな意味を持つ。

Зарим хамелеон үг нутгийн аялгууны ялгавраас гарч ирдэг.
あるカメレオン言葉は方言によって出来る。
    ж：—Таны бие сайн уу？
       —За, ойрдоо барагтай л байна.
Ийм ярианаас зарим нутагт бие нь гайгүй сайн байгаа, зарим нутагт тааруухан муу байгаа гэж ойлгоно.
この会話から、ある地方では身体の具合は大丈夫として分かるし、ある地方ではあまり良くない、と理解する。

Аймаар, аюулын, аягүй, бузар, булай, нүгэлтэй, янзын зэрэг үгийн хойно орсон шинж чанар заасан үг гээгдэж хэмнэгдсэнээс болж эдгээр үг нь эерэг ба сөрөг утга илтгэх дан үг мэт болжээ.

Ийм үгсийн шилжсэн утга нь ихэвчлэн хэлний соёлд харш, этгээд байдлаар гарч ирсэн, үндсэн утга нь гол төлөв сөрөг талын үнэлгээнд хамааралтай байдаг.

Аймаар, аюулын, аягүй, бузар, булай, нүгэлтэй, янзын 等の後に入る言葉の本質的な意味が省略されることで、それ等の言葉はプラスとマイナス両面の意味を持つ。このような単語の転化は言葉の非文化的(俗語)な形態で用いられ、その殆どはマイナス的意味合いとなる。

Ийнхүү хэлбэр ижил боловч харилцан сөрөг утга илтгэх үгийг <u>утгын хамелеон үг</u> гэж нэрлэв. Тэгвэл нэг хэсэг үгс хэлбэрээрээ эсрэг боловч ойролцоо утгатай байдаг. Ийм үгийг <u>хэлбэрийн хамелеон үг</u> гэж томъёолов.

こうして形は同じだが対立の意味を表す言葉を<u>意味上のカメレオン言葉</u>と名づけた。もう一方の言葉は、形は違うが意味は似ていることがある、それ等の言葉を<u>形の上のカメレオン言葉</u>と名づけた。Үүнд；

    ааштай——аашгүй (ааш зан муутай)
    аштай——ашгүй (гайгүй, овоо, сайн)

мундахгүй, мундах биш——мундах (элбэг, цөөнгүй байх)
магадгүй——магадтай (төсөөлж хандсан утга)
энд тэнд——энд тэндгүй (хаа сайгүй)
ичгүүртэй——ичгүүргүй (шившигтэй)
шаг хийсэн——шаггүй (дориун)
маягтай——маяггүй (аль аль нь эерэг ба сөрөг утга байж болно)
янзын——янзгүй (зангүй, өөдгүй гэсэн сөрөг утга)
байлтай——байлгүй (байхыг төсөөлсөн, баймаар-байх) г.м.

Ижил үг (homonym): Эдгээр үг хэллэгийг хэв шинжийн еренхий онцлогоор нь хэл шинжлэлд ижил үг (homonym) гэдэг үзэгдэлд хамааруулан үзэж болно. Учир нь "болж" гэдгийг нэг орчин нөхцөлд "таашаасан, ойшоосон" эерэг утгаар, өөр нэг орчин нөхцөлд "тавласан" буюу сөрөг утгаар хэрэглэдэг.

Дуудлага болон бичлэг нь ижил буюу тохирдог, гагцхүү хэрэглэх орчин нөхцөл, хам сэдэв (context), хөг аялга (intonation) зэргээс хамаарч эерэг, сөрөг утгаар хэрэглэдэг үгс юм.

Энэ нь утга салаалах, утга хоёрдох, утга шилжих үзэгдлийн нэг зүйл юм.

Үүнийг хам сэдвийн ижил үг (contextial homonym) гэж үзэж болох юм.

Хэрэв хэл шинжлэлийн нэр томъёо бус зүйрлэлээр илэрхийлбэл хамелеон үг гэж ч болох юм.

　同音異義語：これ等の言葉をタイプ上の特徴で言語学上の同音異義語として見ても良い．その理由は"болж"という言葉を同じ環境でプラスの意味で"共鳴、是認する"、もう一つの環境で"他人の災難を喜ぶ"というマイナーな面にも使われる．

　読み方と書体は同じだが使われている環境，文の前後関係（背景），イントネーション等によってプラスの面とマイナーな面を持つ言葉である．

　これは沢山の意味を持ったり，両面の意味を表したり，或は意味が転じたりする現象の一つである．

　これを前後関係から判断する同音異義語とみてよい．

　言語学学術用語では無く，平たく言えばカメレオン言葉とも言える．

5) Япон үгийн хэлхээ（日本語索引）

あ

あーあ　523
ああ(ため息)　696
あー痛い　281
ああ，かわいそう　775,776
ああ気の毒に　310
ああ困るなあ　722
あー残念！　843
ああ残念　114
ああしたなあ　535
あーそう　510
ああそうなの　645
ああだこうだと喧嘩する　906
あー疲れた　281
愛人　441
相手に合わせて行動する　540
相手にするのを止める　659
合間をぬって・・・する　123
赤字になる　247
明らかになる　580
朝一番の小水　503
朝起きてうがいをする前の口の中に
　　ある唾液　504
朝起きて空腹の時何か食べること
　　505
あそこに　630
頭がガンガンする　566
頭がガンガン割れそうに痛い！
　　584
頭がヘンな人　925
頭の良い　587
当たり前　614
あっちこっち　679
あっちこっちどこでも　680
あっちっち！　702

あってはならない　412
あっという間に　977
当てずっぽう　165
後から後から　631
後で　90
後に続く言葉を強調する　187
後に控えている仕事　149
あなた　549
あなた方　551
あなたの　852
あの　508,622
あのー　945,946
あのーあれが有る？　929
あのー，あれやって！　945
あの人がいてもいなくても　601
あの人達　828
危ない　88
危ない時，怖がらせる時に発する感
　　動詞　337
あまり・・・ない　69
余り良くない　120
危うく　891
過ちの無い　694
あらどうしよう　915
あーらーらー　35
あらを探す　633
ある(動詞 байх の現在進行形)　103
或は　457,652
アルコール中毒　255
アルヒ　195,198,467,881
アルヒを飲む　329
あるべき筈が無い　858
あれ　622
あれやこれや　905
アンチョコ　885
あんまり(役に立たない)　179

い

いいえ，私出来ない 1015
言いがかりをつける 509,633
いいかげん 687,703
いいかげんな嘘をつく 19
いいかげんな事を言う 165
いい気味だ 142
言いにくい言葉の代わりに使う言葉 613
いいよ，いいよ・・・する必要はない 936
言い寄る 908
家に入れる 867
位格の語尾 2
遺憾に思う 350
生きていく 988
行きました 991
行きます 991
行きますよ 991
行く(往来する) 988
意地悪をする 148
いずれにしても 625
以前から 804
急いで 226
至る所 679
至る所で 594
一応の 87
一時 455
一度ならず何度も 133
一日中 502
いつか 456
いつか・・・になる 484
いつかとんでもないことになる 484
いつか・・・有るだろう 801
いつか(過去に)・・・有った 801
一回 455
一気に 464
一生懸命 846

一緒に 458
一心不乱に精を出す 375
一体何で 864
行っています 986
言っていることを強めている 1005
言ってしまって後悔する 55
いつの間にか 463
いっぱい 325
一杯になる 271
一杯やろう 993
一般再帰語尾 2
いっぺんに 458,464
一方で考えてみれば 469
いつも 47,238,805
いつもこうだった 237
いつも・・・していたなあ 237
いつも(絶えず) 246
いつもと違う 462
居眠りをする 235
威張る 244,344
今さっき 259
今はいいよ，いらない 978
忌わしい 303
イヤー 823
嫌々ながら・・・ 798
嫌な 91,157,159
嫌な言葉 427
嫌な性格を表に出す 433
いらない 981
いる 103
色々言わずに 482
色々なもの 922
色々の 252
色々(沢山)の 277

う

ウー寒い 569
うすのろ 253
嘘をつく 161,312,389
歌う 17

うちのカミさん 766
ウッソー！嘘だろう！ 999
うまいぞ(もっとがんばれ) 645
うまくだます 389
裏口 79
裏の・・・ 825
うるさい 1002
うわー 645
浮気 64
うーん 655
ウンウン 603
運がついてない 29
運が良い 31
うんざりさせる 21
うんざりする(程待たせる) 649
ウン，そうしましょう 609
運転手が仕事で行く 313

え

ええ，まあ 572
エクスタシーに達する 555
えーっどうして？ 656
えーと 655
えーと，それはネー 299
えーとねー 946

お

おーい！ 795
おいしい 197, 378
終える 193
多い 150, 392
多くても 826
多く見積っても 342
大酒のみ 359
大さわぎして盛り上げる 258
大騒ぎする 541
大騒ぎになる 768
お母さん 914
お変わりありませんか？ 928

置く 555
奥に．隠れた 825
臆面もなく嘘をつく 124
遅れをとる 543
奢る 231
おじいさん 498
おしっこしたい 889
おしっこ漏れそう 234
惜しむべき 692
お喋りをしていると後で仕事がつかえる 650
おしゃれな 183
お世辞を言う 366
恐ろしく 40
お達者で！(人がくしゃみをした時) 163
落ち着いた人 419
落ちる 638
夫 498, 714
おっぱい 405
男の子 117
音沙汰がある 16
音沙汰が無い 558
驚いた(イヤな感じがする)時発する感動詞 521
驚く 447
お腹ぺこぺこ 215
同じ場所 458
オボー 474
おままごとをする 38
(私が)思うには 134
思ってもみなかった事を突然・・・こう言うのよ 221
お礼をする 792
おろかな事を言ったり，行動する 363
降ろす 166
終わっちゃった 542
恩恵を受け止める技量がない 396

か

(なあんだ,)・・・か　841
・・・か？　137
・・・が　137
ガキ　286
各所に　680
隠す　556
秘す　556
格闘する　453
隠れた　825
過失を犯す　514
家族(夫婦, 子供だけ)　700
がたがた言いたがる　810
形だけ・・・をする　531
ガチャーン　564
・・・が点いている　80
勝った　153
勝手にさせておく　324
勝手にする　962
渇望する　255
家庭をもつ　273
――かな　138, 144
・・・かな？　917
かなり　286, 474, 480
かなり知識の有る人　334
かなり良い　89, 474, 485, 519, 576, 869
金持　925
かまわずに　708
かまわずにいろいろなことを話す　481
かまわない　515, 822
我慢する　129, 848
我慢できない程の暑さ　424
神様のご意志　315
神の御名　100
かもしれない　962
・・・かもしれない　877, 939
からかう　230, 992

から手で(何も持たないで)　210
空約束　756
彼(彼女)　622
彼を(彼女を)　624
辛うじて　66, 891, 892
かわいそうに　843
変わった　537
変わり無く　851
関係ない　515, 704, 705
関心を持つ　20
簡単, 粗雑な仕方で機械などを直す　381
簡単に出来る　431, 797
簡単に引っかかる　429
簡単に負けない　388
感電する　577
カンにさわる　213
カンニングする　154
カンニング用アンチョコ　885
頑張る　442
汗より門番(慣用句)　682

き

義・・・　790
気が向かずに嫌々ながら何かする　798
義兄弟(義姉妹)　790
聞く　266
ギクシャクする　799
機嫌が悪い　201
期待しないで　205
汚い　115, 516
きっかけ　472
きっと　93, 309, 355
気にかけない　45, 967
気にしない　959
気にする　919
気になる　546
厳しい　729
気分が悪い　201

日本語索引

決まっているじゃない 996
気ままに 327,550
きまりが悪い 874
奇妙な 537
気持ちが辛くて胸が痛む 723
疑問間投詞(どんな，どこ，誰，何) 48
休講になる 832
窮地に陥る 661
急に立ち上がる 475
今日 508
狂犬病 182
狂犬病患者 182
狂犬病にかかった動物 182
強調，重要視した言葉をはっきりさせる役目 852
凶暴になる 635
嫌いな人 467
嫌いな人のことをいう 395
キラキラ反射させる 224
極めて 272
禁 171
禁止し，注意している 176
緊張する 129
近隣の 37
気をつけて，と相手に注意する 400
気をつける 855

く

ぐずぐずしない 589
薬の錠剤をつぶす 442
くそッ 859
砕けた 153
下さい 48
くだらない話をする 254,481
口先でうまい事を言う 778
口と腹とは別 366
ぐっすり眠る 222
ぐっと飲んでくれ 788
国 636

クビにする 789
首をくくって死ぬ 147
悔やむ 55
——ぐらいの 335
暮らしを立てる 755
比べる事が出来ない位 239
車を運転する 295
くれ 46
黒い色 710
苦労する 666
ぐんぐん伸びる 539

け

計画がおじゃんになる 438
警告，注意する意味を持つ接尾辞 856
形式的に・・・する 533
形式的にする 735
形動詞　現在進行形語尾 2
形容詞の意味を強める 709,1005
化粧を濃いめにしている人 156
化粧をする 522
毛玉 151
けち 729
けちけちする 188
けちな 413
結果なく終わる 267
結局 688
結局同じ 269
結婚する 38
決して 65
下品なことをする人 537
・・・けれど 852
喧嘩腰で話す時言う 959
けんかをする 16
研究は進んでる？ 507
健康である 245
堅実な 419
還俗する 712
見聞を広める 444

352

こ

小商い 185
こいつ 61, 243, 397
故意に 619
恋人 467, 547
攻撃的なニュアンスで言う 176
こうしたなあ 535
口実 472
巧妙な 413
こうやって 339
小売商人 186
効力が有る 58
互格で闘う 82
ここ 902
ここだけの話ですが 901
ここにあるもの 408
ここにいる人達 409
ここの 893
心から 548
心に引っかかる 546
ここを(通って) 903
個人 780
故人 560
ご存知の通り 401
ごたごたを起す 749, 751
ゴチ 209
こちらへいらっしゃい 410
──毎 140
今年 508
・・・ことになった 994
言葉がよどみなく口から出る 175
言葉につまる 890
子供に土産をあげる 796
粉々になる 152
こねる 442
この 508, 897
この間 910
この先 898
この年になるまで人生の色々なこと を経験した 670
この辺に 900
五分五分 82
困って 94
困らせる 449, 596
ごみのシューター 173
米 829
ご用件は何ですか 934
こらえきれない 106
これ 406, 903
これから 903
これと(一緒に) 903
これに 903
これの 903
これを 903
頃 43
殺す 442
壊れる 1004
コンドーム 174
こんな風な 899
困難 232
困難でむずかしい 989
困難な事に疲れて無能力な状態を見 せる 136
混乱させる 119
困惑する 97, 541

さ

さあ 46, 297
さあ(こうやって)・・・ 477
さあーて 298
さあーて, と, これは・・・ 299
さあ, 他に話す事は無い 297
最愛の 753
財産がある 343
再試験をする 513
(何かが)最終点に行き着く 275
(物事の)最初からの誤り 382
災難を引き起こす 180
才能 580

裁縫は出来ない 777
幸いな事に 25
搾取する 886
策をめぐらす 389
酒中毒 359
酒の臭いが少しする 921
酒を飲む 879
酒をもう一杯 701
差出し人住所不明の 984
さっさと出来ない 192
さようなら 520
去る 561
三人称再帰語尾 454
残念に思った時発する感動詞 33

し

(–aa⁴)使役相(態) 2
仕返しをしてやる 261
しかし 387, 718
仕方が無い 984
仕方ないよ 973
しかも 620
時間的にその言葉より短く感じている 709
色情狂 255
試験で2をとる(落ちる) 417
試験に落ちる 638, 665
事故，災厄をおこす 514
仕事はうまくいってる？ 507
仕事を真剣に取り組む 434
仕事をすばやくする 377
静かに 90
自制心の無い 378
自制する 129
自然に，いつものように 10
・・・しそうになった 892
――したいなあ 528
・・・したいものですね 924
"親しい間柄"の意味 454
親しくて，かわいがっている身内のような人に対していう 395
親しそうにおしゃべりをする 184
――したような格好をする 530
・・・したら良かった(のに) 954
しっかりした人 419
しっかりと 480
実現，実行されない 152
実際以上に褒める 511
叱責する 126
知っているでしょ，ほら・・・ 955
実に 385
実は 459, 862
質問して，確かめるニュアンスの言葉 628
――してあげる 501
・・・して頂けますか 779
・・・していたら・・・だった 739
・・・しているうちに 608
・・・して下さい，お願いします 693
――してくれ 14
・・・してしまう 732
・・・してしまえ 495
・・・しないで 936
・・・しないとすれば 108
しなくてどうする，します 358
品物の見かけ，出来が良い 183
死ぬ 415
死ぬほど 669
しばらく 455
自分自身に関係のあることについて言う時の語尾 852
自分の考えで行動出来ない人 155
自分の気持ちを隠し立てなく言うと 416
自分の身の置き所を探す 451, 452
しまった 116, 859
しまった！ 321, 506, 542
自慢話が好きな人 486
シミンアルヒを(蒸留する)作る 579
しゃくにさわる 147, 213

邪魔　629
邪魔だ　356
邪魔になる　911
邪魔をする　180
ジャリ　286
謝礼　881
視野を広める　444
獣的になる　635
自由に　550
授業が無い(休講になる)　832
授業と授業の間に穴があく　832
出席簿　296
出席簿に欠席のTを書く　567
準備万端を整える　294
将棋の駒を指す　988
(物事に)消極的である　746
詳細な　413
上首尾の　485
少々　12,96,287,288,293
上手に話す　19
上手にペラペラ話す　643
勝負　232
情欲が起きる　255
職探しをする　451,452
食欲がわく　762
処女　487
職権を利用して便宜をはかる　79
助動詞としての役目で・・・くれ　48
書物を読む　868
知らない　172,812,813
知らん顔している　821
尻軽女　989
自立している　582
白くなる　830
真実の　862
人生経験の豊かな人　920
神聖な　487
親切なフリをする　366
真相が明らかになる　196
迅速な(に)　168
死んでも・・・しない　667

心配する　318
新聞にざっと目を通す　538
新聞の走り読みをする　538
信用出来ない,いいかげんな人　242

す

推量して述べる言葉　131
ずうっと話す　644
ずうっと向こうに　630
好き勝手なことをする　595
スキがあれば　525
過ぎた　561
過ぎた後で　802
好きなように　327
すぐ　256,383
すくすく伸びる　539
少なくとも　257,407
少なくない　133,392
すぐに食べ終えてしまう　377
すぐれた効力　58
すごい　40,157,158,443,1000
すごく　39
すごく・・・(この後に続く動詞の意味を強調する副詞)　305
すごく大きい　343
すごく困る　440
すごく出来る　182
すごく恥ずかしい　784
少し　286,455
少ししてから　593
少しの間　383
少しも・・・してあげない　824
涼しくなる　545
すすり泣く　276
酒を啜(すす)る　880
すっかり忘れていた　557
すっとばして行く　249
すてきな　378,1012
素手で　634
すばやく仕事をする　225

素晴らしい 519,576
全て 104
全ての 48
相撲をとる 453,657
スリをはたらく 725
ずるがしこい人 311
ずるく振る舞う 199
・・・をするしかなくなった 684
・・・するつもり 220
すると・・・ 607
・・・する必要ない 42
──するもんじゃない(するものではない) 672
──するよりまし 562
・・・(するん)だから 923
・・・すれば良かったのになあ 733

せ

生活する 988
生活の面倒を見てもらう 755
成功している人 224
精巧な 413
生殖器官 347
精神病者 182
せいぜい 526
せいぜいそれだけか 346
成績で2をとる 743
成績表 178
贅沢な(女) 563
性的関係をもつ 987
正当な方法でなく(職権を利用して)便宜をはかってもらう 79
誓約する 53
生理(月経)になる 128
精力 847
絶叫する時思わず口から出る 913, 914
セックスをする 16,149,273,304, 761,894
絶対！ 668

絶対そうだよ 887
絶対ならないだろう 228
絶対に 355
絶対に・・・しない 317,667
切に望む 602
絶望する 836
(物事を)是と非に区別する 783
せめて 22,102,1001
せめて・・・でも 839
全員 274,341
繊細な 1012
全然読みとれない 623
全部 468
全力投球する 635

そ

そうかなあ 727
そうして 612
そうしないといけない 614
そうすると 615
そうそう 574,603
そうだろう!? 604
そうだろうと思っていた 610
そうだろう，ね？ 571
そうであれば 615
そうでしょう？ 570
そうです 570
そうです，ウンと言って息を呑む音 627
そうですね 609,719
そうでないなら 652
そうねえ 981
そうねえー 720
俗人 710,714
そこ 621
そこらあたり 621
そこを(通る) 626
そしたら 607
そそのかす 728
率直に言うと 416

率直に話す　599
そっち　621
その　622
その一　946
その内に　608,711
その時期が来た　430
その通り　284,323,574
その通りだねえ　863
その人　370
そのまま　850
それ　825
それから　616
それからこれはね・・・　617
それで(作る)　626
それで結構　145
それとも　457
それなのに　612
それに　620
それにしても　718
それはそうですけれど　572
それはどうかな，そうでもないよ　842
それ程まで　460
それを　624
そろそろ　339
そんなに・・・じゃない　573

た

第・・・種　207
大した事じゃない，簡単にやれる　930
大したもの　345
大丈夫　233,979
大丈夫，心配無い　981
大丈夫，平気です　705
大丈夫，何も悪いことにはならない　953
大体　736
たいへん　443
代名詞，数詞，名詞の語幹に付いて

マイナーな意味を出す　709
だが　606
だから　616,618
[形動詞]——だから　745
だから言ったじゃないか　765
だから言ったでしょう(嫌みを言う)　142
沢山　95,325
沢山飲む　211
——だけ　353
だけでなく　122
だけど　606
・・・だけど(したけど)　532
だけれども　387
確かに　972
多少のお金　800
ただ(無料)　330
ただ・・・だけ　259
闘う　657
たたく　166,190,206,437
正しくは　632
直ちに　721
ただで(無料で)人にあげる　332
だったかな　132
——だったなあ　535
・・・だったの？　216
たったひとりで　713
——だったよ　23
他人同士だが親子の様な関係　790
他人の家　36
——たの？　216,986
楽しく大さわぎする　306
タバコを吸う　568
多分　939,962
騙す　199,394,785
黙っている　268
たまに　44,404
だまれ　56,265
ため息をつく　32
試してやってみる　660
駄目になった！　542

日本語索引   358

・・・だよ　218, 227
たら　137
──たら　101
誰か　456
誰でも知っている　63
誰にも見つからないようにしまい込む　556
だろう　111, 138, 144
・・・だろうか？　918
単一の(混ぜ物のない)　710
男性　710

ち

小さいくせにいっぱしの大人ぶる　7
小さい子供　286
小さい子供のご機嫌をとる　301
小さい子供を怖がらせて止めさせる時言う　338
近いところから　479
違う　62
ちがうよ　999
近頃　479
近頃から　479
近づく　731
チクショウ！　362, 426
知人には甘い　450
чという助詞の変化　849
着服する　336
・・・ちゃった　854
──ちゃったの？　857
チャランポラン　687
ちゃんと　480
ちゃんとしてない　687
(相手に)注意する　400
注意をひく　446
中国　782
中国へ行く　639
徴候が有る　378
挑戦する　28

ちょうど　862
ちょっと　289, 455
ちょっとした　872, 951
ちょっとだけ　404
ちょっとの間待つ　30
ちょっと横になる　691
チョロまかす　787
ちらっと言う　837
知力，感覚，健康，体力が衰えた様子　662

つ

追試験をする　513
ついてない　26
通信簿　352
使いものにならない　18
つかみ合う　434
疲れた　1002
つきまとう　908
尽きる　121
ったくー！　653
つまらないことに口を挟んで評判を落とす　793
つまらないことをお喋りする　161
つまり　459, 466
罪をかぶせる　162
強くキスをする　880
辛い　319
辛い時などに思わず口から出る詞　696
つらの皮の厚い　182

て

停滞しない　589
停電する　577
出来上がった　146
適さない　545
出来ない　121, 202, 997
出来ない筈ないでしょ──当然でき

る 685
——出来ないよ 177
出来の良い 587
出来の悪い 640
出来の悪い人 271
出来るだけ 49
出来れば 143
でこぼこの道 490
でしょう 110
・・・でしょう 131
ですから 616,618
鉄砲の照準 474
手で叩く 553
(チッチッと)手鼻をかむ 439
——ても 838
・・・ても 137
でも 606
——でも 838
・・・でもかまわず 706
テレビ 328
電気 577
電気が消える 577
電話で 644

と

・・・と 222
・・・と言いたい位 217
・・・という 222
・・・という訳で 618
・・・と言ったけれども 219
トイレに入る 422
同衾する 273
峠 232
動詞から名詞を作る後置詞 2
どうしたい 966
どうしたって良いじゃない 971
どうしたの？ 952,955,969
どうしちゃったの？ 675
どうして 970
どうして？ 8

どうしても 1010
どうしてもやらなければならない時
  がきたら出来る 428
同時に 458
どうしよう 958,985
どうしよう？ 968
どうしようかな 981
どうしようも無い 962,965
どうしようもなくなって困る 75
どうする気なの？ 978
どうするの？ 980
どうすれば良いのか？ 976
どうせ 625
当然のこと 401
どうぞ・・・して下さい 354
とうとう 990
どうなったの？ 931
どうにかこうにか 66,260,662
どうにでもなれ 938
動物の頭蓋(てっぺん) 474
どうやって 888
時がすぎた 506
時が過ぎる 988
得度した人 873
毒の有る 710
特別な 62
どけ 241,308
どこ 674
どこ行き？ 683
どこかで 678
どこでも 676
どこにでも 676
どこへ行くか？ 685
どこへ？ 686
・・・どころか・・・である 11
・・・どころじゃない 365
屠殺する 193
年寄り(老人) 766
年をすごす 415
年をとって長く生きない 767
年をとる 415

日本語索引

どっちにしても　688
どっちみち　625
とても　88, 91, 384
とてもきれいな　378
とても困る　742
とても残念な事に　228
とても恥ずかしいことになる　874
隣　36, 730
とにかく　941, 942, 1009, 1010
友達　498
友達というのと近い意味　766
土曜日　690
取り組む　658
取り付く島も無い　799
とりとめのないことを喋り続ける　164
努力する　375
(アメリカ)ドル　418
どれか　456
どれくらい　737, 888
とんでもない，ちがうよ　964
とんでもない，何を言うの　681
どんな　1005
度を越した　816

な

なあんだ　843
名折れとなる　471
名を汚す　773
仲間同士　700
泣く　579
亡くなる　561
投げる　860
なぜかと言うと　932
なぜ出来ないの？　959
何？　935
何か　456
何があっても　950, 962
何が起きるか分からない　926, 961
何かしても成功しない　640

何かというと　525
何かの行為をした後にどうすれば適当かを言う時に使う　13
何かを出来る様になる　263
何も言う事が無い　940
何も言わずに　651
何を言いたいのよ一体！　975
何を言うの！　835
・・・なのかな？　918
なのに　387
・・・なのに　105
なまける　130
涙をいっぱいためる　403
並外れてすごい　390
・・・なら　137
なれ！　137
何だか　461, 956
何だかおかしい　462
・・・なんだから　923
なんだかんだと言う　808, 809
なんて　969
何で　948
何で有っても　942
何てありがたい　947
何てバカな事をしたんでしょう！　499
何でも　962
何でも無い　943
何で私が知っているのよ　811
なんと　949
何とかして　960
何としても出来ない　965
何度もお願いする　208

に

似合っている　552
・・・に決まっているじゃない　996
賑やか　769
憎い　659
肉を小さく(細かく)刻む　568

似た者同士　465
日曜日　170
——になった　141
二人称再帰語尾，あなたの　852
——に弱い　585
妊娠した　127
妊娠する　128,771

ね

ねえ，ちょっと！　815
寝る　691
念をおす　131

の

・・・の？(疑問詞)　131
——の間　594
・・・の後で　13
能力が無い人　262
能力の限界を超える　81
能力の無い　640
覗き見る　868
望みはなくなった　271
ノックする音　578
・・・のつもり　647
・・・ので　13
[形動詞]——ので　745
喉につかえる　204
・・・のに　738
罵(ののし)る言葉　362,913
——の筈である　284
(酒を)飲む　568
——の虫　763
飲もう　834
乗物　637
乗る　638
のような　888
・・・のように　877
・・・のよね　112

は

・・・は　137,139,852
(大きい)パーティーをする　306
はい　297,570
はい(どうぞ)　361
売春婦　884
はい，その通り　384
バイバイ　520,866
ハイヒールのコツコツ歩く音　575
バイムジ(Баймж)　1
馬鹿　907
馬鹿な　340
馬鹿にするニュアンスを持つ　775
バカヤロー！　426
剥ぐ　886
激しく言う　167
励む　658
破産する　830,875
恥知らずな　182
恥をかかせる　449,596,695
恥をかく　393,772
恥をさらす　471
恥を知れ　348
恥ずかしい　874
恥ずかしいと思え　348
裸になる　453
(埃を)はたく　206
はっきりした意味は無いが聞き正し
　ているニュアンスが有る　176
はっきりと本当のことを言う　125
パッとしない　744
罵倒する言葉　741
鼻が高い　486
話が止まらない　641
話している考えを堅固にする　852
話の合間にちょっとはさむ言葉　476
離れた　561
パパ　5
速いもので　463

早く 598
速く 598
腹黒い 723
腹にガスがたまって張る 271
腹をかかえて笑う 282
腹をこわす 214
はるか遠く 674
はるかに 705
反抗する 833
万策尽きる 74
バンタン汁を作る為に粉をこねる 118
はんぱな 703

ひ

秀でている 580
(食べ物を食べて身体が)冷える 545
ピカピカにする 225
(物を)引きずる 853
(何らかの行動を)引きずる 853
挽肉を作る 377
非常に 159,398
非常に苦労する 374
非常に親しい 541
非常にすぐれた 1000
美人の若い女性 536
ひっかける 394
びっくりした！ 654
ぴったり 995
必要 330
・・・必要ない 42
人 581
一言で言えば 459,466
人柄が良い 791
人柄が悪い 791
ひどくしかる 19
ひどくやっつける 306
ひどく酔っ払う 425
一つだけ 187

一つ一つ詳しく 468
人並み以上 586
人並み以上の 648
人の顔に泥を塗る 773
ひとの言葉を待つ 59
人の目を盗む 445
人々 61,636
ひとりでに 711
人を罵る言葉 878
人を非難，叱責する間投詞 32
人を呼ぶ時の長母音 1
ひねくれた性格をしている 378
暇をみて 123
冷かす 230,992
評判が落ちる 781
評判を保つ 470
平手でたたく 109
ビールを多量に飲む 518

ふ

風変わりな 537
風采の上がらない 744
不快な 1012
腹蔵なく言うと 416
袋に入れた大きな荷物 194
不潔な 303,516
負債が無くなる 830
ふしだらな 255
ブスッと不機嫌になる 200
不遜で破廉恥である 307
不注意に 705
普通 736
普通でない 537
普通の 330,710
物価が高騰する 663
ふと気がついたら 463
不法就労 710
不法滞在 710
不用心に 705
(やった)ふりをする 529

不倫の関係　544
不倫の関係になる　987
不倫をする　665
プレゼントをあげる　191
ブローカー　517
(複葉)プロペラ飛行機　831
フン！　653
分解された　307
慨慨したり，嫌がった意味で発する
　　感動詞　3

へ

へえ　349
へーえ　820
へこたれない　45
ペッと痰をはく　439
別に！　331,957
別の　488
ペテンにかける　394
蛇を殺す時，棒は助けにならない
　　380
へん　882
勉強の出来の悪い子供　420
へんな　1012

ほ

方法がない　314
他にどうすることも出来ない　965
他に方法がない　76
他の　488
ポケット　724
細い　413
ぽちぽち　631
放っておかない　192
没頭する　375
ほっとする　534,1017
仏の転生　580
ボルハン　ミニ！　100
本当に　76,284,473
ほんの少しだけ　697

ほんのちょっと　871
ポンポン言う　175
本を読む　423

ま

まあ！　968
まあいいや　270
まあこうやって・・・　983
まあ，別に　930
まあまあ・・・　983
まあまあです　982
まあ良いでしょう　981
前もって準備する　98
負ける　153,638
正にその通り　597
マスターベーションをする　189
混ぜ物のない　710
又3(成績)を取った　912
又，といつも起こる物事を嫌がって
　　言う　9
まだまだ　552
マタル(ワニという名前の雑誌)　373
間違いない　309
間違いなく・・・　965
待つ　107
真っ黒い　516
まっすぐ　851
全く　460,870
まったく　229
まったくー　68
学ぶ　658
マニアック　816
免れる　389
まばゆい　223
ママ　914
間もなく　430,593,944
満足した時の間投詞　32

み

見えなくなる　561

(人)を見下げて，嫌いというニュアンス　776
店　764
・・・みたいに　217
見たでしょう？　726
見た目にきれい　197
みだらな　255
道がない　314
みっともない事をする　883
(私は)認めない，と思いながら返事をする時発する感動詞　297
醜い　398
皆　274
皆さん　549
南の方へ行く　639
実の無い言葉　757
耳にする　266
見る　658
身を削る思いをする　374
みんな　246,341

む

昔(一度でも二度でも)こうだった　237
向こうに有るもの　827
難しい　1000
無駄　181,330
無駄な，意味のない　705
無駄になる　559
夢中になる　635
むら気な　378
無理に　41

め

名詞の語幹に付いて，"小さくて可愛い，愛らしい"という意味を出す　709
名声を保つ　470
迷惑をかける　248,592

目が肥える　444
牝の鹿　536
目立つ　580
メチャクチャ　708
メチャクチャである　752
目に入る　446
目の保養をする　448
メランコリック　744
目を開けたまま　716
目を奪う　446
目を見張る　447
面倒　1015
面倒臭い　1002
面倒臭い，と思いながら返事をする時の感動詞　297
面倒なこと　432
面倒な事になる　24,1016
面倒をみる　717

も

——も　840
もうけもの　947,967
もうじき　803
もう少し　65
もう少しで・・・するところだった　67,322
もうすでに　51
もし　818
もしかして　819
もしかすると　92
もし・・・なら　137
もしもしご用件は？　297
もじもじする　744
持ち出す　193
もちろん　76,401,1014
もちろん，するのは当然　358
もちろんそうします　611
もちろんそうです　611
もったいない　692
もったいぶる　148

持って行った　15
持ってる全て　927
最も大事なことは　707
もともと　632
物音がしない　558
物事がごたごた，メチャクチャになる　751
もの事がすらすらと運ぶ　589
物事に慣れる　583
もの知りになる　920
──ものでは無い　672
物笑いになる　471
も又　384
もめる　807,906
モンゴル語に直す(訳す)　381
モンゴルとロシアとの国境を出る　747
モンゴル風にする(直す，作り替える)　381
(全く)問題ない　979

や

約束を守る　300
役立たずの　640
役に立たない　552
休まず，根気よく　375
やだー　968
やつ　715,916
厄介だ　1002
厄介な　318,774
やっかいになる　248
やった！(よかった！)　141
やったように見せる　735
やっていく　988
やってない　997
やっと　66
やっと書ける　698
やっと出来る　261
やっとのことで　259
やっぱりそうだった　605,610

やつれる　1003
止むを得ず　77,1007
やめてよ！　1015
やめよう　967,1015
やりたいようにさせる　324
やる気になる　160

ゆ

夕食を食べないで寝る　758
(自分の意志で)夕食を食べないで寝る　376
優美な　413
ユーモアで批判する　373
輸送機関　637
ゆっくりと　90
ゆゆしい言葉　427

よ

・・・よ　218,227
良い　84,120
酔いが覚める　78
良い結果で終わる　271
ヨイショする　250
良い道へ導く　511
(話し言葉で)様相を表す付属語　1
・・・ようだ　876
良かった　346
良かった！　83,967
(──すれば)良かったのに　105
よく我慢する　212
よく出来たなあ(実は出来なかった)　386
良くない　99,411,491
よくやった　345
よくやってる！(と驚いて発する感動詞)　4
良く理解する　493
良く分かる　493
余計なことを言うな！　56

日本語索引

余計なことを言わずに 482
余計な事を話す 481, 483
よその 488
予定が崩れる 438
予定がパーになる 438
読み，書きが出来る 193
読む 658
より以上優れた 239
選りに選って 496
より悪い 251
夜の蝶 884
喜ぶ 223
（——に）弱い 585
弱々しい性格をさらす 744

ら

・・・らしい 236, 285
ラッキー 27
ラマ教の僧 873
ラマ教の僧の弟子 117

り

立派である 519
立派な 576
理由 472

れ

0点をとる 421
例の 370, 435
例をとれば 646
列 492
連絡が有る 806
連絡をとる 16

ろ

ろくでなし 397
ロシア製 ГАЗ-24乗用車 759
ロシア製 ГАЗ-53トラック 554

ロシア製 ГАЗ-66トラック 292
ロシア製の大きいトラックЗИЛ-130 209
ロシア製の大きなトラック КАМАЗ 351
ロシア製ボルガ ГАЗ-21型乗用車 760
ロシア製 УАЗ-452小型トラック 6
ロシア製 УАЗ-469ジープ 291
ロシアへ行く 748
ロシアへ行った 639

わ

わあ，よかった！ 278
賄賂を贈る 792, 881
分かった？ 399
分かったねと念を押す 301
分かったの？ 399
我がままをする 595
分かりきったこと 402
訳のある 648
わざと 41, 619
忘れないで！ 372
私と同じような人 512
私と同程度 512
私に(私によって，私を通じて) 367
私の 368
私の命 60, 379
私は 369
笑い話 489
悪い 398, 710, 774
悪い噂 740
悪いことに引き入れる 642
悪い道へ誘う 642
悪いやつ 397
悪い予感がする 283
悪く思う 919
悪くない 181
ワルツを踊る 169
割れる 1004

6) Ашигласан ном зохиол (参考にさせて頂いた資料)

А. Судалгааны бүтээл
1. Д. Бадамдорж. "Орчин цагийн монгол хэлний утга судлалын үндэс." УБ. 1997
2. М. Базаррагчаа. "Монгол хэлний эхийн тухай." УБ. 1989
3. М. Базаррагчаа. "Орчин цагийн монгол хэлний энгийн өгүүлбэр" УБ. 1993
4. Ж. Баянсан. "Монгол ярианы хэлний тогтвортой хам хэллэгийн үүргийн ангилал. — "Монгол ярианы хэл" УБ. 1996 77-82т.
5. Ю. Мөнх-Амгалан. "Орчин цагийн монгол хэлний баймжийн ай." УБ. 1998
6. "Орчин цагийн монгол хэлний үгсийн сангийн судлалын үндэс" УБ. 1986
7. Ц. Өнөрбаян. "Орчин цагийн монгол хэлний үгзүй." УБ. 1996
8. Rita Kullmann, D. Tserenpil. "Mongolian grammar." Published by Jensco co ltd. Hong-Kong. 1996

Б. Толь бичиг, ярианы дэвтэр
1. Арай Шиничи ба бусад "Монгол-япон ярианы дэвтэр" УБ. 1990
2. Ч. Арьяасүрэн, Х. Нямбуу "Монгол ёс заншлын их тайлбар толь" УБ. 1992
3. Ж. Баянсан, Ш. Одонтөр. "Хэл шинжлэлийн нэр томъёоны зүйлчилсэн тайлбар толь" УБ. 1995
4. Б. Ванчиг. "Монгол хэлний хийсвэр үгийн толь." Өвөр монголын сурган хүмүүжлийн хэвлэлийн хороо. 1990
5. С. Дэмбэрэл. "Дүрс үгийн япон монгол толь" УБ. 1995
6. Чой Лувсанжав. "Орос монгол өвөрмөц хэллэгийн толь" УБ. 1970
7. Ш. Одонтөр "Монгол секс үг" УБ. 1996
8. Озава Шигео "Орчин үеийн монгол-япон хэлний товч толь" Tokyo. 1983
9. Л. Пүрэвжанцан. "Монголчуудын хэмжээ илэрхийлэлийн товч тайлбар толь" УБ. 1998
10. "Русско-японский словарь" Sanseido. Tokyo. 1954
11. "Русско-японский словарь" Sanseido. Tokyo. 1977
12. Д. Төмөртогоо. "Орчин үеийн монгол англи япон толь" Tokyo. 1977
13. М. Хашимото, Э. Пүрэвжав, Ж. Туяа. "Монгол япон хэлний яриа" УБ. 1996
14. Я. Цэвэл. "Монгол хэлний товч тайлбар толь" УБ. 1966

15. "国語辞典" 旺文社 1992
16. "蒙日英辞典" 北村彰秀 УБ. 1993
17. "実用ことわざ慣用句辞典" 三省堂 1997
18. "初級和蒙辞典" 瀬田 茜 1998
19. "日英比較ことわざ辞典" 創元社 1996
20. "日本語・モンゴル語基礎語辞典" Д. Наран цэцэг 大学書林 1998
21. "蒙古語大辞典・上中下" 日本陸軍省編 1982

В. Сурах бичих, лавлах бичиг
    1. Г. Бадан нар. "Монгол хэл сурах бичиг" Tokyo. 1989 (Орчуулсан Окада Казуюки)
    2. М. Базаррагчаа, Ж. Баянсан. "Монгол хэл уран зохиолын лавлах" УБ. 1997
    3. Г. Буянтогтох. "Монгол хэл хялбар сурах дэвтэр" УБ. 1998
    4. С. Долгор нар "Монгол хүн сурах япон хэлний эхлэн сурах бичиг" Tokyo 1998
    5. Озава Шигео. "Монгол хэлийг дөрвөн гарагт" Tokyo 1994
    6. Ш. Чоймаа, П. Найданжав. "Монгол бичгийн зөв бичих дүрмийн хураангуй" УБ. 1990

Г. Уран зохиол
    1. Ж. Барамсай. "Цагаан сүүдэр" УБ. 1990
    2. Ж. Барамсай. "Санал гомдлын дэвтэр" УБ. 1985
    3. Л. Ванган. "Жирийн хүмүүс" УБ. 1967
    4. "Монгол ардын үлгэрүүд" (Орчуулга ба зүүлт. Озава Шигео) Tokyo. 1997
    5. Д. Намдаг. "Түүвэр зохиол I, II, III" УБ. 1988
    6. Ч. Ойдов. "Зам" (Монгол ба япон хэлээр, орчуулсан Озава Шигео) Tokyo. 1966
    7. Э. Оюун. "Зохиолын түүвэр" УБ. 1989

Төгсгөлд өгүүлэх нь
編集後記

1990-ээд оноос хойш Монгол Япон хоёр улсын харилцаа урьдынхаас мэдэгдэхүйц өргөжин тэлж, аялал жуулчлал, арилжаа худалдаа, үйлдвэрлэл үйлчилгээ, соёл боловсрол, шинжлэх ухаан техникийн зэрэг төрөл бүрийн хүрээнд хамтран ажиллах болов.

Япон монгол хүмүүс нүүр учран золгож, хамтран сурч ажиллах явдал хэтдээ ч бүр өрнөн хөгжих нь зайлшгүй хэрээр бие биеийнхээ хэлийг сурах хэрэгцээ шаардлага өссөөр байна.

Миний бие Монголд ажиллаж байсан нөхрөө дагаж анх Монголд ирснээс хойш 7 жил боллоо. Энэ хугацаанд монгол, япон хэлэнд холбогдох олон зүйл сонирхол татаж байлаа. Тухайлбал, хоёр хэлний дуудлага ойролцоо шиврээ(時雨), шөл(汁), бантан(雲呑(%)), дажгүй(大丈夫), ухаа(丘), дов(湿原地の丘, 岡. 意味はズレるがドブ(溝)という言葉と関係ないだろうか?), шинэ(新), шинэ цай(чай)(新茶), атар(処女地, 仕事などの未経験者. 新(しい)), хүн(人, human(kümün)), нэмнээ(家畜が冬の寒い間背中に着せられる被い。ネンネコの様なもの), ёотон((中国語)洋糖→角砂糖. この言葉から四角い甘い物→羊羹と関係ないだろうか?), хи-язгууртай үг хутга(kituɢ-a)(切る) г. м. үгийг цөөнгүй олж болох юм.

Монгол хэлийг сурч байх явцад аливаа үгийн тольд байдаг үндсэн ба бусад утгыг мэдэж авсан ч, харилцаанд түүнийг ярианы хэлний онцлог утга үүргээр хэрэглэх үед ойлгохгүй бэрхшээл их тулгарч байлаа. Тухайлбал, нэг удаа Улаанбаатар ресторанд болсон дайллага дээр үйлчлэгч бууз авчрахад "болно" гэж хэлээд бууз авсан. Хэсэг хугацааны дараа дахин ирэхэд нь "хэрэггүй, баярлалаа" гэсэн утгаар "болно" гэж хэлэхэд үйлчлэгч зөвшөөрсөн үг гэж ойлгоод нэмж бууз таваглаж өгсөн. Ингээд дахиад идэх хэцүү, болих хэцүү байдалд орж байсан удаатай.

Таньдаг монгол хүний хоорондоо ярьж байгааг сонсоод үгийг мэдэж байвч утгыг нь ухаардаггүй явдал байнга тохиолддог. Гэтэл тэр нь толь бичиг, сурах бичиг, ярианы дэвтэрт байгаа хирнээ энгийн ярианы найруулгын утга үүргийг нь тусгаагүй, идэвхтэй хэрэглээний үгс байдаг.

Ярианы хэл нь өөрийн найруулга, үгийн сантай байдаг. Түүнчлэн туслах үгс, тэдгээрээс бүтсэн хам нийлц, хэллэг нь ихэвчлэн ярианы хэлэнд тохиолдож элдэв баймж утга, өнгө аясыг илтгэдэг. Ярианы хэл бичгийн хэл хоёр нь хэлний бүтцийн төвшин бүрт ихээхэн зөрөөтэй. Сурч байгаа гадаад хэлнийхээ зохих хэмжээний үгийн баялаг, хэлзүйн тодорхой мэдлэгийг эзэмшсэн, бичиг зохиолын зүйлийг ашиглаж чаддаг болов ч тэр хэлээр хэлэлцэгч хүмүүсийн дунд орж чөлөөтэй энгийн харьцах үед үл ойлгох зүйл алхам тутам гарч ирдэг.

Тухайн хоёр хэлний сурах бичиг, ярианы дэвтэр, толь бичиг цөөнгүй гарсан бөгөөд тэдгээр нь монгол хүн япон хэл сурах, япон хүн монгол хэлийг сурах, орчуулах хэрэгт их үнэ цэнтэй байгаа билээ. Харин ярианы найруулгын өвөрмөц онцлогийг таниулсан ийм төрлийн лавлах хэрэглэгдэхүүн хомс байна. Ийм учраас миний бие монгол хэл сурч байгаа япон хүн монгол ярианы хэлний ямар ямар зүйлийг зайлшгүй мэдэх ёстойг таниулах зорилгоор уг толийг хийхийг зорьсон юм. Мөн япон хэл сурах монгол хүнд ч тустай байх болов уу гэж найдаж байна.

Энэ тольд монгол ярианд түгээмэл хэрэглэдэг үг хэллэг, зарим нөхцөл, үгийн төгсгөл зэргийг түүвэрлэн нийтдээ 1017 толгой үг болгон монгол ба япон хэлээр тайлбарлаж жишээний хамт оруулсан. Уг толийн материалыг цуглуулахдаа

1. Хүмүүсийн яриа.
2. Шог хошин зохиол.
3. Жүжгийн зохиол.
4. Монгол хэлний сурах бичиг болон толь бичгүүд.
5. Радио, телевизийн нэвтрүүлэг, хошин урлагийн театрын тоглолт.
6. Сонин хэвлэл зэргээс холбогдох үг хэллэг жишээ баримтыг түүвэрлэж авсан болно.

Үүнд ярианы хэлний онцлог үг хэллэгийг бүрэн хамруулах зорилго тавиагүй, харин өөрийн туршлагаас үүдэн анхаарч цуглуулаад хэрэгтэй гэж үзсэн түгээмэл үгсийг оруулсан. Мөн уг тольд оруулах шаардлагагүй гэмээр зарим яриа ба бичгийн нийтлэг хэрэглээний үгийг ярианы хэлний онцлог зүйлтэй харьцуулж үзэх нь зүйтэй гэдэг бодлоор оруулаа. Ж: лав, мэдээж, наад, цаад г. м. Нэгэнтээ жирийн хүмүүсийн харьцаанд тохиолдож байдаг учраас зарим эвгүй этгээд үг хэллэгийг хэлний соёл, ёс зүйн үүднээс шүүрдэж гээлгүй оруулсан болно.

Энэ ажлыг хэлний бус мэргэжлийн монгол болон япон ярианы хэл сурах хүмүүст зориулсан тул зайлшгүй шаардлагатай биш бол хэлзүйн элдэв тайлбар хийх, хэлний шинжлэлийн явцуу нэр томьёо оруулахаас зайлсхийж, аль болох ашиглахад хялбар дөхөм болгохыг эрмэлзэв.

Энэ толийг хийхэд урмаар тэтгэж, үнэтэй санал зөвлөгөө өгсөн профессор Ш. Озава, академич Д. Төмөртогоо, мөн ном зааж байнга туслаж ирсэн МУИС-ийн Монгол Судлалын Сургуулийн багш, доктор Ц. Шагдарсүрэн, профессор дэд доктор Ц. Сүхбаатар, дэд доктор Ж. Баянсан, Ш. Чоймаа, М. Баярсайхан, Г. Оюунчимэг, япон хэлний багш дэд доктор Т. Мөнхцэцэг, С. Долгор болон бусад багш нар, нэрт зохиолч Рютаро Шиба–гийн бүтээлд нэр нь олонтоо гардаг Цэвэгмаа гуай, япон хэлний талаас тусласан 54–р сургуулийн япон хэлний багш Рейко

Наканиши, 1993 оноос эхлэн ярианы хэлний материал цуглуулахад тусласан Ичинхорлоо, Энхчимэг, Саруул, Цолмон, Болормаа, Отгонбаяр, Ж. Оюунцэрэн нар, компьютерийн талаар зааж өгсөн Г. Намсрай, Ч. Ямада нартаа чин сэтгэлээсээ гүнээ талархаж буйгаа илэрхийлье.

Улаанбаатарт гэрээс хол ном үзээж гагцаар суух үес Монгол дахь Японы бүрэн эрхт элчин сайд ноён Шинжи Кубота гуайн гэргий, хатагтай Эцуко ямагт сэтгэл тавьж байсанд гүн талархал айлтгая.

Энэ толийг хийхэд анхнаас сэтгэл санаагаар дэмжин, бүх бололцоог хангаж ирсэн миний хань Исао, хүү Тацуо, охин Томоко тэднийхээ гэр бүлд халуун сэтгэлээр талархаж байна. Толилуулж буй бүтээлд эндэж ташаарсан зүйл байвал хэрэглэгч авгай нараас хүлцэл өчье. Холбогдох санал зөвлөгөөг дараах хаягаар ирүүлнэ үү.

Монгол, Улаанбаатар, Баянзүрх дүүрэг
13-р хороолол, 21-р байр 113 тоот.
Танака Сецуко

1998. 12. 5.

　1990年頃からモンゴル日本両国関係は以前にも増して顕著に，広く，旅行，交易，生産活動，文化，科学技術等色々な分野で協同して働くようになりました．

　今後日本人とモンゴル人が一緒に学び，一緒に仕事をすることがもっと多くなることによってお互いの国の言葉を習う必要性が増加しつつあります．

　私自身について申しますと，モンゴルで仕事をして居りました主人と一緒にウランバートルに来てから7年が経ちました．この期間にモンゴル語と日本語に関して色々な興味深いことを学びました．例えば二か国語の発音の類似した言葉：шиврээ（時雨），шөл（汁），бантан（雲呑），дажгүй（大丈夫），ухаа（丘），дов（湿原地の丘，岡．意味はズレるが溝（㕍）という言葉と関係ないだろうか？），шинэ（新），шинэ цай(чай)（新茶），атар（処女地，仕事などの未経験者．新(しい))，хүн（人）human (kümün)，нэмнээ（家畜が冬の寒い間背中に着せられる被い．ネンネコの様なもの），ёотон（(中国語)洋糖→角砂糖．この言葉から四角い甘いもの→羊羹と関係ないだろうか？），хи-語根のある言葉でхутга ナイフ(kituɢ-a)（切る)等の言葉を少なからず見つけたのです．

　モンゴル語を学んでいる過程で，その言葉の本来の意味又は転じた意味をよく分かっていても話し言葉で実際に使う時は色々な使い方があって難しかった．

例えば、ある日ウランバートルホテルで開催されたパーティーの席上でウェイターがサーブしている時"ボルノ"と言ってボーズを皿に取り分けさせました。しばらくして又ウェイターが"ボーズ如何ですか？"と聞いたので今度は"ボルノ(結構です、ノー、サンキュウ)"と言ったところ、ウェイターは"(結構ですね頂きましょう、イエス、サンキュウ)"と理解し、ボーズを追加して皿にのせました。こうしてこれ以上食べるのはつらい、さりとて残すのもつらい状態になってしまったことがあります。

モンゴル人同士の会話を聞いてその言葉は知っていても意味が明確に理解出来ないことがよく有る。辞書、教科書、会話に関する本に載っているのに、通常会話の意味と使い方が通用しない日常的な言葉がよく有る。

話し言葉は書き言葉と異なってそれ自体の言葉の構成語彙がある。更に助詞、慣用表現(語句)は、主に話し言葉に出てきて、種々のニュアンスを表す。話し言葉と書き言葉は語の構成段階によって大きな違いがある。学習している外国語を、ある程度の言葉と文法の知識を正しく会得し、その言葉で書かれている文献を解読出来ても実際にコミュニケーションで自由に話せることが出来ない事がよくある。

モンゴル語と日本語に関する教科書、会話集、辞書等は少なくないが、それ等はモンゴル人が日本語を勉強する、日本人がモンゴル語を勉強したり翻訳したりすることに大いに役立つものである。しかしながら話し言葉の特徴を踏まえた文献等は極めて少ないと思われる。

このような理由で著者は、モンゴル語を勉強している日本人にモンゴル語の話し言葉の、必ず学ばなければならない特徴、ニュアンスを紹介する目的でこの辞書を作りました。

日本語を勉強しているモンゴル人にも有益であろうと信じています。

この辞書に、一般的に使われている慣用句、若干の言葉の語尾、文の終止言葉等を集めて全部で1017の見出し言葉にし、モンゴル語と日本語で解説し、用例を付けました。

この辞書の資料を集める時：
　1．人々の話。
　2．風刺文芸作品(コメディー)。
　3．戯曲。
　4．モンゴル語の教科書及び辞書。
　5．ラジオ、テレビ放送、漫才。
　6．新聞　等から慣用句、用例を集めました。

編集後記

　ここに実際に使われている話し言葉の慣用句を全て集約するつもりは無く，自分の経験上これは必要であると判断した一般的な言葉を書きました．又，この辞書に入れなくても良いと思われる用例が有るだろうと思いますがモンゴルの話し言葉と書き言葉を比較する上で必要と思われる文章を故意に取り入れました．лав, мэдээж, наад, цаад 等．

　通常一般の人々の話の中によく使われている言いづらい俗語を言葉の文化，習慣の上で必要なので書き入れました．

　この辞書を作るに当たって，言語学を学んでいる人にでは無く，モンゴル語，日本語の話し言葉を学ぶ人々を対象にしたので，どうしても必要と思われなければ文法の説明，専門学術用語を避け，出来るだけ軽便に使えるように望みました．

　この辞書を作るに当たり，励まし，貴重なアドバイスを下さいました東京外国語大学名誉教授小沢重男先生，モンゴル国立師範大学アカデミー会員トムルトゴー先生，モンゴル国立大学モンゴル語研究室の，シャクダルスーレン博士，スフバートル博士，バヤンサン博士，チョイマー博士，バヤルサイハン博士，オヨンチメグ博士，の先生方，モンゴル国立大学日本語学科ムンフツェツェグ，ドルゴル両博士，司馬遼太郎氏の作品に何回も出てくるツェベクマ女史，日本語をチェックして下さった第54学校の中西先生，1993年頃から始まった話し言葉の資料集めに協力して下さったイーチンホロー，エンフチメグ，サロール，ツォロモン，ボロルマー，オトゴンバヤル，オヨンナの皆さん，コンピューターの操作を指導して下さったナムスライさん，山田女史の皆様に心から深く感謝の言葉を申し上げます．

　ウランバートルでの7年近い勤務を終えて主人は一人東京本社に戻り，一人残った私に，在モンゴル日本国全権特命大使令夫人久保田悦子様には何かと暖かいお心遣いを賜り，本当に深く感謝申し上げます．

　また，この辞書を作るにあたり心から応援支援して呉れた夫田中功，息子田中達夫，娘恩田友子の家族に感謝したい．

　お読み下さって何かお教えくださる事等有りましたらどうぞ下記へご一報下さいませ．

Монгол, Улаанбаатар, Баянзүрх дүүрэг
13-р хороолол, 21-р байр 113 тоот.
Танака Сецуко

1998. 12. 5.
田中セツ子

目録進呈　落丁本・乱丁本はお取替えいたします。

平成17年2月28日　Ⓒ 第1版発行

現代モンゴル語口語辞典	著　者　田中セツ子
	発行者　佐藤政人
	発　行　所
	株式会社　大学書林
	東京都文京区小石川4丁目7番4号
	振替口座　00120-8-43740番
	電話　(03) 3812-6281〜3番
	郵便番号112-0002

ISBN4-475-01868-4　　写研・横山印刷・牧製本

大学書林
語学参考書

著者	書名	判型	頁数
小沢重男著	現代モンゴル語辞典(改訂増補版)	A5判	976頁
小沢重男著	モンゴル語四週間	B6判	336頁
塩谷茂樹著 E.プレブジャブ	初級モンゴル語	B6判	240頁
小沢重男編	モンゴル語基礎1500語	新書判	140頁
ナランツェツェグ著	日本語・モンゴル語基礎語辞典	新書判	340頁
小沢重男編	モンゴル語会話練習帳	新書判	188頁
小沢重男著	モンゴル語の話	B6判	158頁
オイドブ作 小沢重男訳注	蒙和対訳 道(みち)	新書判	174頁
小沢重男訳注	モンゴル民話集	新書判	122頁
小沢重男著	蒙古語文語文法講義	A5判	336頁
竹内和夫著	トルコ語辞典(改訂増補版)	A5判	832頁
竹内和夫著	日本語トルコ語辞典	A5判	864頁
勝田茂著	トルコ語文法読本	A5判	312頁
水野美奈子著	全訳中級トルコ語読本	A5判	184頁
松谷浩尚著	中級トルコ語詳解	A5判	278頁
松谷浩尚編	トルコ語分類単語集	新書判	384頁
水野美奈子著	トルコ語会話練習帳	新書判	238頁
勝田茂著 A.エムレ	トルコ語を話しましょう	B6判	144頁
林徹著 アイデン・ヤマンラール	トルコ語会話の知識	A5判	304頁
勝田茂著	オスマン語文法読本	A5判	280頁
松長昭著	アゼルバイジャン語文法入門	A5判	256頁
松谷浩尚編	アゼルバイジャン語会話練習帳	新書判	168頁
竹内和夫著	現代ウイグル語四週間	B6判	464頁
竹内和夫編	現代ウイグル語基礎1500語	新書判	172頁
津曲敏郎著	満洲語入門20講	B6判	176頁
池田哲郎著	アルタイ語のはなし	A5判	256頁

― 目録進呈 ―

大学書林
語学参考書

著者	書名	判型	頁数
小泉　保 著	ウラル語のはなし	A5判	288頁
小泉　保 著	ウラル語統語論	A5判	376頁
荻島　崇 著	フィンランド語辞典	A5判	936頁
荻島　崇 著	日本語フィンランド語辞典	A5判	960頁
荻島　崇 著	フィンランド語日本語小辞典	新書判	712頁
尾崎　義 著	フィンランド語四週間	B6判	408頁
小泉　保 著	フィンランド語文法読本	A5判	368頁
荻島　崇 著	基礎フィンランド語文法	A5判	328頁
荻島　崇 編	フィンランド語基礎1500語	新書判	208頁
庄司博史 編	フィンランド語会話練習帳	新書判	256頁
荻島　崇 著	やさしいフィンランド語読本	B6判	168頁
荻島　崇 訳注	フィンランド語童話選	B6判	240頁
小泉　保 訳注	対訳カレワラの歌（Ⅰ） ―呪術師ワイナミョイネンとサンポ物語―	A5判	152頁
小泉　保 訳注	対訳カレワラの歌（Ⅱ） ―レンミンカイネンとクッレルボ―	A5判	192頁
小泉　保 著	ラップ語入門	A5判	218頁
吉田欣吾 著	サーミ語の基礎	A5判	280頁
今岡十一郎 編著	ハンガリー語辞典	A5判	1152頁
岩崎悦子 著 浅津エルジェーベト	ハンガリー語Ⅰ	A5判	528頁
岩崎悦子 著 浅津エルジェーベト	ハンガリー語Ⅱ	A5判	576頁
今岡十一郎 著	ハンガリー語四週間	B6判	352頁
早稲田みか 著	ハンガリー語の文法	A5判	196頁
岩崎悦子 編 浅津エルジェーベト	ハンガリー語会話練習帳	新書判	152頁
岩崎悦子 著 浅津エルジェーベト	ハンガリー語基礎1500語	新書判	280頁
岩崎悦子 訳注	ハンガリー短篇集（Ⅰ）	B6判	192頁
岩崎悦子 訳注	ハンガリー短篇集（Ⅱ）	B6判	322頁

―目録進呈―

大学書林
語学参考書

著者	書名	判型	頁数
土井久弥 編	ヒンディー語小辞典	A5判	470頁
古賀勝郎 著	基礎ヒンディー語	B6判	512頁
土井久弥 編	ヒンディー語会話練習帳	新書判	136頁
石田英明 著	実用ヒンディー語会話	B6判	302頁
土井久弥 訳注	プレームチャンド短篇選集	B6判	200頁
坂田貞二 訳注	ヒンディー語民話集	B6判	214頁
鈴木 斌・麻田 豊 編	日本語ウルドゥー語小辞典	新書判	828頁
鈴木 斌 著	基礎ウルドゥー語	B6判	272頁
鈴木 斌 著	基礎ウルドゥー語読本	B6判	232頁
鈴木 斌 著	ウルドゥー語文法の要点	B6判	278頁
鈴木 斌 編	ウルドゥー語基礎1500語	新書判	128頁
鈴木 斌・麻田 豊 編	ウルドゥー語常用6000語	B小型	416頁
鈴木 斌・ムハンマド・ライース 著	実用ウルドゥー語会話	B6判	304頁
鈴木 斌 編	ウルドゥー語会話練習帳	新書判	208頁
麻田 豊 訳注	ウルドゥー文学名作選	B6判	256頁
石田英明 著	基礎マラーティー語	B6判	368頁
石田英明 著	実用マラーティー語会話	B6判	344頁
石田英明 訳注	マラーティー短編選集（Ⅰ）	B6判	256頁
石田英明 訳注	マラーティー短編選集（Ⅱ）	B6判	208頁
萩田 博 著	基礎パンジャービー語	B6判	172頁
萩田 博 編著	基礎パンジャービー語読本	B6判	144頁
溝上富夫 著	実用パンジャーブ語会話集	B6判	216頁
溝上富夫 編	パンジャーブ語基礎1500語	新書判	132頁
S・P・RAY・溝上富夫 編	文化紹介 ベンガル語中級会話集	B6判	524頁
奈良 毅 編	ベンガル語会話練習帳	新書判	128頁
奈良 毅 編	ベンガル語基礎1500語	新書判	176頁

— 目録進呈 —

大学書林
語学参考書

著者	書名	判型	頁数
小泉 保 著	改訂 音声学入門	A5判	256頁
小泉 保 著	言語学とコミュニケーション	A5判	228頁
下宮忠雄 編著	世界の言語と国のハンドブック	新書判	280頁
大城光正 著 / 吉田和彦 著	印欧アナトリア諸語概説	A5判	392頁
千種眞一 著	古典アルメニア語文法	A5判	408頁
中井和夫 著	ウクライナ語入門	A5判	224頁
三谷惠子 著	クロアチア語ハンドブック	A5判	278頁
金指久美子 著	スロヴェニア語入門	A5判	248頁
直野 敦 著	アルバニア語入門	A5判	254頁
兒玉仁士 著	フリジア語文法	A5判	306頁
上田和夫 著	イディッシュ語文法入門	A5判	272頁
栗谷川福子 著	ヘブライ語の基礎	A5判	478頁
福田千津子 著	現代ギリシャ語入門	A5判	226頁
吉田英人(チャンタソン) 著	ラオス語入門	A5判	302頁
坂本恭章 著	タイ語入門	B6判	852頁
坂本恭章 著	カンボジア語入門	B6判	574頁
縄田鉄男 著	ダリー語文法入門	B6判	684頁
縄田鉄男 著	パシュトー語文法入門	B6判	334頁
奴田原睦明 著	基本アラビア語入門	A5判	280頁
石川達夫 著	チェコ語初級	A5判	398頁
冨田健次 著	ベトナム語の基礎知識	B6判	382頁
中島 久 著	スワヒリ語文法	A5判	368頁
塩谷 亨 著	ハワイ語文法の基礎	A5判	190頁
小林 標 著	独習者のための楽しく学ぶラテン語	A5判	306頁
田澤 耕 著	カタルーニャ語文法入門	A5判	234頁
浅香武和 著	現代ガリシア語文法	B6判	224頁

― 目録進呈 ―

大学書林 語学辞典

著者	書名	判型	頁数
直野　敦 著	ルーマニア語辞典	Ａ５判	544頁
黒柳恒男 著	新ペルシア語大辞典	Ａ５判	2020頁
黒柳恒男 著	現代ペルシア語辞典	Ａ５判	848頁
黒柳恒男 著	日本語ペルシア語辞典	Ａ５判	626頁
坂本恭章 著	カンボジア語辞典	Ａ５判	558頁
古川晴風 編著	ギリシャ語辞典	Ａ５判	1330頁
尾崎義・他 著	スウェーデン語辞典	Ａ５判	640頁
青山秀夫・熊木勉 編著	朝鮮語漢字語辞典	Ａ５判	1512頁
野口忠司 著	シンハラ語辞典	Ａ５判	800頁
野口忠司 著	日本語シンハラ語辞典	Ａ５判	814頁
古城健志・松下正三 編著	デンマーク語辞典	Ａ５判	1014頁
中嶋幹起 著	現代廣東語辭典	Ａ５判	832頁
松山納 著	タイ語辞典	Ａ５判	1306頁
松山納 著	日タイ辞典（改訂増補版）	Ａ５判	976頁
松永緑彌 著	ブルガリア語辞典	Ａ５判	746頁
大野徹 著	ビルマ（ミャンマー）語辞典	Ａ５判	936頁
大野徹 著	日本語ビルマ語辞典	Ａ５判	638頁
千種眞一 編著	ゴート語辞典	Ａ５判	780頁
三枝礼子 編著	ネパール語辞典	Ａ５判	1024頁
古城健志・松下正三 編著	ノルウェー語辞典	Ａ５判	846頁
半田一郎 編著	琉球語辞典	Ａ５判	1008頁
末永晃 編著	日本語インドネシア語大辞典	Ａ５判	1600頁
田澤耕 編著	カタルーニャ語辞典	Ａ５判	1080頁
三谷惠子 著	ソルブ語辞典	Ａ５判	868頁
前田真利子・醍醐文子 編著	アイルランド・ゲール語辞典	Ａ５判	784頁
兒玉仁士 編	フリジア語辞典	Ａ５判	1136頁

― 目録進呈 ―